図解 社会人の基本

マナー大全

Manners Encyclopedia

岩下宣子

講談社

はじめに

マナーは幸福学を学ぶこと

人は、一人では生きていけません。仕事も一人では出来ません。多くの人の力が借りられて人生は、心豊かに彩られていくものだと思います。多くの人の力が借りられるのは、なんででしょうか。それは人柄だと思います。人格の力です。その人柄が出たところにマナーがあるのです。マナーは「自分がこうしたら人にどう思われるのか」という体裁を繕うのでなく「一生懸命生きる心」と「思いやりの心」なのです。

ソチオリンピックで銀メダルをとったスキー・ジャンプの葛西紀明選手は、40歳を超えても記録の更新を続けています。「何とか家族に金メダルを見せたい」という強い思いが何よりの原動力のようですが、葛西選手の周りの人に対する思いやりの心が、大きな成果をもたらしたようです。渡瀬雄太選手が団体戦に出場できないとき、「お前は、あきらめなければできる」と励まし、出場したメンバーには「渡瀬選手のために頑張ろう!」と呼びかけて心が一つになり、団体での銅メダルを獲得できたのです。

司馬遼太郎氏も『21世紀に生きる君たちへ』の中で、「人間は自然物として、決して孤立して生きられるようには作られていない。このため助け合うことが人間にとって大事なこと。助け合う気持ちや行動のもとは、他人の痛みを感じる『いたわり』という感情、『優しさ』です。この感情は本能でないので訓練して身につけなければならない。例えば、友達が転ぶ。『ああ痛かったろうな』と感じる心をそのつど自分で作り上げていけばよい」と言っています。

それでは、マナーのルールはなぜあるのかというと、人間に心の余裕をもたせるためなのです。人とのおつきあいにおいて、この場合はどうしたらよいのだろうか？などと思っていたら自分のことで精一杯になり、他者を思いやる心は発揮出来ません。

マナーのルールは、先人たちが、私たちに思いやりの心を発揮するために、今に伝えている生活の知恵だと思っています。本書でマナーのルールを理解して、より相手の立場になって考えることも出来るのです。相手のことを思って、時にはルールを破る思いやりの心を育てていただけることを念じております。

そして、この思いやりの心は、人間の脳を活性化するとある脳科学者が言っています。まさに「情けは人のためならず」ですね。

岩下宣子

図解 社会人の基本 マナー大全●目次

はじめに 2

1章 マナー以前の社会人必須常識

あいさつの常識
お辞儀はあいさつ言葉が終わったころから 12

およばれの常識
「平服」は「ふだん着」ではない 14

祝儀・不祝儀の常識
祝儀袋は「上向き」、不祝儀袋は「下向き」に 16

日常のふるまいの常識
握手をしながらお辞儀をしない 18

おつきあいの常識
紹介する順序は「立てたい人」を最後にする 20

贈り物の常識
贈り物やお礼はタイミングよく 22

訪問の常識
履物は前向きに脱いで背中を見せず 24

おもてなしの常識
お迎え3歩、見送り7歩の心がけ 26

食事の席での常識
箸の上げ下ろしは必ず両手で 28

コミュニケーションの常識
便箋1枚だけでも失礼ではない 30

おつきあいのお金の常識
お祝いの金額は偶数でもかまわない 32

2章 お祝い

招待されたとき
返信ハガキの書き方には決まりがある 34

招待されたとき
招待状の返事は1週間以内に出す 36
招待するとき
遠方での披露宴、交通費は主催者が負担 38
お祝いをする
自らが招く内祝い、まわりが行う快気祝い 40
結婚のお祝い
結婚祝いは結婚式の1週間前までに贈る 42
現金を贈るとき
お祝い品は希望を聞いて贈るのが一番 44
祝儀袋
目的と金額に見合った祝儀袋を選ぶ 46
祝儀袋
水引・のし紙、包み方、お祝いの作法 48
祝儀袋を渡す
祝儀袋は袱紗に包んで持参する 50
お祝いの席で
乾杯のあとは、飲み干さなくてもよい 52
お祝いの席で
洋食マナーのポイントは「音を立てない」 54
お祝いの席で
日本料理のいただき方 56
お祝いの席で
中座するとき、ナプキンは椅子の上に 58
披露宴・パーティー
パーティーは「食4話6」の心がけ 60
披露宴・パーティー
立食パーティーでの食事マナー 62
慶事の忌み言葉
結婚式で使ってはいけない言葉がある 64

3章 お悔やみ

訃報を知らせる
近親者は遺族に代わり分担して連絡を 66
訃報を受けたら
弔問の時期、服装の基本 68
弔問の準備
金額と故人の宗教に合う不祝儀袋を選ぶ 70
香典袋
香典袋の名前は必ずフルネームで書く 72
通夜・葬式
社会人として知っておきたい弔問のマナー 74

弔問の作法
自分の都合だけなら通夜前の弔問は控える 76
通夜・葬式の受付で
香典は受付係の目の前で袱紗から取り出す 78
受付でお悔やみを言う
気持ちを込めて哀悼の言葉を述べる 80
遺族を慰める
悲しみを助長する言葉は使わない 82
参列の作法 仏式
香りで霊前を清めて故人の冥福を祈る 84
参列の作法 神式・キリスト教式
仏式の焼香にあたる玉串奉奠と献花 86
通夜ぶるまい
すすめられたら必ず箸をつけるのが礼儀 88
受付をまかされたら
「遺族の代理」という立場をわきまえる 90
葬儀のあとで
清めの塩は使っても、使わなくてもよい 92
葬儀のあとで
時間が経っていても手紙で弔意を表す 94
弔事の忌み言葉
お悔やみの席で使ってはいけない言葉 96

4章 日常のふるまい

ふだんの生活で
マナーは習慣、その人のしぐさに表れる 98
ふだんの生活で
みんながやっていても慎むべきことがある 100
外出先で
和室に通されてもあわてない「きれいな正座」 102
外出先で
洗練された印象を与える「椅子の座り方」 104
外出先で
誰かに言われてからではなく、自ら動く 106
外出先で
「他人に迷惑」はマナー以前の社会人非常識 108
ビジネスシーンで
用件を終えても電話はすぐに切らない 110
ビジネスシーンで
ケータイリテラシー向上で能力アップ 112
ビジネスシーンで
名刺交換は自分をアピールする絶好の機会 114

ビジネスシーンで
案内の秘訣は「後ろ姿を見せない」 116
ビジネスシーンで
お客様を案内したらお茶でおもてなしを 118
ビジネスシーンで
感じのよい接遇で会社全体の好感度UP 120
ビジネスシーンで
ビジネスの世界で役職、席次は敬称なり 122
ビジネスシーンで
「席次」で人間関係をより円滑に 124
ビジネスシーンで
宴会や接待も席次を意識して席を決める 126
ビジネスシーンで
出張や出先での「席次」は機転を利かせて 128

5章 おつきあい

訪問
ビジネスは5分前、個人宅はオンタイム 130
訪問
手みやげは手間ひまかけて持参する 132
訪問
チャイムを鳴らす前に身だしなみを整える 134
訪問
座布団は踏まない、動かさない、返さない 136
訪問
大人のふるまい・おもてなしを受けるとき 138
おもてなし
家の中を整え、おもてなしの準備をする 140
おもてなし
お茶、お菓子、手料理・おもてなしの作法 142
おもてなし
ご飯どきになったら食事を用意する 144
お見舞い
病気見舞いは相手の都合を第一に考える 146
お見舞い
お見舞いに行くとき、やってはならないこと 148
お見舞い
お見舞いにはふさわしい言葉づかいがある 150
贈り物
ちょっとした贈り物で感謝の気持ちを表す 152
贈り物
品物か現金か、相手が喜ぶのはどちら? 154

お中元・お歳暮
意外と知らないお中元・お歳暮の贈り方 156

お中元・お歳暮
「季節のあいさつ」として贈り続けるもの 158

親戚、近所とのおつきあい
快適な関係を築くためのおつきあいの心得 160

6章 食事の席で

食事の際の基本
作法はみんなが楽しく過ごすためにある 162

食事のNGマナー
「癖」ではすまない「恥」になる 164

日本料理店にて
毎日使うからこそ正しいお箸の使い方を 166

日本料理店にて
接待や宴会で「できる」と思わせる食べ方 168

日本料理店にて
気楽な集まりでも、きれいな食べ方で 170

日本料理店にて
これだけある「やってはいけない箸使い」 172

レストランにて
大人のふるまいで食事のおいしさもアップ 174

レストランにて
お店の品格にふさわしくふるまう 176

レストランにて
マナーにしたがうと料理は食べやすくなる 178

レストランにて
メイン料理を堪能できる美しい食べ方 180

中国料理店にて
なごやかに食事を楽しむことが一番のマナー 182

中国料理店にて
取り皿とちりれんげを使いこなす 184

中国料理店にて
食べにくい料理の上手ないただき方 186

お酒を飲むとき
おつきあいをなめらかにするお酒の席のマナー 188

お酒を飲むとき
「無礼講」にご用心。酒量も節度もわきまえて 190

お酒を飲むとき
ソムリエがいる店ではおいしさを堪能 192

7章 コミュニケーション

会話
「目は心の窓」。会話中の視線はやわらかく 194
会話
会議、商談、交渉は座る位置も要チェック 196
言葉づかい
ちょっとした物言いで印象は変わる 198
言葉づかい
過剰な「敬語」はときには嫌味になる 200
言葉づかい
丁寧・尊敬・謙譲、正しい言葉の使い方 202
言葉づかい
「お」「ご」「み」のつけ方には決まりがある 204
言葉づかい
「とんでもございません」はとんでもない 206
言葉づかい
「クッション言葉」でやわらかく表現する 208
手紙
ハガキは略式、封書は正式 210
季節のあいさつ
暮らしにメリハリをつける季節のあいさつ状 212
手紙
お礼状は「かたち」より「気持ち」が大事 214
ごちそうする・ごちそうになる
お互い気持ちよく、支払いはスマートに 216
旅行先にて
ホテル、旅館に泊まる。快適な旅のために 218
ご近所とのトラブル
角の立たない苦情の言い方を心がける 220
電話とメール
手紙・電話・メールを上手に使い分ける 222
ビジネス・コミュニケーション
仕事に不可欠「ホウレンソウ」と「ソーセージ」 224

8章 おつきあいのお金

結婚祝いの金額
贈る側の負担にならない範囲で決める 226
結婚する側が用意する金額
お礼や交通費は挙式前日までに用意する 228

出産祝いの金額
お祝いは産後1ヵ月くらいまでに 230
進学・就職祝いの金額
原則として身内以外は贈らなくてもよい 232
賀寿・結婚記念のお祝い
大切な人の長寿を祝い、長寿にあやかる 234
香典・供花・供物の金額
不祝儀のお金は迷ったら少し多めに包む 236
香典返し・関係者への謝礼の金額
香典返しや法要に向けて準備をする 238
お金を貸す・立て替える
口約束は禁物。親しき仲にこそ「借用書」 240
お金を借りる・立て替えてもらう
金銭トラブルを防ぐために 242
お中元・お歳暮の金額
予算の範囲内で喜んでもらえる品物を 244
新築・新居（引っ越し）祝いの金額
新居購入は人生の一大事。祝う心をかたちに 246
開店・開業祝いの金額
お祝いには事業の発展を祈る言葉を添えて 248
お見舞いの金額
病気、災害、イベントのお見舞いの贈り方 250
お餞別の金額
異動、離職する人への気づかいが大切 252
お返しの金額
「お返し」はすべて現金ではなく品物にする 254

1章

マナー以前の社会人必須常識

社会人として身につけておきたい礼儀作法の基本。
冠婚葬祭などの儀式から日常生活まで、
さまざまなシーンで役立ちます。

お辞儀はあいさつ言葉が終わったところから

あいさつはできる大人のマナーの基本

　マナーは〝かたち〟ではなく〝心〟です。大切なことは、マナーとしてなぜそう決められているのか、その意味をきちんと理解することです。「どうしたら、人と人とのおつきあいがうまくいくか」に欠かすことのできない生活の知恵、それがマナーですが、本に書いてあることをただ丸覚えすれば安心というわけではありません。

　ファストフードのお店やコンビニエンスストアは、笑顔も、あいさつをはっきり言うのもよいのですが、きちんとしたお辞儀が伴わない〝マニュアルあいさつ〟。やはり、あいさつにはお辞儀の仕方がとても大事です。

あいさつの言葉を述べお辞儀は無言でする

　昔からお辞儀の基本は「三息の礼（礼三息）」といわれてきました。

①息を吸いながら頭を下げていきます。

②下げたところでいったんからだの動きを止めて息を吐きます。

③息を吸いながら、相手に合わせてゆっくり頭を上げます。

　このように、お辞儀は息をしながらします。息を止めたままではどうしても堅苦しくなってしまうから、というのが理由です。

　ここが大きなポイント。息を吸いながら頭を下げるということは、頭を下げながら声を出すことはできないということです。

　お辞儀は、お互いにからだを相手の正面に向け、相手の目を見てあいさつの言葉を交わし終わるころからするもの。「お辞儀は、あいさつ言葉の終わりから」であり、呼吸によるこの間《ま》が、相手に誠実さを感じさせるのです。

1行マナー講座　知らないことがあったら恥ずかしがらずに素直に尋ねる。

あいさつの言葉が終わったころから頭を下げていく

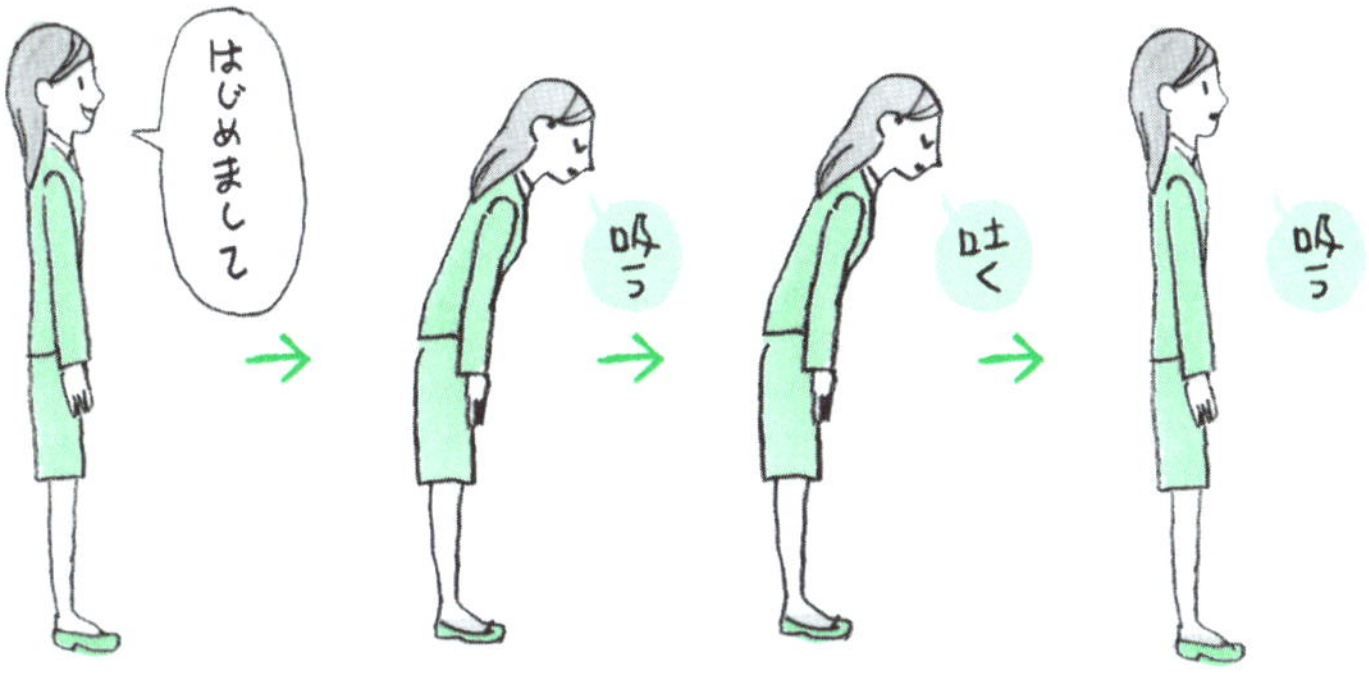

あいさつ言葉が終わったころから息を吸いながら頭を下げていく。

下げたところでいったんからだの動きを止めて息を吐く。

息を吸いながら相手に合わせてゆっくり頭を上げる。

Point

笑顔は絶やさずに。丁寧な動きで心を伝える

まずは、からだをきちんと相手に向け、相手の目を見てあいさつの言葉を言い終わってから頭を下げる。

お辞儀の作法・和室と洋室

和室では、座ってするお辞儀「座礼」、洋室では、立ってするお辞儀「立礼」をします。
腰から曲げることを意識。お辞儀は１回すればOK。

礼儀正しさはその人を幸福にする

フランスの哲学者・批評家アランは、「他人に対して礼儀正しくあることは、幸福になれる秘訣である」と語っています。礼儀作法＝マナーというと「堅苦しくて、難しいもの」と思いがちですが、大事なことは、いつどんなときでも「思いやり」を忘れないことです。なぜ大切なのか、その意味が理解できていれば、あとは、臨機応変にどう実践するかという問題だけです。

学ぶことは真似ること。素敵だなと思っている人の、素敵だなと思える動作を真似することによって身につき、受け継がれてきたのが礼儀作法です。

ときにはゲームのように礼儀作法を面白がってしまうほどのゆとりをもって、お互いが気持ちよくすごせる世の中になってほしいなと思います。

1行マナー講座　礼を失したときは心から謝り、同じことをくり返さない。

おのばれの常識

「平服」は「ふだん着」ではない

覚えておきたい服装規定（ドレスコード）

正礼装	宮中行事や公式の式典で着用。格式高い結婚式・披露宴やパーティーなどの主賓や主催者側の服装にも。 **男性**　昼間はモーニング、夜は燕尾服、タキシード。和装の場合は五つ紋付きの羽織袴。 **女性**　昼間はアフタヌーンドレス、夜はイブニングドレス。和装なら既婚者は黒（色）留袖、未婚者は振り袖。
準礼装	結婚式・披露宴や企業の式典などで着用。招待客が略礼装の際は、主催者側の服装にもなる。 **男性**　昼間はディレクターズスーツ、夜はタキシードが基本だが、結婚披露宴では新郎や親族が着る場合が多いので、ブラック（ダーク）スーツでよい。 **女性**　ドレッシーなワンピースやスーツ、和装は、訪問着色無地など。
略礼装	平服指定の結婚式・披露宴、親しい仲間でのパーティーで着用。コンサートや会食にも。 **男性**　ブラック（ダーク）スーツは昼夜ともにOK。タキシードでもよいが、昼間の着用は不可。 **女性**　ワンピースやアンサンブル・スーツなど。黒一色、花嫁衣裳の白は避ける。

Point

指定がなく迷う場合は主催者や会場に問い合わせてみる

同じ会場でも、食事のスタイルが着席と立食では格式が違ってくるので「平服」と指定がないときは念のために確認を！

装いは催事の格式に合わせて選ぶ

冠婚葬祭などの儀式で着る衣服を、礼装といい、格式の高い順に、正礼装、準礼装、略礼装があります。

正礼装は、男性はモーニングやタキシード、五つ紋付きの羽《は》織袴《おりはかま》、女性はロングドレスやイブニングドレス、既婚者は黒（色）留袖《とめそで》、未婚者は振り袖を着ること。準礼装は、正装と略礼装の中間にあたるパーティーや式典などに広く用いられます。

略礼装は、正礼装、準礼装を簡略化したものですが、あらたまった催事に出席する際の装いです。

1行マナー講座　同じ会場でも「着席」形式は「立食」形式より格式が高くなる。

平服＝略礼装・招待客の装い例

Point 平服指定は「格式高い礼装でなくてもいい」という意味なので、正式すぎる装いはそぐわない

とくに結婚披露宴では、男性はタキシード、女性は、花嫁衣装と同じ白いドレスは避けたほうが無難。

結婚披露宴の装いは主役を立てる配慮を

結婚披露パーティーの招待状に、「平服でご出席ください」と書かれていることがよくあります。平服はあまり聞き慣れない言葉なので、ふだん着（ふだん着る洋服）と勘違いしがちです。

平服とは、正礼装ほど堅苦しくなく、ふだん着ほどカジュアルではない装い、略礼装のことです。

男性はブラック（ダーク）スーツ、女性はワンピースやアンサンブル・スーツ、和装なら色無地や付け下げなど。招待客の服装は、主催者の装いよりワンランク下げるのが基本。主役である新郎新婦を引き立て、控えめな装いを心がけましょう。

1行マナー講座 つばのある帽子は、日よけ用の意味があるので室内ではとる。

祝儀袋は「上向き」、不祝儀袋は「下向き」に

決まり事にはすべて意味がある

冠婚葬祭や日常のおつきあいのなかで、お金を贈ることがよくあります。

お金は、贈る目的や用途にふさわしい、祝儀《しゅうぎ》・不祝儀《ぶしゅうぎ》袋に入れて渡すのがマナーです。

結婚や出産のお祝いなど慶事に使うのが祝儀袋、お香典《こうでん》や供花《くげ》・供物《くもつ》料などの弔事に贈るお金には、不祝儀袋を使います。

どちらも、表書きの書き方、のし紙の種類などにさまざまな決まりがあり、それぞれに意味があります。

慶事と弔事、袋の折り返しの重ね方が違う

祝儀袋と不祝儀袋は、水引《みずひき》やのしの有無は違っても、お金を入れた中袋に上包みをするという形式は同じです。

どちらの袋も裏を見ると、上下が折り返しになっていて、その先が少し重なるようになっています。

この重ね方が、慶事と弔事で違うのです。

祝儀袋は、「喜びを受け止める」という意味で、下からの折り返しを上にして「上向き」になるように重ねます。

お香典などを包む不祝儀袋は、「悲しみを流す」ということで、上からの折り返しが上にくるように重ねて、折り返しが「下向き」になります。

そして、中袋にお金を入れる際は、いずれの場合も、お札の肖像画が描かれた面が表になります。慶事ではお札の表を上にして包むので、弔事のときは裏返しにする、という人がいましたが、それはおかしなことです。

表と裏がはっきりしているものは、相手が誰でも、どのようなときでも表を上にし、相手から見て正面になるように渡すのが常識。お札だって同じことです。

1行マナー講座 祝儀袋の裏を上向きにする重ね方は「お祝い重ね」ともいう。

上包みの裏の折り返し・祝儀は上が下、不祝儀は上が上

祝儀袋

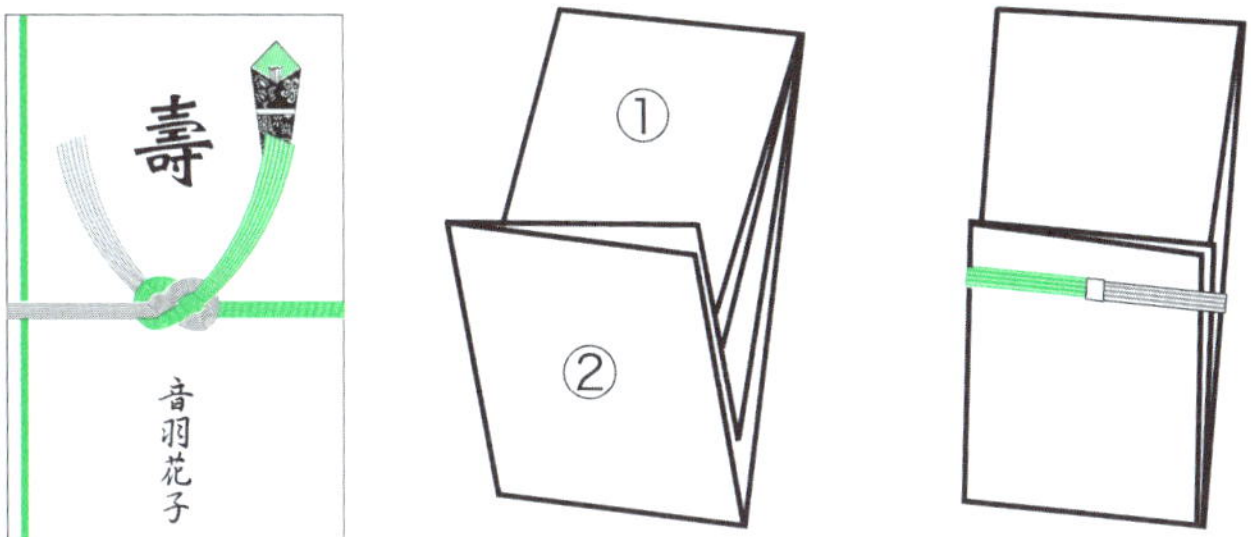

上の折り返しを先に伏せ、下の折り返しを重ねる。

折り返しが「上向き」。

Point 祝儀袋は、上包みの裏の折り返しを「上向き」に重ねる

お祝い、お礼のほか、お見舞いに上包みのある袋を使うときもこのように、裏の折り返しを「上向き」に重ねる。

不祝儀袋

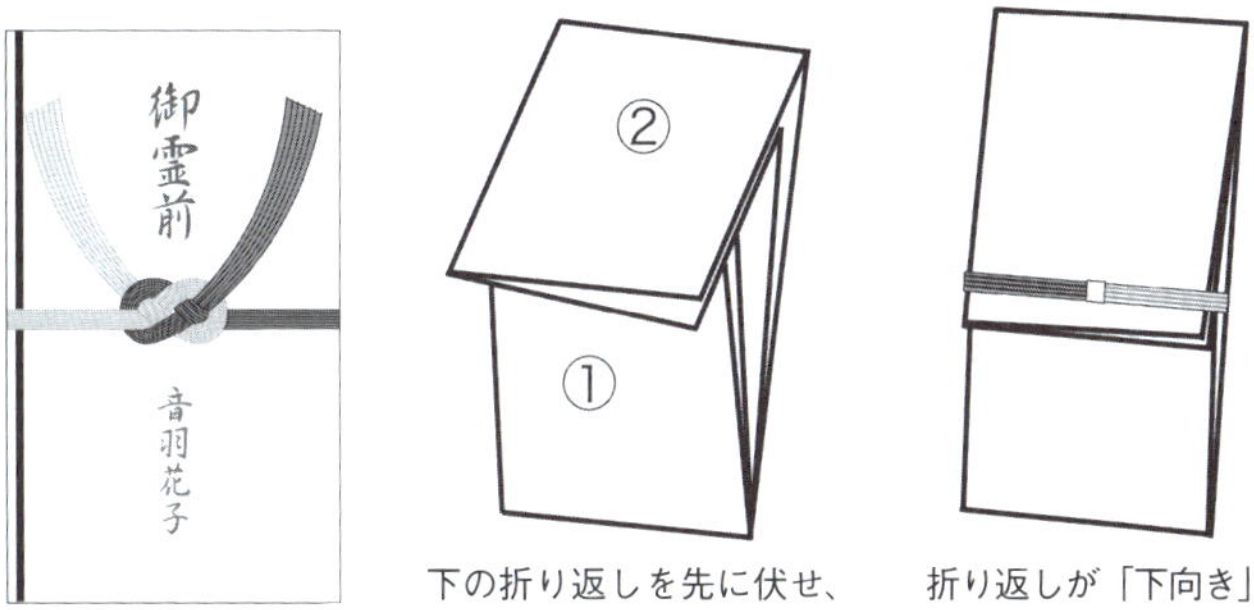

下の折り返しを先に伏せ、上の折り返しを重ねる。

折り返しが「下向き」。

Point 不祝儀袋は、上包みの裏の折り返しを「下向き」に重ねる

不幸や悲しみを「流す」という意味で、香典、供花・供物料を包む袋は、裏の折り返しが「下向き」になるように重ねる。

Point 包むお金はいつでも相手に対して「正面」を向ける

中袋に入れるお金は、どんなときでも「相手に表が向く」ようにする。
お札は、肖像画が描かれた面が表、肖像画の頭が上になるように。

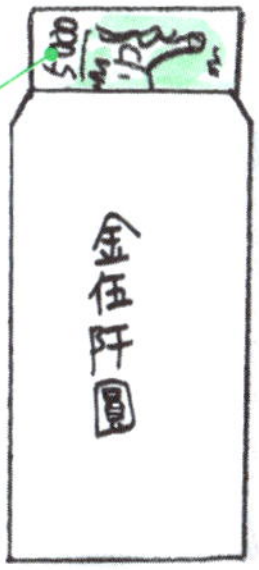

1行マナー講座 不祝儀袋の折り返しの重ね方は「伏し目」を示す「弔い重ね」。

握手をしながらお辞儀をしない

握手は相手の目を見てスマートに

お辞儀は相手への敬意を表し、握手は親睦・和解を表すといわれています。

左手を不浄とする国や地域もあるので、左利きの人でも、握手をするときは、右手を差し出すのが原則です。これは、大半の人が、右が利き手であるため。利き手を預けることで、相手に敵意がないことを示すのです。

お辞儀も、からだで最も重要な頭を下げるという動作で、相手に敵意がないと同時に相手に対する尊敬の念を表します。

ビジネスの国際化によって握手をする機会がふえたといっても、日本では、まだまだあいさつの中心はお辞儀です。いつもの癖で、握手をしながらお辞儀をしている人を見かけますが、その必要はありません。笑顔のままお互いの目を見て、右手どうし親指・薬指・小指に軽く力を入れるようにして握るだけでよいのです。

握った手をくり返し上下させたり、握手している上に左手をのせたり、目下の人から目上の人、あるいは女性に握手を求めることは、日本人がしがちなＮＧ。外国からのお客様のとき、とくに注意しましょう。

握手の基本マナー

●目上の人や地位の高い人から手を差し出す。

必ず目上の人が手を差し出してくれるのを待つ。

●女性に対しては、男性から先に握手を求めてはいけない。

女性が手を差し伸べて、握手を求めるまで待つ。

●左利きであっても右手で握手をする。

一部の国や地域では、左手を不浄としていたり、左手での握手は二度とあなたとは会いたくないということを表す。

1行マナー講座　外交儀礼の場では、序列が下の者がお辞儀と握手を同時にすることがある。

ビジネスマン必修・スマートな握手のしかた

①あいさつ言葉が終わるタイミングで手を握る。

目線を合わせながら笑顔で近づく。手をはっきり差し出すことも大切。ただし、相手が目上の人、女性の場合は、手を差し出してくれるのを待つ。

②やや力を入れて相手の手を握り、軽く振る。

初対面の場合は、自己紹介しながら握手した手を振る。相手が男性なら痛く感じない程度にギュッと握り、女性の場合は、相手が手を差し出したあとに自分も差し出し、軽く振る。
相手が目上の人なら、手を差し出してくれるのを待つ。男性上司なら力強く握る。相手が女性なら、女性が差し出したあとに自分も差し出し、軽く握る。

③目を合わせたまま、そっと手を離す。

Point 相手に不愉快な思いをさせないように、手の汗は事前に拭いておく

✕ 握手しながらお辞儀をする。→ 卑屈な印象

✕ 目を見ないで手を握る。→ 不誠実な印象

✕ 手を握るときに力を入れない。→ 熱意がない

お辞儀が主流になったのは日本の気候のせい?

お辞儀は、首を差し出して、相手に対して敵意がないという表現に由来するといわれます。西洋の握手の由来にも諸説ありますが、武器を持っていない証として握手が広まったのだとか。

日本や東南アジアの国では、あいさつの主流は「お辞儀」というところが多いようです。これには、気候と関係があるという説があります。日本のように高温多湿の地域では汗をかきやすく、手やからだを触れ合うことは、お互いに不快感を抱きやすいもの。

そこで手やからだに触れないお辞儀で、敬意や親しみを表現して、握手が主流にならなかったというのです。

1行マナー講座 女性は自分から先に手を差し伸べるように心がけよう。

おつきあいの常識

紹介する順序は「立てたい人」を最後にする

紹介の順序・6つの原則

1. 身内と他人	先に他人に身内を紹介する
2. 自社と他社	先に他社の人に自社の人を紹介
3. 地位の上下	先に地位が上の人に下の人を紹介
4. 年齢差	先に年配者に若い人を紹介する
5. 同行者	先に訪問先の人に同行者を紹介
6. 女性と男性	先に女性に男性を紹介する

紹介する人の人数や状況で、紹介の順序は違ってきますが、この6つの原則を参考に臨機応変に対処しましょう。

身内と他人・自社と他社

=立てたい人

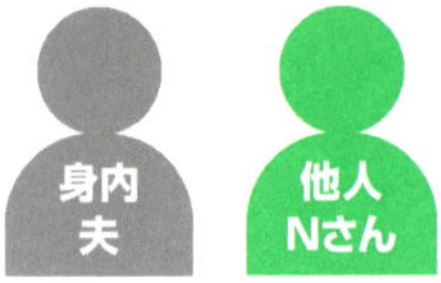

Nさんに
「こちらが私の主人です」
↓
夫に
「いつもお世話になっているNさんよ」

A氏に
「私どもの営業部長のBでございます」
↓
B部長に
「こちらが○○社資材部のA様でいらっしゃいます」

他人に身内を先に紹介する

人間関係は、紹介を通じて広まっていきますが、はたしてどちらを先に紹介したらよいか、迷ってしまったという経験はありませんか。

私が夫といっしょにいて、知人のNさんと会ったとしましょう。Nさんと夫は初対面です。

そんなとき、「この方が、いつもお世話になっているNさんよ。こちらが私の主人です」という順番で紹介するのは間違い。まず、身内である夫をNさんに紹介してから、夫にNさんを紹介します。

1行マナー講座 仲介を頼まれたときは、原則として依頼してきた人を先に紹介する。

地位の上下 ＞ 年齢差

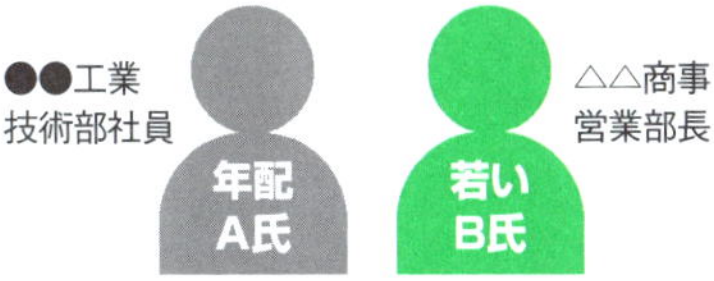

先 B氏にA氏を紹介する
後 A氏にB氏を紹介する

Point 地位の上下を優先する

同じ地位で年齢差がある

先 B氏にA氏を紹介する
後 A氏にB氏を紹介する

年齢で判断できないときは、先につきあいの浅い人に親しい人を紹介。

同じ地位の女性と男性

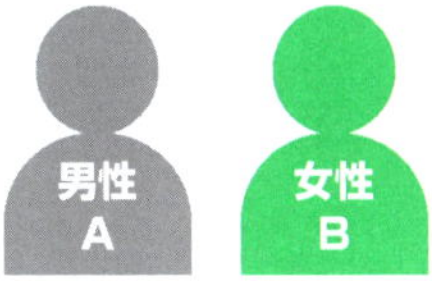

先 BにAを紹介する
後 AにBを紹介する

先に男性を紹介するのが一般的だが、状況によって判断する。ビジネスでは、地位が最優先。プライベートでは、年配者、つきあいの浅い人を優先。

複数の人を紹介する

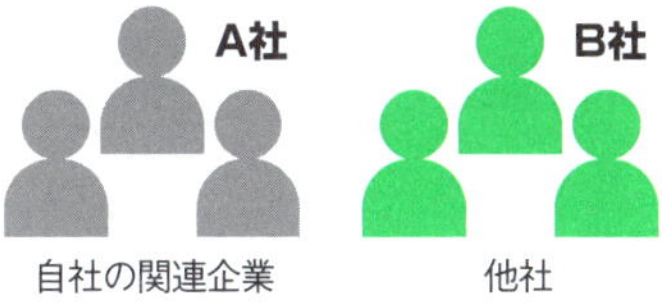

先に【B社】に【A社】を紹介する

2つの取引先を紹介するときは、自社とより密接な関係にある会社を先に紹介する。この場合は、A社の地位が上の人から全員を紹介した後、B社の紹介に入る。B社の紹介も地位が上の人を先に。

紹介の順序を覚えておけばあわてない

紹介のポイントは、「立てたい人」から先にもう一方の人を紹介する、ということです。身内と他人の場合は、Nさんが「立てたい人」。

「Nさん、こちらが私の主人です」と、立てたい人にまず呼びかけてから身内を紹介するようにすれば、混乱はなくなるでしょう。

ビジネスの場でも同じで、自社と他社との場合も、役職に関係なく、自社の人を相手に紹介することからはじめます。欧米でも、この方法が一般的です。

上に人を紹介するケースを整理してみました。迷ったときにあわてないように、紹介の順序を覚えておきましょう。

1行マナー講座　名刺交換の順序も紹介と同じと覚えておけばOK。

贈り物やお礼はタイミングよく

贈り物の目的を示すのも礼儀のうち

贈り物は、お祝いやお礼、不幸に際してのお悔やみなど、なんらかの気持ちを伝えるものです。

相手からのお返しを期待してはいけませんし、ただ物を贈っても相手に気持ちを十分に伝えることはできません。

理由のわからない贈り物は、相手を困惑させてしまうもの。贈り物をするときは、どのような物が喜ばれるかを考えて選び、何の目的で贈っているのかをきちんと示しましょう。

贈り物は、贈るタイミングも大切です。お中元・お歳暮は決まった時期に。お祝いは、知らせを受けたらなるべく早く贈るのが基本ですが、お見舞いや弔事は、少し間をおいてからにするのがベター。あまりに早いと準備をしていたような印象を与えるので気をつけましょう。

贈り物には「のし紙」をかける

お祝いなど慶事の贈り物には、「のし（熨斗）」のついたのし紙をかけるのが正式です。

いっぽう、弔事のときや、肉、魚などの生ものを贈るときには、のしはつけません。

のし紙は、購入時に店の人に贈り物の目的を伝えれば、ふさわしいものを選んでもらえます。

贈り物は、本来、風呂敷に包んで先方宅に持参するのが正式とされています。しかし、今では宅送をお願いするのが当たり前です。

その場合は、「感謝のしるしに○○をお送りしました」というように、別便で送り状を出して、品物を贈ったことを伝えておきます。

送り状は、品物よりも2～3日前に届くようにすれば、突然品物が届いて相手をとまどわせてしまうこともありませんし、事務的に贈りっぱなしという印象も避けられます。

1行マナー講座 お中元やお歳暮を一度限りで贈るのは、失礼にあたる。

おもな贈り物の贈る時期と表書き・のし

	贈る時期	表書き	のし
出産祝い	生後7日目から1ヵ月ぐらいまで。	御祝	要
七五三の祝い	10月中旬から11月初旬。遅くとも11月15日までに。	御祝、七五三御祝など	要
進学、就職祝い	進学、就職が決まったら、なるべく早く。	御祝、御入学祝、御入学御祝、就職御祝など	要
結婚祝い	挙式の1～2ヵ月から1週間ぐらい前までに。当日なら現金にする。	寿、御結婚御祝	要
賀寿	お祝いの祝宴の日または誕生日当日まで。	御祝、寿。「祝還暦」「古希御祝」など	要
年賀	松の内（正月7日まで）に本人が持参。	御年賀	要
お中元	6月下旬から7月15日までに。お盆を月遅れでする習慣がある関西以西では7月下旬から8月15日まで。	御中元	要
お歳暮	12月1日から12月20日ころまでに。鮮魚などのお正月用品を贈るなら12月30日ぐらいまでに。	御歳暮	要
病気見舞い	知らせを受けたら先方の家族に様子を尋ねてからにする。	御見舞	不要
災害見舞い	被害や先方の状態に応じて判断する。	御見舞	要

先方が喪中でもお中元・お歳暮はOK

お中元は、古代中国で、上元（1月15日）、中元（7月15日）、下元（10月15日）の三元の日に天神を奉ったことが起源とされています。日本に伝わり、いつしか仏に供えるお供物を親類や隣近所に配る習慣として根づき、現在では、先祖へのお供えとお世話になった方々へお礼の気持ちをこめた品物を贈る風習として残っています。

お歳暮は、日本古来の習慣。こちらは、日ごろお世話になった方へ一年間のお礼の気持ちとして品物を贈ります。

いずれも、感謝を表すもので、お祝い事ではありませんから、相手が喪中でも、お中元、お歳暮は贈っても失礼にはあたりません。

1行マナー講座　演劇などの招待券を贈る場合、独身者でも最低2枚贈る。

履物は前向きに脱いで背中を見せず

訪問先の人に背中を向けるのは失礼

玄関では、前を向いたまま履物を脱いであがったほうがよいのか、後ろを向いてあがったほうがよいのか、迷うところですが、前を向いたままあがることをおすすめします。

あがったら、お迎えの人に背中を向けないように注意してからだの向きを変え、脱いだ履物をつま先を外に向けて、お迎えの人から遠い玄関の端に寄せます。

たたきの狭い玄関の場合は、少し脇に寄せる程度でかまいません。

古い日本家屋やお屋敷で靴箱や靴棚などがある場合は、男性はかかとを手前に、女性はつま先を手前にして入れます。この際、たくさん空いていても、必ず下の段から入れるのがマナーです。

ただし、店の小上がりのように上がり框《かまち》が高い玄関では、脱いだ履物の向きを変えるのは大変です。そんなときは、「後ろ向きで失礼します」などとひと言断って、はじめから後ろ向きにあがってかまいません。

スリッパは靴を直してから履く

家族でお邪魔するときは、子どもを先にあげてもらい、最後に自分があがってから家族の靴をまとめてそろえましょう。複数の人で訪問するときは、次にあがった人が前の人と自分の分を直します。

訪問先でスリッパをすすめられたら、遠慮せずに使わせていただきます。靴を脱いですぐにスリッパを履いてから靴の向きを直している方がいますが、それは間違い。スリッパを履くのは、自分の靴の向きを直し終わってからです。

帰るときは、スリッパを脱いで靴を履いてから、玄関の端に移動させます。脱いだスリッパを棚に戻したり、重ねて置くのは気をきかせすぎ。お客様がする必要はありません。

1行マナー講座　雨天のときは訪問前に靴の泥はねを軽く拭っておく。

個人宅を訪問したとき・玄関でのふるまい

前を向いて靴を脱いであがる → 斜めに向きを変えて靴を直す

ドアを閉めて簡単なあいさつを。あがるようにすすめられてから、前を向いて靴を脱いであがる。

訪問先の人になるべく背中を向けないように斜めに振り返ってひざをつき、つま先を外に向けて靴をそろえて端に寄せる。

Point 訪問先の人にお尻を向けない！

後ろ向きにあがる

訪問先の人に失礼なだけでなく、「靴を直す手間を省く」ようなふるまいは粗雑な印象を与えてしまいます。

脱ぎ履きしにくい靴を履いていく

緊張していると、ふだんのようにうまくブーツが脱げないことも。
訪問の予定があるときは、なるべく脱ぎ履きしやすい靴を選んで。

履物は入船《いりふね》に脱ぎ、出船《でふね》にそろえる

訪問先で、前を向いて靴を脱ぐと、靴の先は家の中を向いています。これを「入船」、その後、靴の向きを直し、靴の先を家の外に向けることを「出船」といいます。

これは、戦国時代の茶道の作法に由来しています。

茶室の出入り口は、「にじり口」と呼ばれるように、両こぶしをついてひざで進むのがやっとくらいの小ささです。これには、茶道ならではの意味合いがありますが、小さなにじり口は、いざ何かあったときに出るのが大変です。そこで、なるべく早く外に出られるように、中に入るときに履物を「出船」にそろえるようになったのです。

1行マナー講座 踏み石がある場合は、踏み石に乗ってから、履物を脱ぐ。

おもてなしの常識

お迎え3歩、見送り7歩の心がけ

脱いだ履物はお客様の目の前で直さない

昔は、お客様が帰るまで脱いだ履物はそのままにしておいて、帰り間際に先回りして、名残惜しそうにその家の人が向きを直すものだったようです。

しかし、今は違いますね。訪問先の人の手をわずらわせず、自分の履物は自分で直すのが常識です。

もし、お客様が履物の向きを直さなかったとき、お客様の目の前で直すのはやめましょう。「早くお帰りください」ということを暗に示したと受け取られかねないからです。

お客様を迎えたら、まず部屋に案内します。お客様がソファーなどに座り、茶菓を用意するためにいったん下がったときに玄関に寄って直すとよいでしょう。

お迎え以上に、見送りを大切にする

チャイムを何度鳴らしてもなかなか出てこなかったり、玄関を出たとたんに鍵をカチャッとかけ、灯りもすぐに消して家の奥に引っ込んでしまうような見送り方をされたら、誰だってあまりよい気持ちはしませんよね。

たとえば、最寄りの駅まで出迎えてくれたけれども見送りは玄関先だったときと、出迎えは玄関先だったけれども帰りは最寄り駅まで来て、電車が走り出すまで見送ってくれたときのことを比べたら、その家を訪ねた印象は、後者のほうがはるかに上です。

「お迎えに3歩だったら、見送りには7歩」というように見送りにエネルギーを使うほうが、相手の記憶に深く刻まれるに違いありません。

これは、プライベートではもちろん、ビジネスの場でも同じこと。応接室を出たところよりエレベーターホール、さらに玄関の車寄せでお見送りするほうがもっと丁寧です。

1行マナー講座　玄関先で見送るときは「ここで失礼します」とひと言添える。

お客様の靴はすぐに直さない。見送りはより丁寧に

Point 靴を直すのは、お客様を部屋に案内したあとにする

お客様が自分で靴を端に寄せた場合も、帰りの際に履きやすい場所にあとで直しておきましょう。

お客様の目の前で履物の向きを直すのは、「早くお帰りください」と言っているようなもの。

Point お客様の姿が見えなくなるまで見送る

足先をお客様の方向に向けて立ち、見送りのあいさつを終えたら、お辞儀をする。
その後、お客様の後ろ姿が見えなくなるまで見送る。

訪問の成果に関係なく気持ちよくお見送りを

お客様の訪問の目的や交わした会話の内容、ビジネスの場では商談の成果によって、お互いに気まずくなることもあるでしょう。

そんなときに、見送りが素っ気ない態度になってしまうと、相手との今後の関係にマイナスの影響をおよぼしかねません。

訪問の成果に関係なく、むしろ別れ際の雰囲気があまりよくないときこそ、お見送りが大事。はじめより終わりを大切に、相手に対する印象は、別れ際のほうがより強く残るものです。

見送りは、おもてなしの最後の心づかいですから、お客様に気持ちよくお帰りいただけるように、できる限り丁寧に対応しましょう。

1行マナー講座 エレベーターや車を待つ間の商談はNG。会話は雑談にとどめる。

箸の上げ下ろしは必ず両手で

箸を持ちあげる

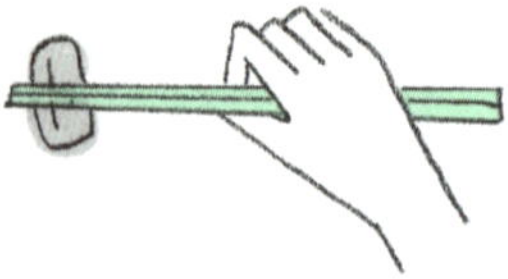

1 右手で上から箸を取る。

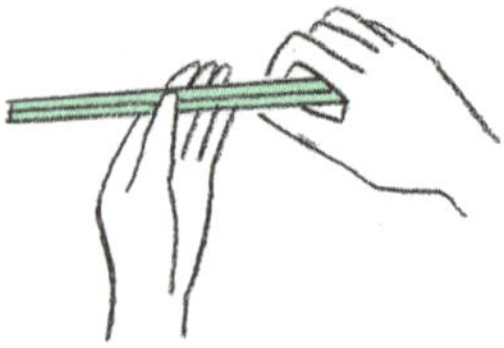

2 左手で箸を受ける。

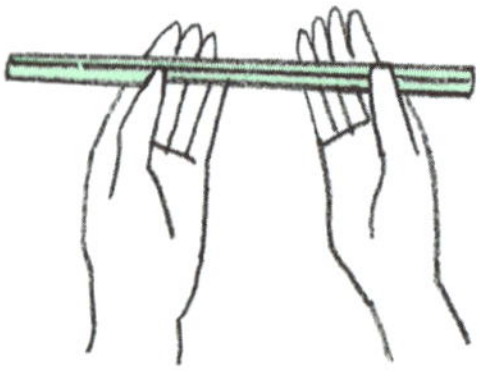

3 右手を箸頭（箸の頭）方向へ滑らせ、下に回して、いったん両手で箸を受ける。

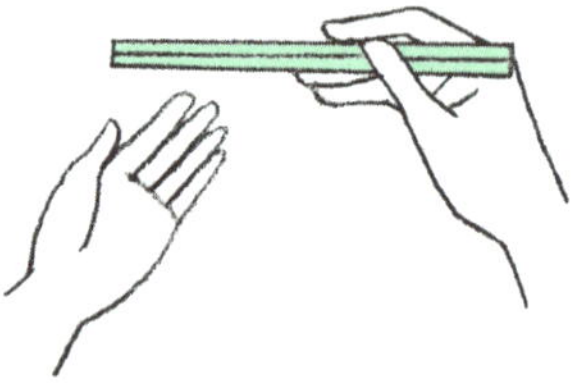

4 左手をはずして、右手で箸を持つ。

Point 箸の持ち方・使い方

下の箸を薬指の先端と親指、上の箸を中指と人差し指で挟んで固定し、親指で２本を押さえる。箸を使うときは、上の箸を親指、人差し指、中指の３本で動かす。

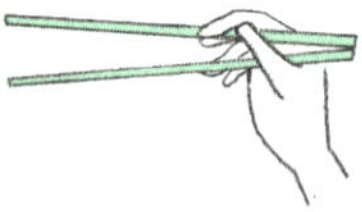

ふだんの生活で正しい箸使いを心がけて

箸の上げ下ろしは、必ず両手で行うことがポイント。その手順を確認してみましょう。

①右手で箸の中央を持ちあげます。

②左手を箸の下から添えます。

③左手を添えたまま、右手を箸にそって右方向に滑らせながら下に回して持ちかえます。

④左手をはずして右手で2本の箸をそろえて持ちます。

箸を休める（下ろす）ときは、持つときと逆の動作で箸をそろえ、箸置きに置きます。

1行マナー講座　箸先をそろえたときに箸の頭が３センチほどあくように持つ。

箸を休める、下ろす

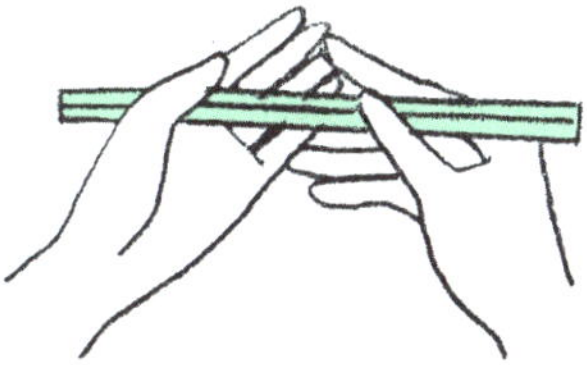

1 左手を箸の下から添えて、両手で受ける。

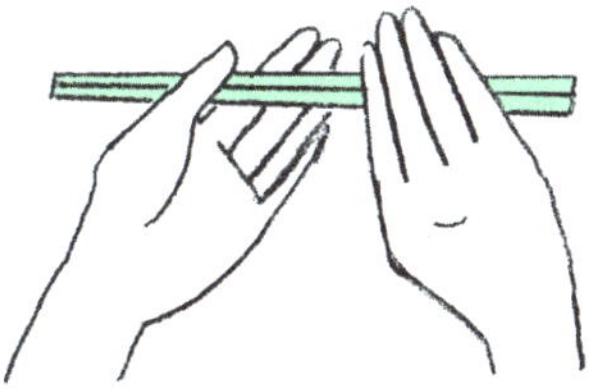

2 右手を箸頭方向へ滑らせて、箸の上に回す。

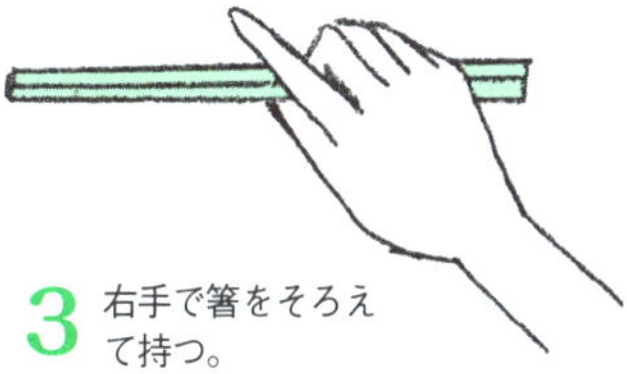

3 右手で箸をそろえて持つ。

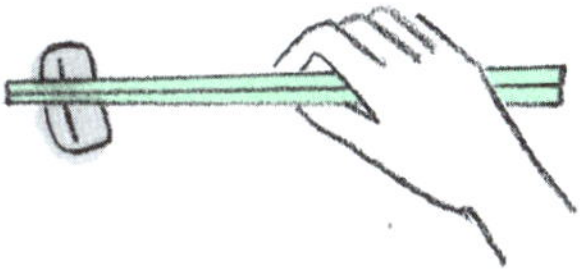

4 箸をそろえて箸置きに置く。

Point 箸先五分、長くて一寸

昔は、箸先五分＝約1.5センチのところまでを使うのがよしとされていました。現在では、箸先３センチ程度が目安。料理にどっぷりと箸をつけるのは厳禁です。

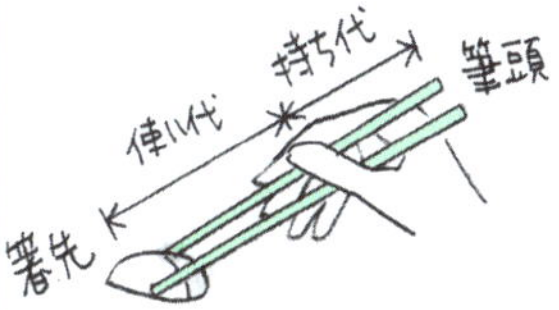

まずは正しい箸の上げ下げを身につける

2本の箸のうち上になっている1本を中指と人差し指で挟むようにして持ち、親指を軽くあてます。使うときは、下の箸を固定し、上の箸だけを動かします。

箸を直に食卓に置いたり、皿や器に渡して置いたりするのはやめましょう。箸置きがないときは、お膳の左フチに置くか、箸袋を折って箸置き代わりにします。

箸の持ち方、使い方は、いったん癖がついてしまうと直すのが難しいもの。ふだんからおろそかにしていると、気の張る会食などでうっかり癖が出てしまいます。「箸の上げ下ろしは必ず両手で」、まずは、この基本マナーを身につけてください。

1行マナー講座 箸を置くときは、汚れている箸先３センチを箸置きから出しておく。

便箋1枚だけでも失礼ではない

短い文章でも気持ちが伝わればOK

お礼状やちょっとしたご機嫌伺いなどはハガキよりも封書にしたほうが丁寧な印象になります。

手紙を書くとき、「便箋1枚で終わったら、もう1枚、白紙の便箋を添えないと相手に失礼です」と教えられたことはありませんか。実はその必要はなく、便箋は1枚だけでもかまいません。

手紙のもとは巻紙でしたが、その巻紙を包む上包みの枚数が、弔事では1枚、慶事では2枚でした。そのことが頭にあって、便箋も弔事と同じ1枚では失礼という習わしになったのでしょう。

どうしても1枚が気になるのでしたら、文章を工夫して2枚にするしかありませんが、2枚めは日付と署名だけということにはならないようにしてください。

書き終わったら、文面を内側にして、折り目が斜めにならないように三つ折りにして封筒に入れるのが一般的です。

通常の便箋1枚でも、空白が目立つようなときは、一筆箋を使ってはいかがでしょう。堅苦しい時候のあいさつは省略して、簡潔に用件を伝えることができます。

便箋は折りたたんで封筒に入れる

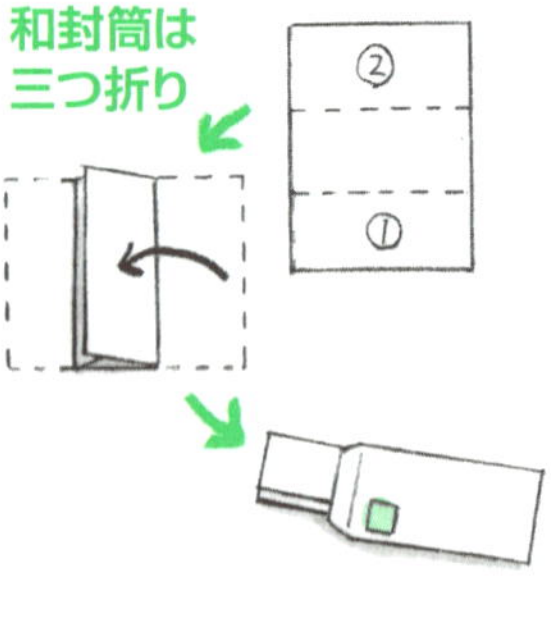

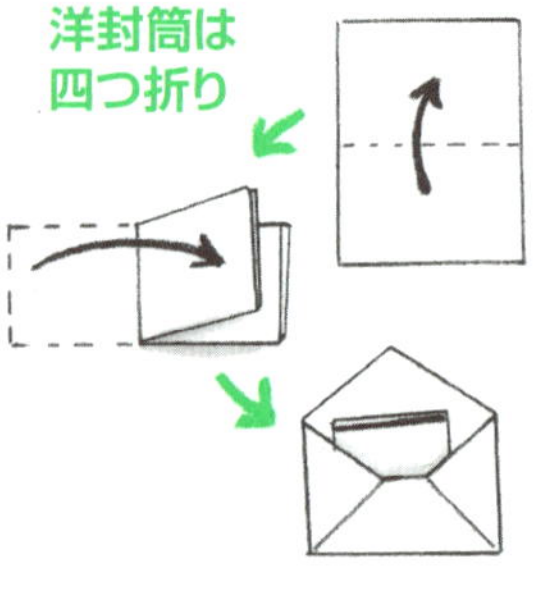

1行マナー講座 宛名は、和封筒は縦書き、洋封筒は横書きで。

一筆箋の書き方

由紀子さま
先日はおいしい手料理をごちそうになり
ありがとうございました
次の機会には、煮物の作り方を教えてくださいね
近所で評判の豆菓子を送りました
皆様でお召し上がりください
三月十日　花子

- 一番伝えたいことを簡潔に述べる。
- 行頭は一字下げても、下げなくてもよい。
- 拝啓・敬具などの頭語・結語は不要。
- スペースに余裕があれば、女性は「かしこ」で結んでも。
- 筆記用具は万年筆がベスト。

Point 文字を書くスペースはB5サイズの便箋の約3分の1。書類や商品を送付する際などビジネスにも活用できる

封書とハガキ・使いわけの目安

封書がよいもの

- 目上の人へ送る場合
- 結婚、出産、賀寿などのお祝い
- お見舞い、頼み事のお礼
- 病気、事故、災害などのお見舞い
- 依頼、催促、承諾、お詫び、相談
- 縁談、お悔やみ
- 相手や自分の個人的なやりとりなど他者に知られたくない内容

ハガキでもよいもの

★印は相手が目上なら封書で

- 身内、友人、親しい人へ送る場合
- 新築、結婚記念日などの一般的な祝い事★
- お祝い、贈答などのお礼★
- 年賀状、暑中見舞い、寒中見舞いなど季節のあいさつ
- お中元・お歳暮の送り状・お礼★
- 転居、結婚、出産、退職、異動などの通知・近況報告
- 招待状、案内状
- 喪中欠礼、死亡通知

1行マナー講座　品物に添付する際も汚れ防止に封筒に入れる。封筒に宛名は不要。

お祝いの金額は偶数でもかまわない

「2」と「8」の数字は使ってもOK

日本では昔から、慶事には吉とされる奇数、弔事には反対に偶数の金額を贈るのが習慣でしたが、いくつか例外があります。

2万円は偶数ですが、2を「一対」（二つで一つ）と考えれば吉数になりますから、慶事にも使えます。

8万円は「八」は末広がりでおめでたく、10万円も1が奇数なので、慶事に使ってもかまいません。

また奇数であっても、9万円は「苦」を連想させます。慶弔ともに用いないようにしてください。

結婚祝いはなるべく挙式前に届ける

結婚祝いの祝儀袋は披露宴の受付で渡すもので、そうしなければ会場には入れないと思っていたら、それは大きな誤解です。

結婚のお祝いは、本来は挙式前に相手先へお届けするもの。遅くても結婚式の1週間前までに贈ります。

直接手渡しても、祝儀袋や商品券を現金書留で郵送してもかまいません。結婚する人にすれば、式の費用の足しになりますし、当日大金を預かる受付係も盗難にあう心配をしなくてすみます。

Point

金額は漢数字で

封入金額は、中袋に大字（旧字）で記入するのが正式なマナー。

1万円	→ 壱萬圓
2万円	→ 弐萬圓
3万円	→ 参萬圓
5万円	→ 伍萬圓
10万円	→ 壱拾萬圓

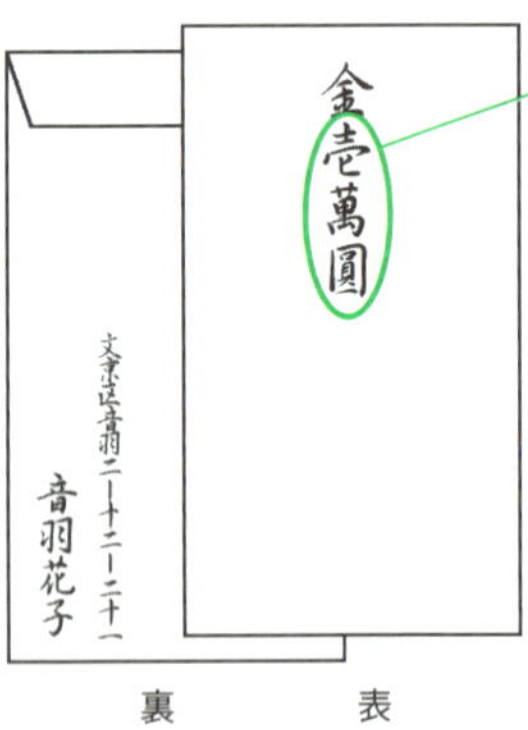

裏　表

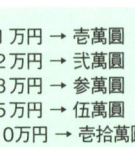

2章

お祝い

大切な人へ慶びの気持ちを込めて贈りたい。
お祝いのしかた、贈り物の渡し方など
お祝いのしきたりやマナーを紹介します。

招待されたとき

返信ハガキの書き方には決まりがある

祝う気持ちを伝える言葉も添えて

結婚式の披露宴やパーティーの招待状には、返信ハガキが同封されています。この書き方には決まりがあります。

ハガキの裏に印刷されている「御出席」「御欠席」「御住所」「御氏名（御芳名）」の「御」や「御芳」の文字は、必要なことがらを記入する前に、すべて消します。

ハガキの表、宛名の下にある「行」の文字も二重線で消して「様」に書き換えます。

文字の消し方は、1文字の場合はナナメ線、2文字以上は平行線を使うのが一般的です。赤いインクなどを使い「行」の字を「寿」の字で消すというのもいかがでしょう。間違っても、×（バツ）や塗りつぶして消さないように。

消し線も文字も手書きで丁寧に書く

出席するときは、「出席」を丸で囲み、その下に「おめでとうございます。喜んで出席いたします」「美しい花嫁姿を楽しみにしております」といったひと言を添えます。

丸で囲んだ「出席」の上に「喜んで」、下に「いたします」と書くのはちょっと無精な気がします。書き添える言葉は、きちんと手書きしましょう。

出席できないときは、「よんどころない用事がございまして」など理由をあいまいにしたほうが気がきいています。

あとで欠席した理由を聞かれたら、そのときに本当のことを伝えればよいでしょう。

出席、欠席いずれにしても、文字を消す際に塗りつぶしたり、文字を書き損じて雑に消したりすると印象がよくありません。相手に対する祝う気持ちが伝わるように、言葉を選んで丁寧に書きましょう。

宛名の下の「行」は「様」に、「御」「御芳」は二重線で消す

「行」「様」「御芳」を消す

Point

返信ハガキの表に印刷された宛名の下の「行」は、二重線で消して、「様」に書き換える。
裏に印刷されている「御出席」「御芳名」などの「御」「御芳」はナナメ線か平行線ですべて消す。

縁起のよい「寿消し」

赤か黒の墨かインクで「行」の上から「寿」の字を書く。
寿消しは、相手の名前(宛名)の下の「行」だけにして、「御」や「御芳」は二重線で消すほうがスマート。

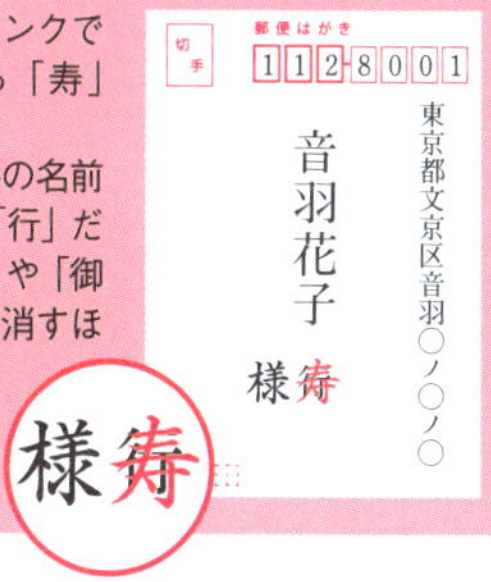

出席の場合

欠席の場合

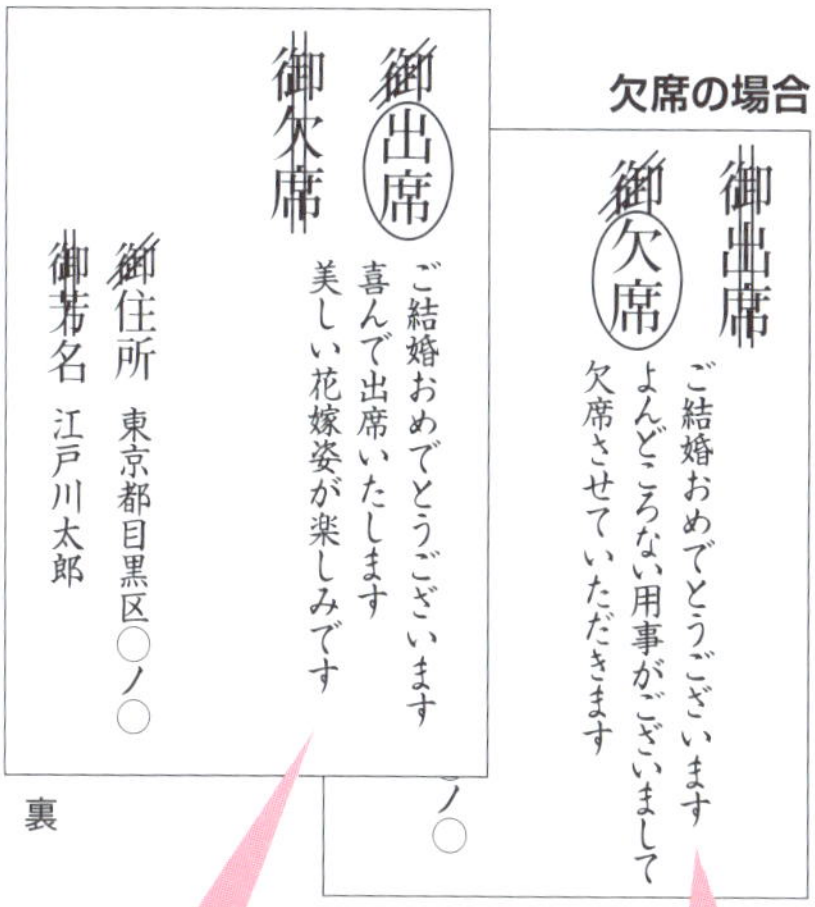

「ご結婚おめでとう」のひと言でもよいので必ず書き添える。

欠席の理由はあいまいでOK

「多忙のため」と書くことは先方に失礼にあたるので注意。「よんどころない用事で……」などあいまいな表現でOK。海外出張などの場合は理由を明記する。

これはNG!

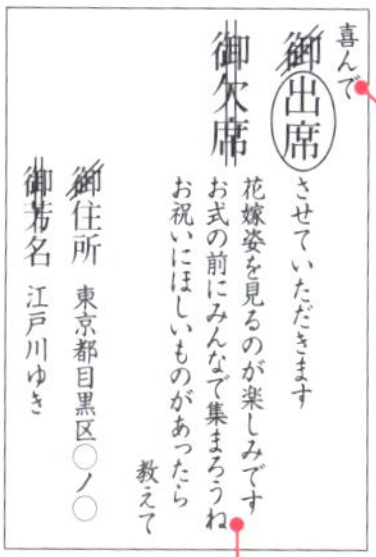

無精な感じ。きちんと手書きして。

長々と書き連ねないように。

1行マナー講座 「寿消し」は、ただの塗りつぶしに見えてしまわないように慎重に!

招待されたとき

招待状の返事は1週間以内に出す

即断できないときは ひとまず電話を

招待状を差し出した人は、人数を確定するために、出席していただけるのか欠席なのかの都合を早く知りたいものです。返信ハガキは、届いてから遅くても1週間以内に投函するのが親切です。

出席したいのはやまやま、しかし予定がなかなか決まらず、1週間以内に返事が出せないことがあります。そのときは、いつまでに返事ができそうか、出席できそうかどうか電話で状況を伝えます。

長い間留守をしていて招待状に気がつかず、返事が遅れたときも、お詫びをかねてすぐに電話で出欠席を伝えましょう。

ビジネスでも 招待状の返事は早めに

ビジネスの場でも、セミナーや祝賀会などの招待状に、出欠席を通知するための返信ハガキが同封されていることがあります。

基本的には、出欠のどちらかに○印をつけ、住所、氏名を記入して投函するというのは、結婚披露宴の返信ハガキと同じです。

しかし、ビジネスでは、うっかり敬称を消し忘れたりすると思わぬ恥をかくこととなります。自社の代表として返事をするのですから、プライベート以上に気をつかうようにしましょう。

まず招待を受けたら、上司と相談のうえ、なるべく早く返事をすると、返信ハガキ裏面の「御」や「貴」「御芳」といった敬称は、二重線で消します。

表の宛名は、「○○行」となっています。これは「行」を二重線で消して、宛名が会社・部署名の場合は「御中」に、個人名の場合は「様」に書き換えます。

1行マナー講座　「各位」は宛先が複数の個人のときに使う敬称。「各位殿」は二重敬称でNG。

返信ハガキの書き方・ビジネス編

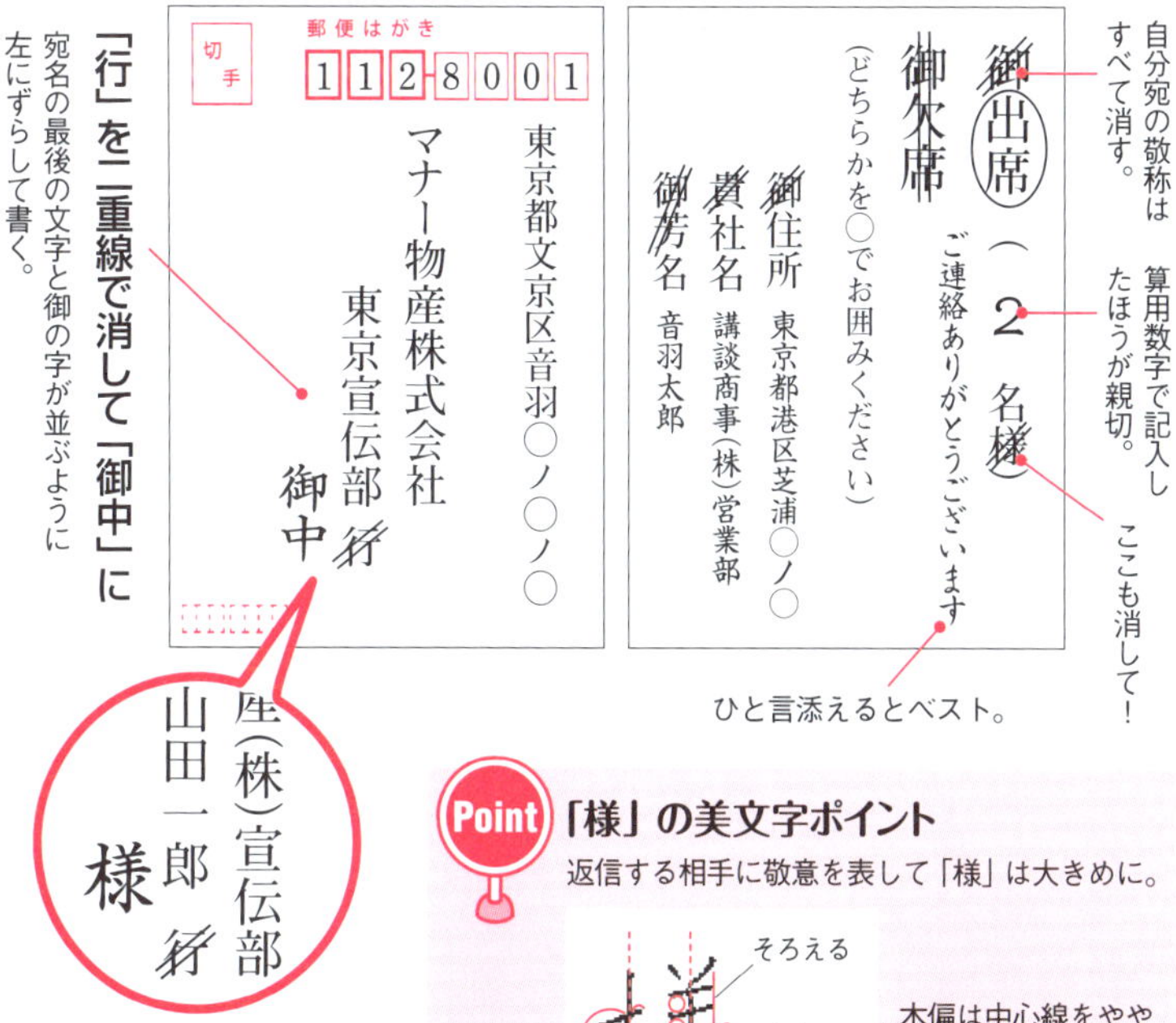

個人宛の場合は「様」に

宛名よりも少し大きめに書く。

Point 「様」の美文字ポイント

返信する相手に敬意を表して「様」は大きめに。

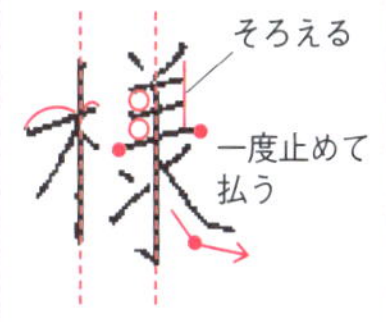

木偏は中心線をやや文字の中央寄りに。偏よりも旁《つくり》を大きめに書き、２本の中心線をそろえる。

「御中」は組織の敬称ではない

私のところにいただく手紙のなかに「現代礼法研究所御中　岩下宣子様」という宛名書きのものがあります。

「御中」は、「御社の方に差し出したいのですが、個人名がわからないもので」という意味で添えるもので、組織に対する敬称ではありません。

この場合は「現代礼法研究所　岩下宣子様」でよいはず。もし、私の名前がわからなかったら「現代礼法研究所御中」だけにします。

「御中」は「様」のような敬称ではありません。他社宛に書類を発送する際も、「御中」は宛名の下に続けるのではなく、宛名の最後の字と「御」の字が並ぶように左側にずらして書くのがマナーです。

1行マナー講座　「先生」は教師、医師など特定の職業につく人に使われる敬称。

遠方での披露宴、交通費は主催者が負担

事前にチケットを手配するのがベスト

披露宴に招待したいのですが、遠方から来ていただく方の交通費や宿泊費をどうしたらよいか、正直悩むところです。

仲人や主賓など結婚式に欠かせない人の分は、招待する側が全額負担するものです。

そうでない人の場合は、おつきあいの深さ、地域の習慣、かけられる予算などによってケース・バイ・ケースですが、できるだけ招待する側が負担するのが一般的です。

親しい人だったとしても、一部だけ負担したり、お祝い金を辞退するむねを伝え、「ぜひ出席してほしい」とお願いするのが、相手に対する配慮ではないでしょうか。

いっぽう、招待される側も、出費がどうしても負担になる場合は、披露宴を欠席して気持ちのこもったお祝い品を贈るとよいでしょう。間違っても、交通費や宿泊費の話題を結婚する本人にもちかけるようなことは、してはいけません。

お礼など式当日に渡すお金は早めに用意

招待客に費用を立て替えてもらうのはあまり好ましくありません。事前に手配するのがむずかしいようであれば、交通費は、「御車代」として包んで渡します。

交通費のほかに受付や司会を頼んだ方へのお礼、心付けなどは、誰にお渡しするかのリストをつくり、遅くとも式前日までに、それぞれにふさわしい表書きをした袋にお金を入れて用意しておきたいものです。

どんなに親しい人であっても、挙式や披露宴のお手伝いを頼んだ場合は、きちんとお礼をすること。いくら包むかは、相場を気にするよりも「お世話になった」という気持ちを大切にして、自分たちができる範囲で決めればよいでしょう。

1行マナー講座　交通費に相当する金額を相手の銀行口座に振り込むのもよい。

挙式当日に渡すおもなお礼

相手	表書き	渡すタイミング
仲人（媒酌人）	「御車代」	お礼とは別の袋で、披露宴終了後、別室にて両家の親から渡す。
	「御礼」	挙式後が正式。当日の場合は、披露宴終了後、別室にて両家がそろったときに、両家の親から渡す。
主賓	「御車代」	受付担当者に預け、主賓が受け付けをすませたあとで渡す。送迎の車を手配した場合は不要。
遠方からの招待客	「御車代」	受付担当者に預け、招待客が受け付けをすませたあとで渡す。銀行振り込みにしてもよい。
受付	「寿」「御礼」	受付開始前に、頼んだほうの親から「本日はよろしくお願いします」と目立たないように渡す。
司会、撮影、音楽演奏など	「寿」「御礼」	当日なら披露宴後に親から渡す。後日になる場合は、新郎新婦から手渡す。ほとんど食事ができないので、原則としてご祝儀は受け取らない。音楽演奏は、余興として数曲演奏する場合は不要。
式場のスタッフ	「寿」「御礼」	原則として新郎新婦の支度開始前、挙式前に親から手渡す。心付けは、祝儀袋でなく、のしや水引が印刷されたぽち袋でもよい。

仲人への御礼、御車代　　御礼　　御車代　　心付け

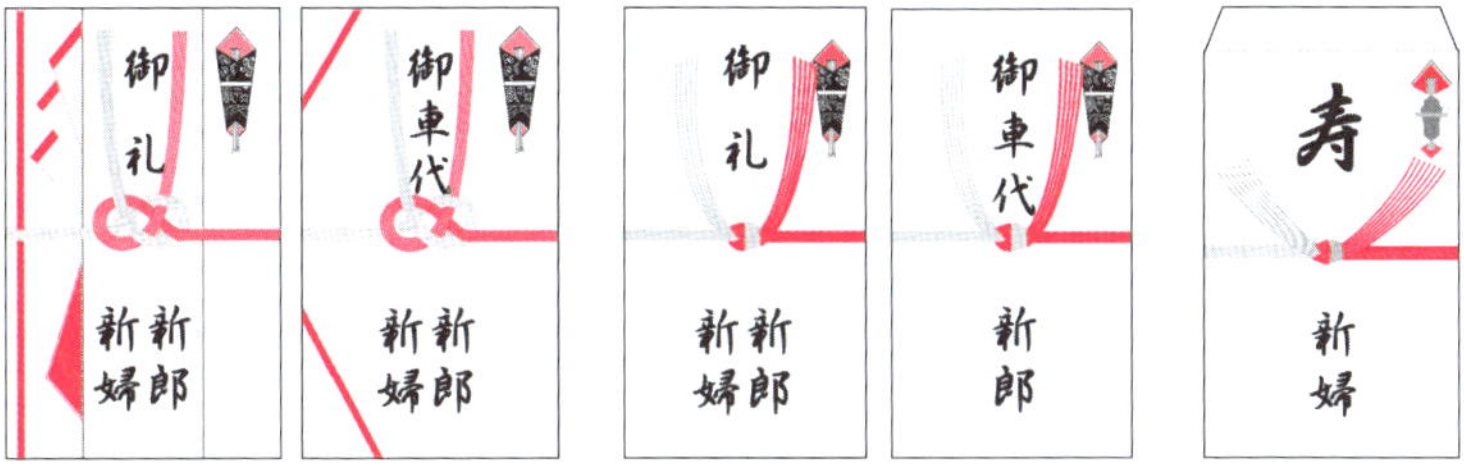

右に新郎、左に新婦、両家の名字を書く。

両家がお世話になった場合は、両家の名字。御車代は、招待した側の名字を書く。

ヘアメイク、介添人など新婦だけがお世話になる方には、新婦の名字を。その他は、両家の名字を書く。

Point

袋には名字を書く

仲人、主賓、両家がお世話になった人へのお礼を包む袋には、右に「新郎」、左に「新婦」の名字を書く。招待客への交通費は、招待した側の名字だけでよい。

1行マナー講座 結婚式の心付けの表書きは「心付け」ではなく「寿」「御礼」にする。

自らが招く内祝い、まわりが行う快気祝い

お世話になった人へのお礼が内祝い

　退院した友人が「快気祝いをする」と盛んに言うので、「快気祝いは、自分でするのではなくて、〝元気になってよかったね〟とまわりの人が席をもうけるものよ」と教えてあげたら驚いていました。

　退院や床上げから10日以内に、お見舞いをいただいた人だけでなく、お世話になった人も含めて自らが招き、祝い膳を囲んで全快の報告とお礼をするのがそもそもの「内祝い」でした。

　最近では、祝い膳を囲む機会は少なくなり、お返しに品物を贈る人がほとんどです。

　内祝いに贈る品には、「きれいさっぱり、あとに残らないように」と験《げん》を担いで、砂糖や石けんといった消耗品がよく使われます。

「内祝い」には礼状で心のやりとりを

　今では、お祝いやお見舞いのお返しやお世話になったお礼という意味もかねていますが、「内祝い」は、もともとはお祝いの記念に配るものです。品物を贈るとき、表書きは「内祝」「快気内祝」です。

　ある有名デパートでは、最近まで「快気祝」の表書きを用意していましたし、間違って書いてある冠婚葬祭の本もけっこうあります。

　私の友人もそうでしたが、「快気祝」と「快気内祝」はまだあちこちで混同されているようです。

　人生には、結婚、出産、賀寿などさまざまなお祝い事や、病気、災害にあった方を見舞う機会もたくさんあります。

　贈り物やお返しは、品物やお金ではなく、気持ちのやりとりです。

　品物やお金だけを贈るのではなく、必ずメッセージカードを添えるなど気持ちを伝えるようにします。

1行マナー講座　目上の人に対してもお見舞いの場合は現金を贈ってかまわない。

御快復御祝いの贈り方

退院、床上げ後に贈り物をするときは「御快復御祝」に

お見舞いをする前に全快の知らせを受けたり、内祝いが届いたら、快復を祝う手紙とともに「御快復御祝」や「御退院御祝」を贈る。

名字を書く

快気内祝いの宴に招待されて持参する場合は名字だけでもよい。

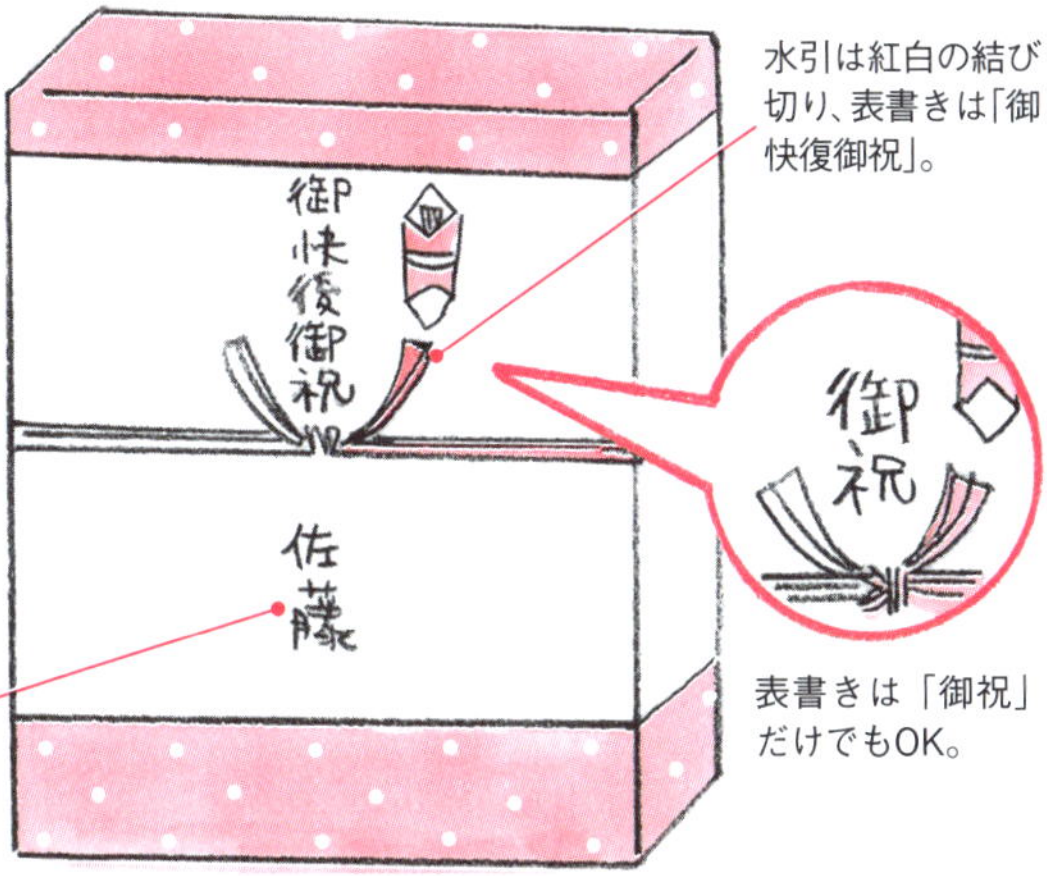
御快復御祝
佐藤
御祝
水引は紅白の結び切り、表書きは「御快復御祝」。
表書きは「御祝」だけでもOK。

お祝い・お見舞い・内祝いを贈る時期の目安

	贈る時期の目安	内祝い（お返し）
出産	知らせを受けたときは手紙などでお祝いの気持ちを伝える程度にし、贈り物は無事に出産したという連絡を受けてから。	お祝いをいただいてから1ヵ月以内に。のし紙には子どもの名前を書く。
進学・就職	身内やとくに親しくしている人以外は不要。贈る場合は、状況がはっきりしてからにする。合否が不明なときは「御卒業御祝」としても。	礼状のみで原則としてお返しは不要。お菓子など軽い品を添えるのもよい。
転勤・退職	とくに親しい人以外はお祝いはしなくてよい。個人的に贈り物をするなら相手の状況を十分に把握したうえで。表書きは、栄転の場合は「御栄転祝」、退職の場合は「御礼」とする。	礼状のみでよい。異動・離職のあいさつとしてお菓子など軽い品を添えても。
受賞・優勝	知らせを受けたらすぐに電話やメールでお祝いの一報を。お祝いの品も早く贈る。会費制の祝賀パーティーに招かれた場合は、原則として不要。	原則として不要。記念品は、お祝いの有無にかかわらず日ごろお世話になっている人に贈る。
お見舞い	相手の状況を把握してからにする。病気見舞いには、鉢植えや香りの強い花は不向き。災害見舞いは、品物よりも現金がよい。	病気見舞いは、快復後に「内祝い」を贈る。本人が死亡の場合は不要。災害見舞いは不要。礼状はなるべく早く出す。

1行マナー講座 内祝いは品物で。最近は商品券やカタログギフトも選択肢に。

結婚祝いは結婚式の1週間前までに贈る

結婚披露宴の受付は「関所」にあらず

私の友人、披露宴の受付で記帳だけして会場に入ろうとしたら「あのぉ、お祝いは」と呼びとめられたそうです。お祝い金は式の前にきちんと届けてあって準備は万端、「それなのに、なぜ」と憤慨していました。

受付で祝儀袋を渡さなければ会場に入れないと思っている人、受付では祝儀袋を受け取るものと役目に忠実な人が多いからそうなってしまうのです。

「それなら、やっぱり祝儀袋は当日渡したほうがよいのでは」という声が聞こえてきそうですが、それは自分だけの都合というもの。結婚する人にしてみれば、お祝い金が前もって渡されていたら、式の費用の足しにすることもできますし、当日、大金を預かる受付係にとっても紛失や盗難の心配をしなくてすみます。

事前に贈っていたら受付では祝辞だけでよい

人が亡くなるのは、あらかじめ「いつ」とは想定できませんから、当日不祝儀の金品を持っていくのはやむを得ませんが、結婚式の日取りは前もってわかっています。

結婚のお祝いは、遅くても結婚式の1週間前までに届けるもの。直接手渡しても、祝儀袋や商品券を書留で郵送してもかまいません。同僚であれば会社で手渡すのもよいでしょう。

事前に品物を贈っているけれど、当日はお祝い金を少し上乗せしたいという人がいますが、そういう気持ちがあれば、品物と現金は前もっていっしょに差しあげるほうがお互い面倒ではありません。

件《くだん》の友人のように、もし受付で呼びとめられたときは、「もう渡してありますから」などと余計なことを言わずに「本日はおめでとうございます」とだけ伝えて、記帳して会場に入ってかまいません。

「書留」などの方法を選ぶ。詳しくは郵便局の窓口で相談を。

お祝いの品物を郵便小包や託送で届ける

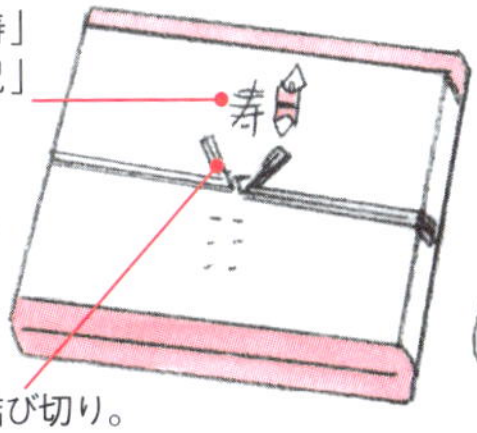
表書きは「寿」「御結婚御祝」など。
必ずお祝いのメッセージを添える。
水引は結び切り。

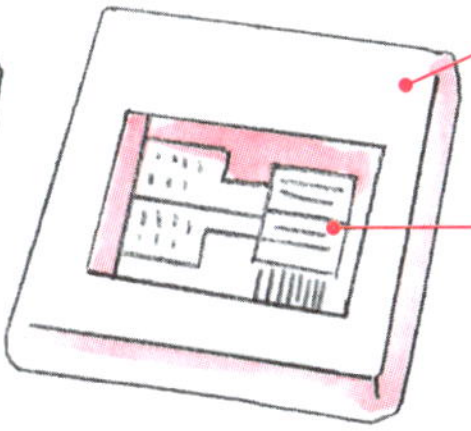
結婚祝いに適した包装紙を。
配送の時間帯を選べるときは、相手の都合がよさそうな時間帯に。

品物を包装して、のし紙をかける。 → 上から包装紙で包み、宛名を書く・送り状を貼る。

現金を郵送するとき

現金書留の封筒に入る金封

持参するときと同じように用意した祝儀袋を、現金書留で郵送する。
封筒に入れるときは、宛名を書く面に袋の表を向ける。

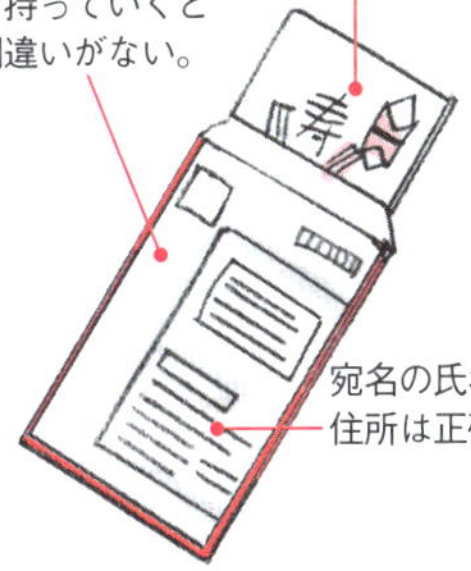
購入時に祝儀袋を持っていくと間違いがない。
中に包むお金は必ず新札で。
宛名の氏名、住所は正確に！

Point 品物と現金をいっしょに贈りたいときは

金額や小包のサイズに制限があるが、現金書留と小包を同時に送るサービスもある。梱包や送り方については、郵便局の窓口で相談を。

結婚式の朝、お赤飯はおかわりしない

茶碗にご飯をこんもり盛って、箸をまっすぐに立てて死者に供えるのが一膳飯です。昔から「ご飯は少しでもよいからおかわりしなさい」とよく言われたのは、１杯だけで終わってしまうとこの一膳飯を連想して縁起がよくないという戒めからでした。

ところが、一膳飯は、亡くなった人に供えるものとは限りません。子どもの誕生や、結婚式の朝、花嫁に食べていただくものです。

一生のうちで一膳飯を食べる儀式は、男性は生まれたときと亡くなったときの２回、女性は結婚を加えて３回ということになります。

結婚式の当日、朝食にお赤飯が出たら花嫁さんはおかわりをしないこと。おかわりをすると、「また戻ってくる」という意味になるからです。

1行マナー講座 親しい間柄なら商品券も。郵送する場合は、金額によって「簡易書留」

現金を贈るとき

お祝い品は希望を聞いて贈るのが一番

品物選びに迷ったら現金にする

結婚のお祝いに何を贈ったらよいか、頭を悩ますのは誰も同じです。ものがあふれている時代だけに品物を選ぶことがむずかしく、現金を贈る人が多くなってきました。

それに、どんなに高価なものでも、同じ用途のものがダブってしまったり、色やかたちを気に入っていただけないのでは、すべてが無駄になってしまいます。

もし品物を贈るのでしたら、相手の希望をきちんと聞いて選ぶと間違いありません。本当にほしかったものは、使うたびに贈ってくださった人を思い出しますし、金額にかえられない価値があります。

また、買ってもらいたい品物に相当する金額を、「好みがわかりませんので、お二人で選んでください」という意味を込めて、現金で贈ってもかまいません。

買ってほしい物を表書きにする

結婚のお祝いを現金で贈るとき、表書きとしては、「寿」「御結婚御祝」がよく使われます。

また、買ってもらいたい品物の名前に「料」をつけて現金を贈るという方法もあります。そこには、ご希望の品物を贈りたいけれど、自分たちの好みのものを選んでほしいという気持ちを込めることができます。

無地、結び切りの水引の祝儀袋に、水引の上に楷書体で「洗濯機料」「冷蔵庫料」などとします。

希望の品物を贈るけれど、お祝いの品物が大きい、重くて持参できないときは、先に目録を渡しておきます。

目録は、奉書紙《ほうしょがみ》を折りたたみ、品物、贈り主の氏名を書いたものを、上包みで包みます。表書きは「目録」と書きます。

目録で持参してもよい。

○○料として現金を贈る

表書きは、「相手に買ってほしい物」料

「○○料」として現金を贈る際、現金書留で郵送するなら祝儀袋は、金額に関係なく水引・のしが印刷されたものを使ってもOK。

Point 挙式前に届ける

せっかく希望の品物を買ってもらうために現金を贈るのだから、新生活がスタートする前に届けたいもの。披露宴当日に持参する場合も表書きに「○○料」と書いてよい。

目録の作り方

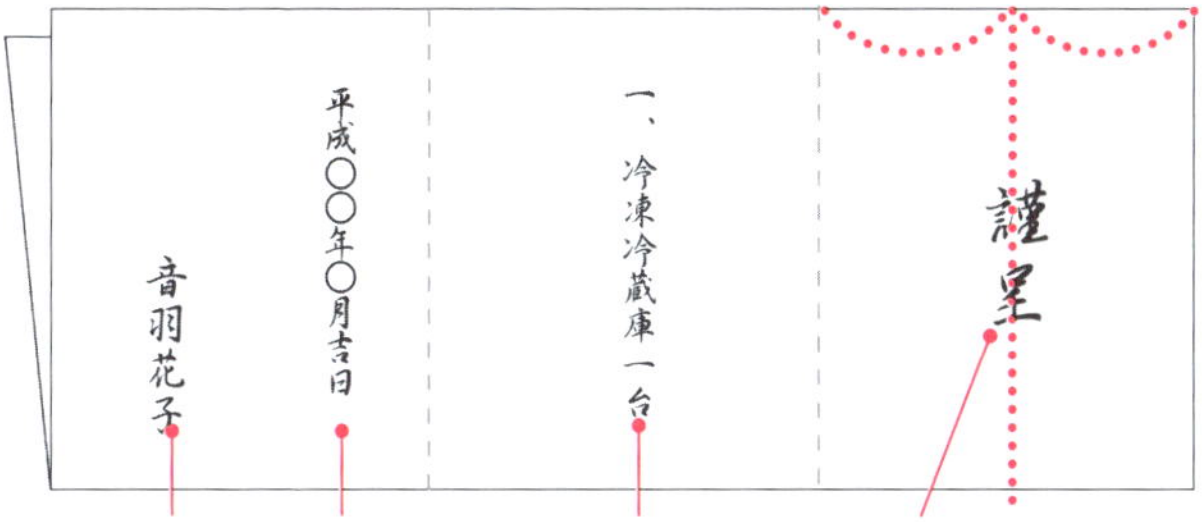

奉書紙を2枚用意し、1枚を折り山が下にくるように半分に折る。

縦三つ折りにして開き、折り目にかからないように文字を記入して、左から折り、右を重ねる。

贈り主の氏名　日付　買ってもらいたい物の品名　相手が目上なら「謹呈」、同輩、目下なら「進呈」と中央に書く

もう1枚の奉書紙で包む。

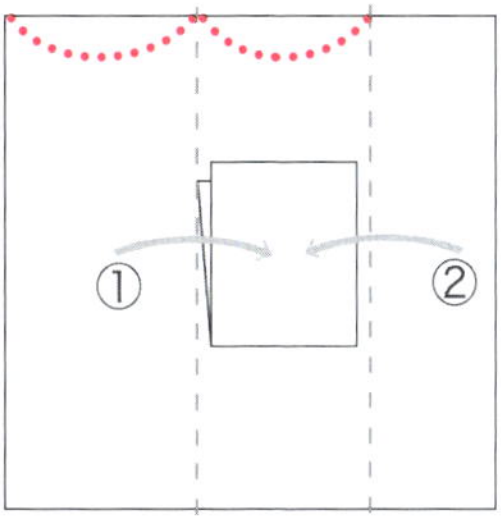

祝儀袋の上包みと同じ「たとう包み」で包む。
縦三つ折りにし、中央に品名を書いた紙を置き、左から折り、右を重ねる。

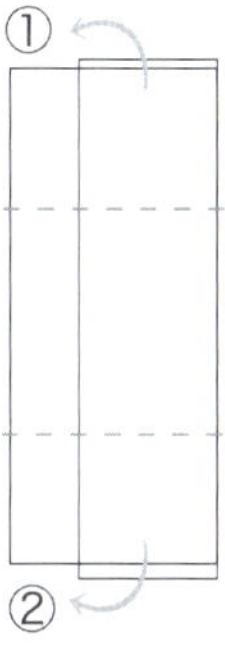

下側が上になるように、上下の端を裏側へ折る。

「目録」、または「寿」と表書きを書く。

1行マナー講座　品物を贈るとき、先方に届くのが式のあとになる場合は、披露宴当日に

祝儀袋

目的と金額に見合った祝儀袋を選ぶ

祝儀袋には「格」がある

お祝いの現金は、のしのついた祝儀袋に入れます。たくさんの種類がありますが、体裁が大げさな割に金額が少なかったということがないように、金額や贈る人の立場に見合った祝儀袋を選びます。

1万〜3万円未満のときは水引は金銀の「あわび結び」か「輪結び」、5万円からは金銀の「飾り結び」、10万円以上は松竹梅つきの「飾り結び」のものがふさわしいでしょう。

結婚に関するものはすべてのしつき、水引は「一度結んだら解けない」という意味で、結び切り（あわじ結び、輪結び）のものを使います。

祝儀袋上段の表書きは、「寿」「壽」「御結婚御祝」「祝御結婚」が一般的です。

名前は下段の中央にフルネームを楷書体で。「寿」だけは行書体でよいとされています。

連名は3人までとし、右から順に中心線を中央にバランスよく。4名以上のときは、中央に代表者の氏名を書き、その左に「外一同」と書き添えます。

会費制の披露宴、ご祝儀はどうする？

最近では、披露宴を会費制にするケースも増えてきました。出席することが新郎新婦へのお祝いになりますから、会費に加えてご祝儀を持参する必要はありません。また、会費は、祝儀袋に入れなくてOK。受付係に現金を渡せばかまいません。

急な欠席は避けるのが一番ですが、やむを得ない事情で出席できないこともあるでしょう。その場合は、後日、お祝いの品を持参するか、お詫びの手紙を添えて届けるようにします。出席できなくても、当日は、せめて祝電でお祝いの気持ちを伝えましょう。

1行マナー講座　現在も伊勢神宮では、のしの由来である「のしあわび」が奉納される。

祝儀袋と金額の目安

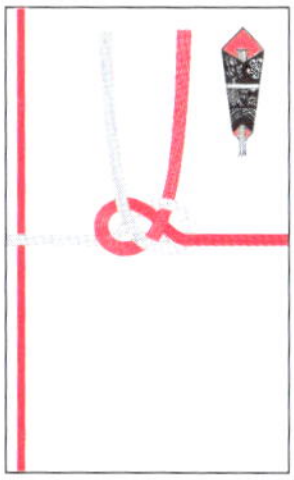

5000～1万円未満

赤白のあわじ結びなどシンプルなものを。結婚祝いには印刷の祝儀袋は失礼。水引10本を用いた祝儀袋を選んで。

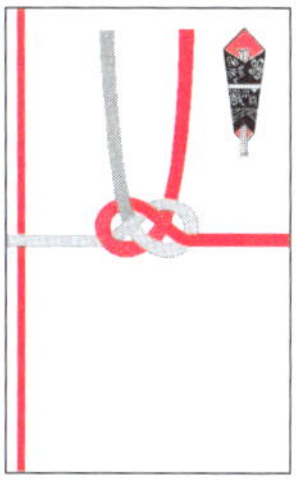

1万～3万円未満

水引の色は、赤白でも金銀でも。このクラスは「結び切り」をアレンジした「あわび結び」が使われていることも多い。

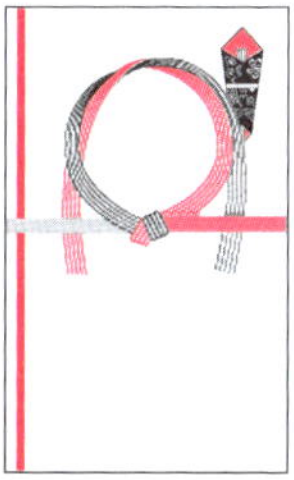

3万～5万円未満

水引は金銀の輪結び。招待客のご祝儀の金額ならこのクラスが一般的。

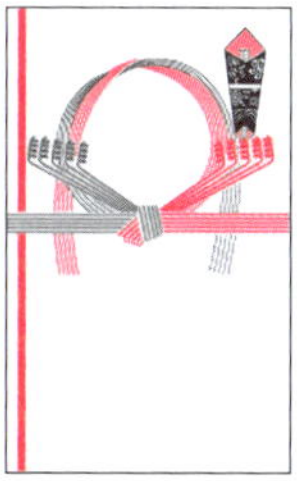

5万～10万円未満

水引は金銀上包みは奉書紙、水引は金銀の老いの波や輪結びが施されたものを。披露宴に夫婦で出席する場合にご祝儀を包むならこのクラス。

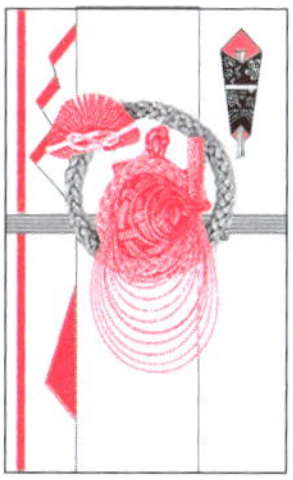

10万円以上

表面に波状のしぼのある檀《だん》紙《し》の祝儀袋は格が高い。主賓、仲人などのご祝儀は、松竹梅や鶴亀の飾りがついた金銀の水引の祝儀袋がふさわしい。

モダンなアレンジの祝儀袋は、贈る相手がごく親しい後輩や友人のときに。目上の人に贈ると失礼にあたる。

結婚祝いの水引はこの3つ

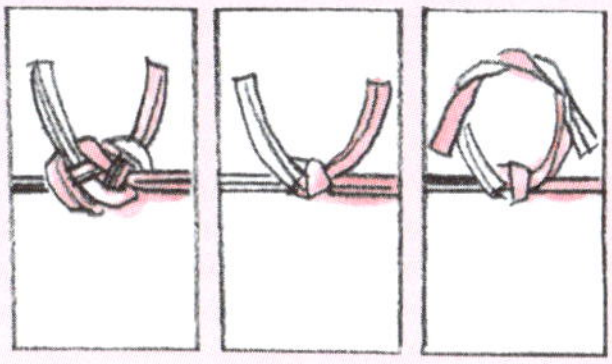

左から、「あわじ結び」「結び留め」「輪結び」。いずれも結婚祝いに使う「結び切り」。

どんなに華やかでも、婚礼のお祝いに「蝶結び」はNG。

Point

祝儀袋を買うときに確かめる

市販の祝儀袋は、たいていのものにそれぞれに見合った金額の目安が記載されているので、購入時に参考にするとよい。

1行マナー講座 ぽち袋の「のし」の字はのし飾りを簡略化した「文字のし」。

祝儀袋

水引・のし紙、包み方、お祝いの作法

慶事にふさわしい水引、のし紙を使う

水引には、けがれのないものを贈るという意味と、贈る人の気持ちを結びとめるという意味があります。白、赤、金、銀、黒、黄といった色を一色で使用する場合と組み合わせて使用する場合があります。

結婚のお祝いなど慶事には、赤白、金銀、金赤の水引を、薄い色が左にくるように結びます。

水引の結び方にも何種類かありますが、結婚を祝して贈る品物や祝儀袋には、必ず「結び切り」を使います。「蝶結び（花結び）」は、結び目が簡単に解けて結び直せるとの意味合いから、何度あってもよいとの願いを込めて、婚礼以外のお祝いをはじめ、お礼、ごあいさつ、記念行事などの贈答に用います。

覚えておきたい現金の包み方

お祝いの品、祝儀袋には、水引とともに「のし」がつきます。のしは、縁をのばす、喜びをのばすという意味合いの縁起物ですから、慶事のほかさまざまな贈答品に使いますが、弔事には使ってはいけません。

また、のしそのものが「生もの」の象徴なので、贈り物が魚介類や肉など生ものの場合は、意味が重複してしまうので、のしのない水引だけの紙をかけるようにします。

お祝いに現金を包む際は、市販の祝儀袋を使いますが、ちょっとしたお礼は懐紙で包むとよいでしょう。

旅館では昔から心付けを渡すという習慣があります。お世話になる仲居と呼ばれる客室係に、感謝の気持ちを込めて手渡すものです。現金をティッシュペーパーで包んだり、むき出しのままで渡すのは禁物。懐紙の包み方は、慶事と弔事では違います。心付けは、慶事の包み方にするとよいでしょう。

係（仲居）に渡すとよい。団体の場合は幹事が代表で渡す。

弔事などを除いて贈り物にはのし紙をかける

のし飾りで包んだ黄色い紙が「のしあわび」を模した「のし」。縁をのばす、命をのばすといった縁起物として吉事には欠かせない。

Point のし紙のかけ方は関東と関西で違う

のし紙を品物にかけてから包装紙で包むのが「内のし」、包装紙の上からのし紙をかけるのが「外のし」。関東では内のし、関西では外のしがよく使われるが、どちらのかけ方でも問題はない。

心付けは懐紙で包んで渡す

Point 慶弔で包み方が違うので注意

祝儀袋の中包みや心付けのお金は、慶事の包み方で。二次会の会費など現金を包むときは、懐紙に包んで渡してもよい。

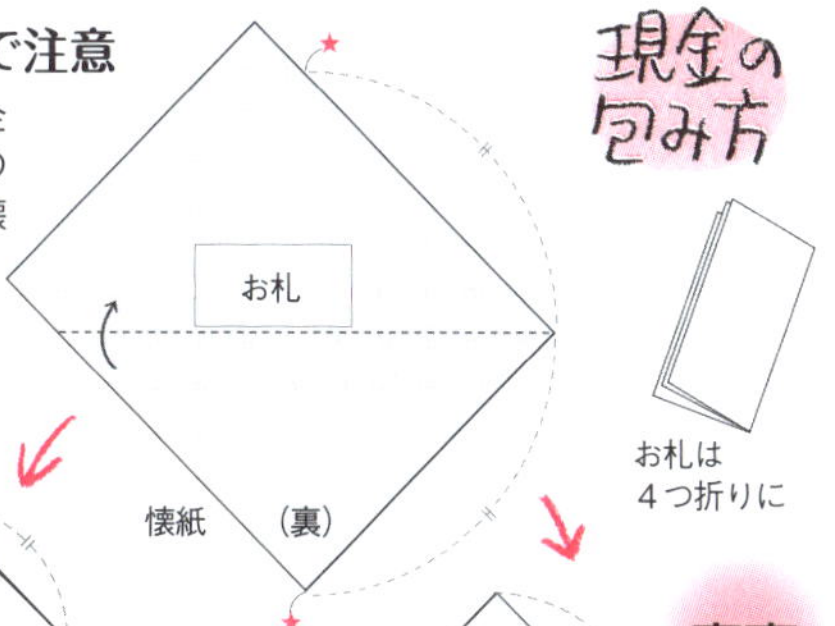

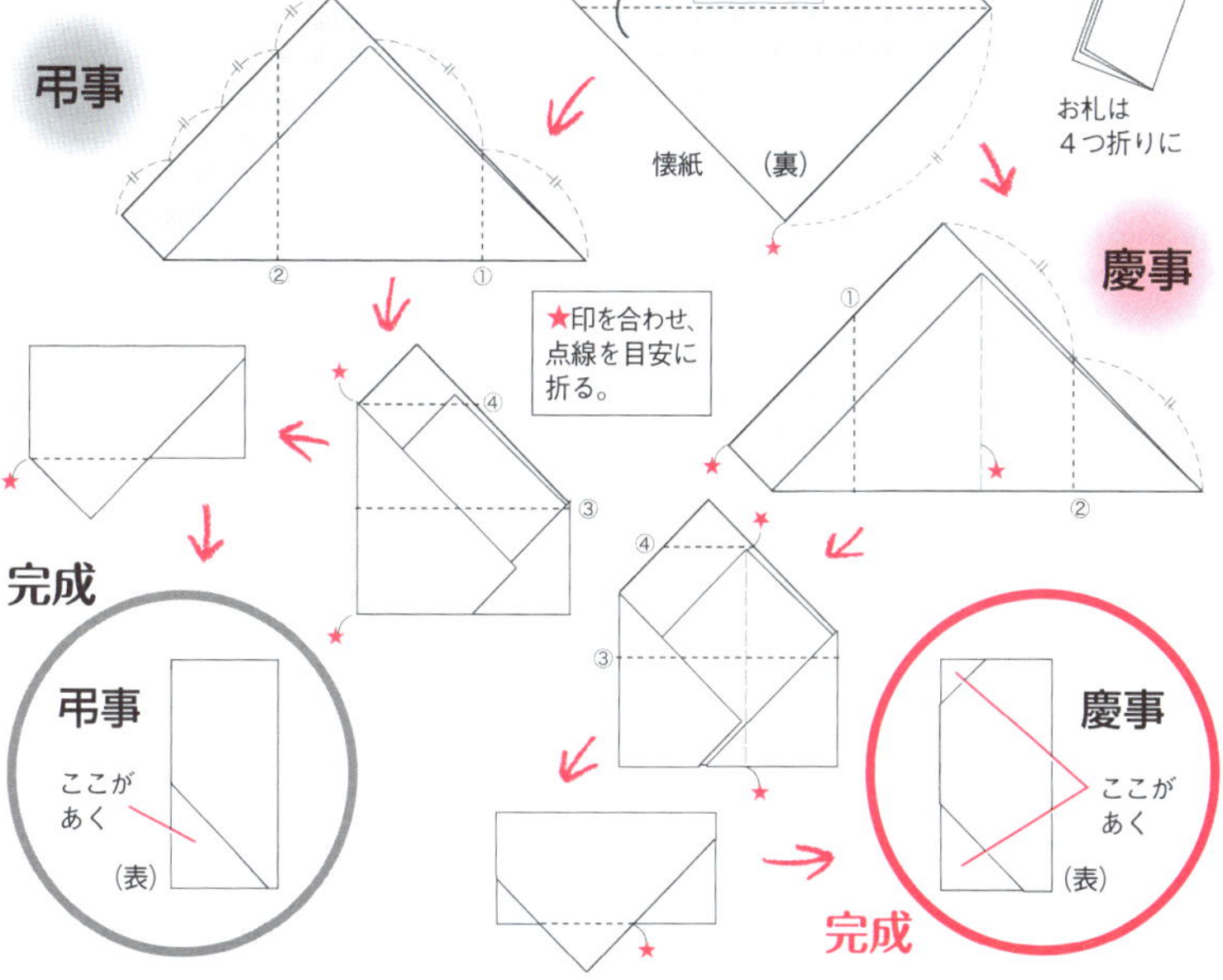

1行マナー講座 旅館での心付けは、部屋に案内されたときか夕食時に、さりげなく客室

祝儀袋は袱紗に包んで持参する

祝儀袋には必ず新札を入れる

祝儀袋には、銀行で両替した新札を、肖像画のある面を上にして入れます。式場によっては、新札を準備しているところもありますが、結婚式の日取りは前もってわかっているのですから、当日になってあわてないように用意しておきましょう。

表書きの名前は、中央にフルネームで、文字はくずさずに楷書体で丁寧に書きます。

慶事のときは濃墨《こずみ》、弔事は薄墨《うすずみ》で書くのが正式です。慶事は前もって予定がわかっていますから、墨もゆっくりすれるはず、というわけです。

用意した祝儀袋は、当日必ず袱紗《ふくさ》に包んで持参します。袱紗はものを包んだり、上にかけたりするのに使われる儀礼用の絹布《けんぷ》のことです。

今では、挟んで入れるだけの〝挟み袱紗〟が手に入ります。紫色のものであれば、慶弔いずれにも使えます。

祝儀袋は袱紗の上にのせて差し出す

披露宴会場の受付では、まず「本日はおめでとうございます」とお祝いのあいさつをします。

次に自分の名前をフルネームで名乗りましょう。受付係が面識のない人であれば、「新婦の友人の○○です」と新郎新婦との関係を添えるのもよいですね。

ただし受付が混雑しているときは、あいさつは手短に。「おめでとうございます」とだけあいさつして、ご祝儀を渡し、記帳をします。

祝儀袋は、袱紗から取り出して上にのせ、袋の正面を相手のほうに向けて、両手で差し出しましょう。片手で差し出すのはNG。黙って渡さず、「心ばかりのお祝いです。お納めください」とひと言添えるのもマナーです。

慶事・袱紗の使い方

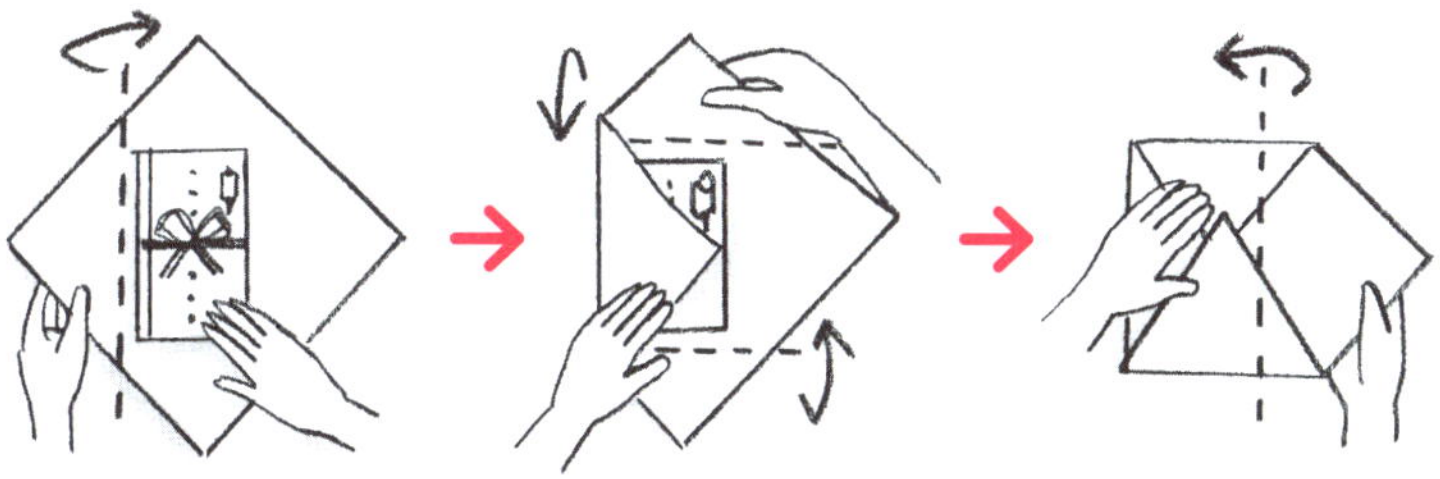

1 祝儀袋を袱紗の中央よりやや左に寄せて置く。

2 最初に左側を祝儀袋にかぶせる。

3 上、下、右側の順に重ねる。

受付で渡すときは

祝儀袋を袱紗の上にのせて、相手に正面が向くように、向きをかえて差し出す。

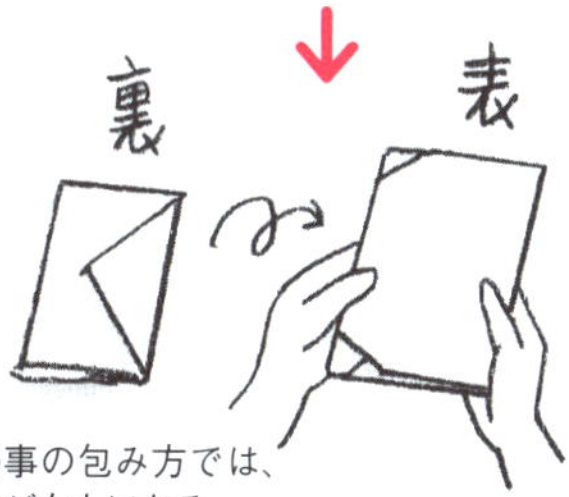

慶事の包み方では、裏が右上になる。

Point 慶事では、袱紗は左から包み始める

慶事と弔事では、袱紗の使い方が違うので注意。弔事での袱紗の使い方は「3章　お悔やみ」(P74、75) に。

袱紗とは

漆器などホコリがかぶることをきらって上からかぶせた布で、一般には、茶の湯で用いる方形のちりめんや絹の布のことをいう。進物や貴重品、祝儀・不祝儀袋を包んだり、覆う際に使う。

２枚の布を重ねて縫い合わせたシンプルなもの、爪付きや台付きのもの、最近では、使いやすい挟み袱紗（金封タイプ）も販売されている。

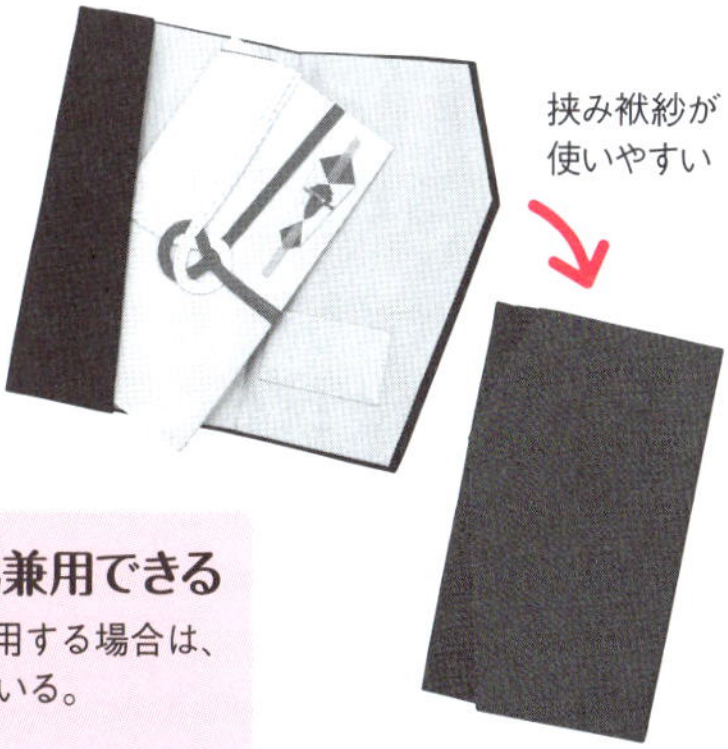

挟み袱紗が使いやすい

Point 紫の袱紗は、男女ともに慶弔兼用できる

慶事には、赤、朱、エンジ。慶弔兼用する場合は、男性は藍色（青）、女性はエンジを用いる。
紫は、男女ともに慶弔兼用で使える。

お祝いの席で

乾杯のあとは、飲み干さなくてもよい

グラスに口をつける真似だけでもOK

乾杯は「杯を乾《ほ》す（空にする）」と書くので、飲み干すものと思っていたら、それは勘違いです。中国以外では、そういう決まりはありません。

一口飲むだけでOKですし、相手にグラスの中身を飲み干すように強要してもいけません。

ただし、お酒が飲めないからといって、乾杯に参加しなくてよいというわけではありません。グラスにはほかの人と同じようにお酒を注いでもらい、ほんの一口だけ飲むか、口をつける真似だけでもしましょう。

乾杯のグラスは、あてなくてもよい

乾杯をするとき、わざわざ席を立ってまで同席したすべての人とグラスをあてにいこうとする〝律義者〟がいます。

親しい人同士ならそれも楽しいひとときですが、正式の場では、乾杯のグラスをあてなくても、失礼にはあたりません。周囲の一人ひとりとアイコンタクトするだけです。だいたい、正式の食事の席では音を立てるものではありませんし、グラスを傷つけてしまわないようにという配慮もあります。

スマートな乾杯の秘訣はアイコンタクト

乾杯は、唱和したらグラスを目の高さにあげる→まわりの人とアイコンタクト→一口飲む→唱和した人とアイコンタクト→静かにグラスを置く、の順です。

どうしてもグラスをあてたいときは、軽く触れる程度にしましょう。乾杯の相手が目上でしたら、自分のグラスは少し下げるように配慮します。

乾杯の手順

1 乾杯の発声をする人のスピーチの間は、グラスを胸のあたりで持つ。

↓

2 乾杯の音頭とともに「乾杯」と発声し、グラスを目の高さまでかかげる。

↓

3 一口飲むか、口をつける真似をして、静かにグラスを置く。

グラスの持ち方

親指、人差し指、中指でグラスの脚部分の上側を持つ。
和装のときは、もう一方の手をグラスを持った手の袖口に軽く添える。

Point ビールグラスも〝カチン〟はNG!

披露宴などフォーマルな場では、ビールでの乾杯もグラスは合わせず、アイコンタクトだけに。

乾杯のときは
目の高さに。
スピーチの間は、
胸の前あたりで
持つ。

Point 微笑みながらまわりの人と目を合わせる

乾杯の発声とともに、グラスを目の高さにあげ、乾杯の唱和をした人→新郎新婦→まわりの人に視線を向ける。

フォーマルシーンではグラスを合わせない

乾杯のときにグラスをぶつける習慣の由来は諸説あります。古代ギリシャでは、グラスをぶつける音で悪魔祓いをしたといい、中世ヨーロッパでは、毒殺を避けるために、お互いがグラスをぶつけて酒を混ぜたといわれます。

現代でも、グラスをぶつけあうシーンは、世界中で見られます。しかし、結婚披露宴や正式な晩餐会のようにフォーマルな席では、グラスを合わせないのが国際的なマナーにもなっています。

来客をもてなすために用意した高級なグラスを傷つけないようにとの配慮ですが、これは、フォーマルシーンだけでなく、格式の高いレストランや訪問先でのおもてなしの席にもあてはまります。

1行マナー講座 女性は、乾杯のときにグラスに口紅がつかないように、事前に化粧室で

お祝いの席で

洋食マナーのポイントは「音を立てない」

ナイフとフォークは外側から使う

着席式の披露宴で西洋料理をいただくとき、一番気をつけたいのは、できるだけカチャカチャと食器の音を立てないことです。コース料理では、テーブルに、位置皿を中心に食器がセットされています。

ナイフとフォークは、出される料理に合わせて、外側から内側に向かって順番に並んでいますが、もし順番を間違えても、そのまま使ってかまいません。

ナイフは右手、フォークは左手に持って食べるのが基本。左利きの人が逆に持つのはよいのですが、並べられたナイフとフォークを左右逆に並べ替えるのはマナー違反です。

ナイフで料理を口に運んだり、なめたりするのも見苦しいのでやめましょう。フォークで料理をすくって食べるときは、先を上に向けてスプーンのように持って使います。

落とした食器は自分で拾わない

食事中、カトラリーをうっかり床に落としてしまったとき、恥ずかしいからといって、自分でそっと拾ってはいけません。

軽く手をあげて接客係に合図し、拾ってもらうようにお願いします。同じテーブルの人に「失礼しました」とひと言詫びることも忘れずに。

グラスを倒して、中身がこぼれてしまったときも同じです。テーブルから流れ落ちたり広がらないようにナプキンで押さえることはしてもかまいませんが、自分で何とかしようとしないで、あと始末はすべて接客係におまかせしましょう。濡れたナプキンは、取り替えてもらえます。

披露宴での食事は、フォーマルな場です。たとえ同じテーブルが顔なじみばかりでもお行儀の悪いふるまいは慎みたいものです。

1行マナー講座 ナイフを使わなくてよい料理は、フォークだけで食べてもよい。

西洋料理のテーブルセッティング

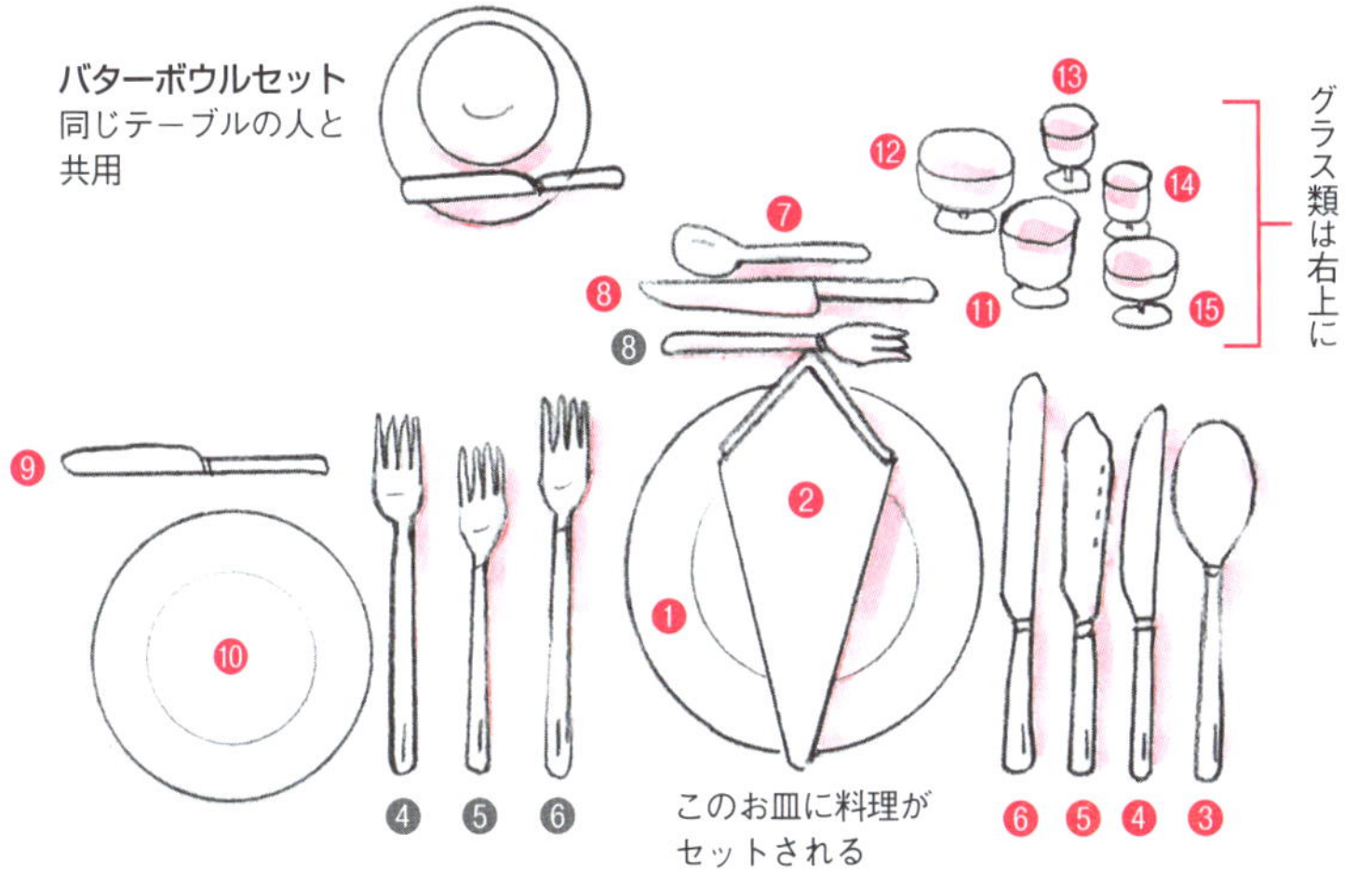

❶位置皿（ショープレート）
❷ナプキン
❸スープ・スプーン
❹オードブル用ナイフ
❹オードブル用フォーク
❺魚用ナイフ
❺魚用フォーク
❻肉用ナイフ
❻肉用フォーク
❼コーヒー・スプーン
❽デザート・ナイフ
❽デザート・フォーク
❾バター・ナイフ
❿パン皿
⓫水用ゴブレット
⓬シャンパングラス
⓭レッドワイングラス
⓮ホワイトワイングラス
⓯シェリーグラス
※別室で食前酒が出る場合は、シェリーグラスはセットされない。

Point

セットされた食器やグラスは動かさない

着席したら、ナプキンを取ってひざに置く。食器やグラスを勝手に動かさないこと。接客係は、料理を左側からサービスするので、左隣の人と椅子を近づけるのもNG。

覚えておきたい食器使いのマナー

●バターは同じテーブルの人と取り分ける。

バターボウルがセットされている場合は、ボウルに添えてあるナイフでバターを自分のパン皿に取り分け、パンにつけるときは、自分用のバター・ナイフを使う。

●グラス類は「右」。必ず同じ位置に戻す。

会話に夢中になっていると、ついグラスを置きやすい場所に戻しがち。うっかり隣の人のグラスと間違えてしまったときは、隣の人にお詫びして新しいグラスと交換してもらう。

●果物を食べるときはデザート用のナイフとフォークを使う。

果物を手で口に運んで食べるのはNG。必ずナイフとフォークを使って。果物にカトラリーがついていないときは、位置皿の上にセットされたデザート用のナイフとフォークを使う。

1行マナー講座 食事中は必ず両手首までをテーブルの上に出しておく。

日本料理のいただき方

お祝いの席で

お膳の右側にある器の取りあげ方

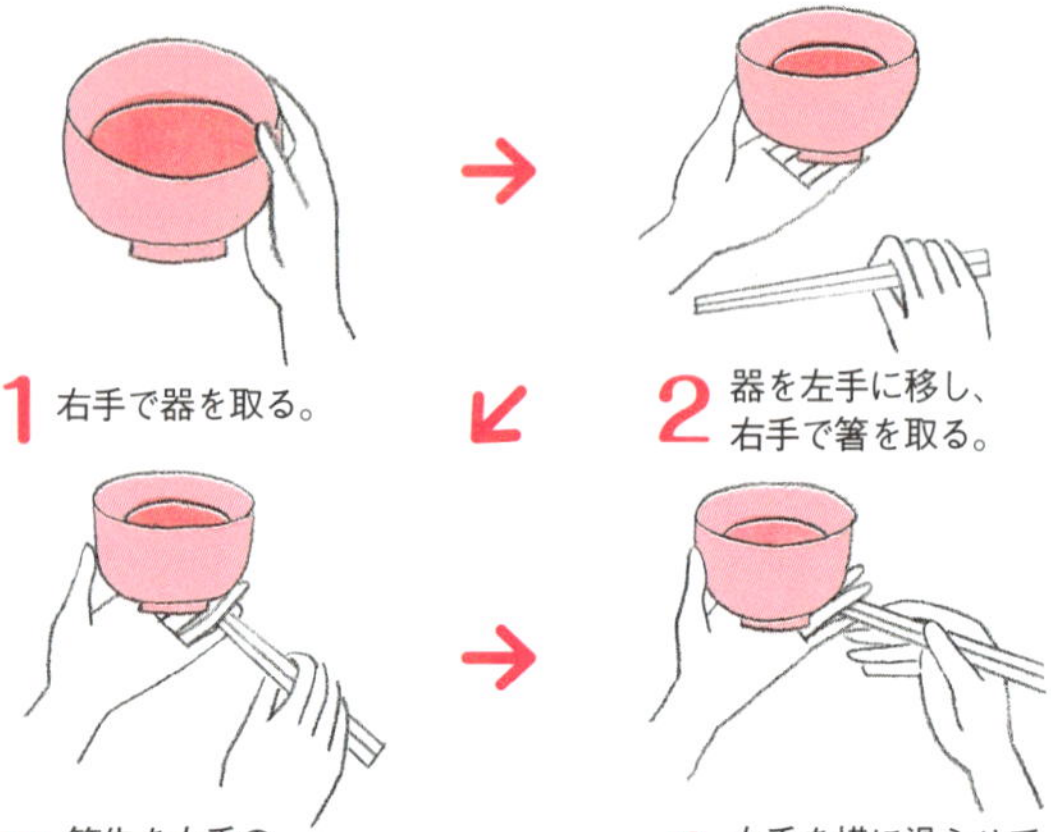

1 右手で器を取る。

2 器を左手に移し、右手で箸を取る。

3 箸先を左手の薬指と小指で挟む。

4 右手を横に滑らせて箸を持ちかえる。

Point 右側にある器を左手で取らない

向かって右にある器を左手で、左にある器を右手で取りあげることを「袖越し」といって、やってはいけないふるまいのひとつ。
お膳の上で手が交差すると、粗相しがちなうえに見た目もよくないもの。

手は交差させない。

箸と器は同時に取りあげない

箸と器を同時に取りあげるのは「もろおこし」といって粗相のもと、やってはいけません。では、どちらが先かというと、ご飯茶碗などお膳に向かって左側にある器は、左手をまっすぐに伸ばせばすぐに届きますから、箸を先に持っても問題はありません。

しかし、汁椀などお膳の右側にある器を取ろうとすると、左手は斜めに移動させなければいけないので取りにくいものです。先に箸を持ったままでは、粗相しがちですので、

1行マナー講座　小さな器は手で持って食べる。口を器に近づけて食べない。

焼き魚の食べ方

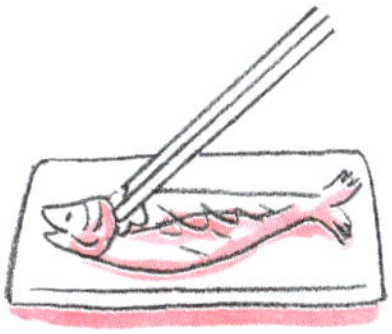

1 上身は、頭の後ろから尻尾に向かって一口ずつほぐしながら口に運ぶ。

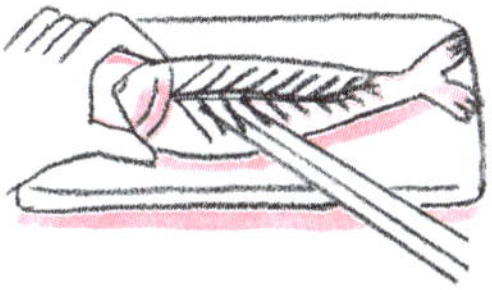

2 頭を持ち、中骨と下身の間に箸を差し込んで少しずつずらしながら、頭・中骨・尻尾をつなげたままはずす。

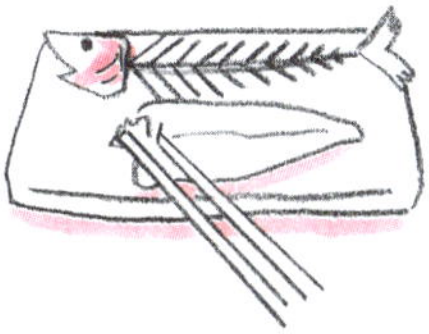

3 はずした骨はお皿の向こう側に置き、下身を頭のほうから一口ずつ食べる。

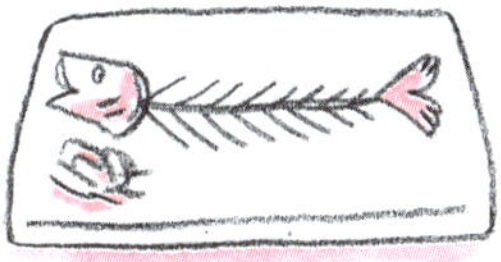

4 最後にはずした骨を真ん中に戻し、竹の葉が添えてあったらそれで隠す。

お椀のフタはしずくを切ってから置く

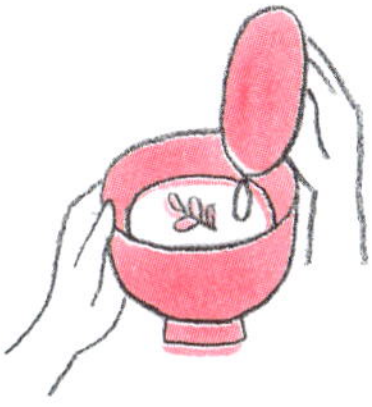

お椀に左手を添えて、右手でフタを開ける。

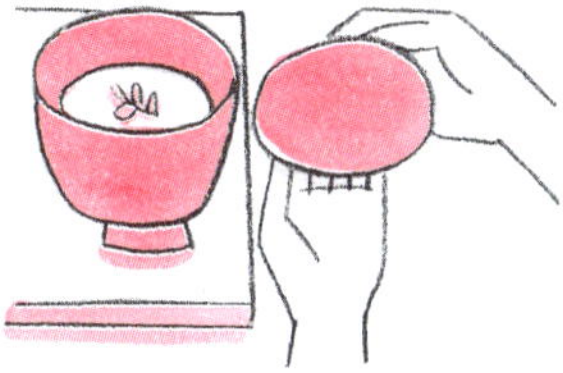

お椀のフタは、しずくを器の中に落としてから、フタを裏返しに、お膳の右側に置く。

①まず右手で器を手に取ります。
②器を左手に移し、右手で箸を取りあげます。
③箸先を左手の薬指と小指の間に挟みます。
④右手を横に滑らせるようにして、静かに箸を持ちかえます。

　尾頭つきの焼き魚はどうも苦手という人、けっこういます。味ではなく、「きれいに食べられないから」という理由にはビックリ。

　きれいに食べられないのは、ところかまわず箸をつけてしまうからです。食べ方の流れを知っていると、きっとうまくいきます。

　鯛のように骨が身から離れにくい魚は、ひっくり返したほうが食べやすいのはたしかですが、粗相してしまいがちですから、ひっくり返さない食べ方をおすすめします。

お祝いの席で

中座するとき、ナプキンは椅子の上に

食事中に席を立つのはできるだけ避ける

いったん着席したら、食事中は最後まで席を立たないのがマナーとされています。

コース料理では料理を出すタイミングがずれてサービスに支障が出ます。何よりも食事中に席を立つというのは、まわりを不快にさせます。

ふつうレストランでおしぼりを出さないのは、食事の前には、化粧室で用をたして、手を洗い、身だしなみを整えてから着席するのが基本だからです。

やむを得ず席を立つときは、ナプキンを椅子の座面に置き、同席の人に「失礼します」とひと言断ります。

ナイフとフォーク、ハの字は食事の途中

中座するとき、食べかけのお皿をそのままにしておいてほしいのか、片付けてもよいのかは、ナイフとフォークの置き方で示します。

ナイフの刃を自分のほうに向け、フォークの背を上にしてお皿の上にハの字に置くと、「この料理は、まだ食べている途中です」のサイン。ナイフの刃を自分のほうに向けて奥に、フォークは腹を上にして手前に、こうして二の字に並べてお皿の上に置くと、「食べ終わりました」のサインという決まりがあるのです。

このような置き方は、身近なファミリー・レストランでも通用しますから、ぜひとも覚えておくとよいでしょう。

ちなみに、スープ・スプーンは受け皿に横一文字で置くか、スープ皿の中に柄を自分に向けて縦に置くのが終了のサインです。

出された料理をおいしくいただくのも、招待客のマナーですから、料理を食べ終わらないうちに席を立つのはできるだけ避けたいもの。やむを得ず中座するにも、料理を食べ終えてからにしましょう。

食事中に中座するときのサイン

ナイフとフォークで伝えるサイン

食事中

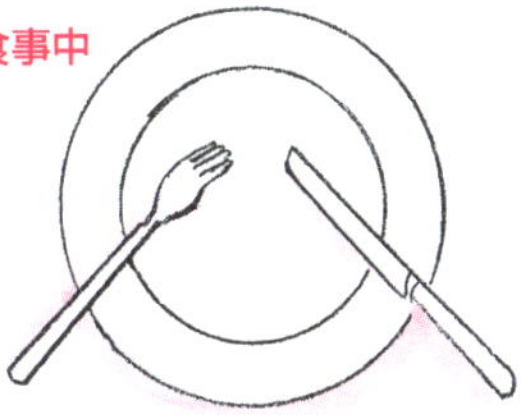

ナイフの刃を自分のほうに向け、フォークの背を上にしてお皿の上に「ハの字」に置く。

↓

食事終了

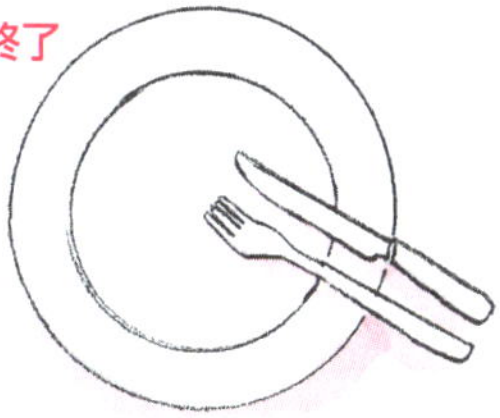

ナイフの刃を自分のほうに向けて奥に、手前にフォークの腹を上にして「二の字」に置く。

ナプキンで伝えるサイン

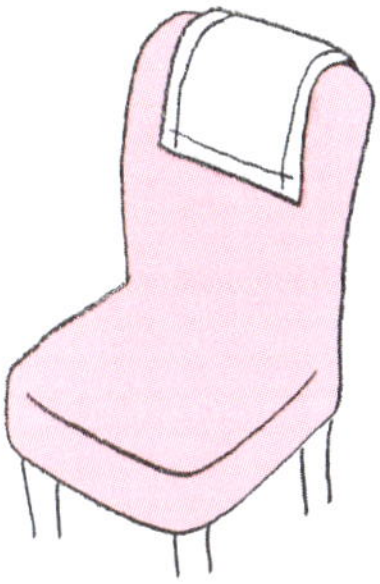

ナプキンを椅子の座面の上に置くか、背もたれにかける。
食事が終わって退出するときは、軽くたたんでテーブルの上のやや左側に置く。

Point 中座は短時間に

1品ずつサービスされるコース料理では、席を空けている時間が長いとせっかくの料理も味が落ちてしまうことがある。

これも気をつけたい食事マナー

●早いのも遅いのもNG。まわりのペースに合わせて食べる。

一人だけ早く食べ終わって手持ちぶさたにしていたり、逆にまわりの人が食べ終わっているのにお皿に料理がたくさん残っていたりというのはNG。披露宴や食事を伴うパーティーでは、同席の人とペースを合わせて食べることも大切。

●同じテーブルの人がスピーチ中は食事の手を休める。

スピーチは食事をしながら聞いてもよいが、前後は必ず手を休めて拍手を。同じテーブルの人がスピーチする場合は食事のペースを合わせる意味で食事の手を休める。

●苦手な物、食べきれない物は、お皿の1ヵ所にまとめる。

食べ散らかしは厳禁。皿の1ヵ所にまとめ、きれいに残す。お酒が飲めない場合は、接客係が注ぎにきたとき、軽く会釈しながら「十分にいただきました」などと断る。

●コーヒーとデザートが出たらそれ以後、席は立たない。

そろそろパーティーもお開き。ここで中座すると、戻ってきたときには新郎新婦が招待客を見送っていたなんてことも……。よほど差し迫ったことでない限り、席は立たないようにする。

パーティーは「食4話6」の心がけ

飲食よりも会話を楽しむことを優先

結婚披露宴、会社の記念式典や新製品の発表後のレセプションから個人的なものまで、飲食はセルフサービスという立食パーティーが盛んに開かれています。

その会場で、「あれっ！」と首をかしげたくなるふるまいをしている人たち、本当に多いですね。

ご祝儀や会費の元を取らなきゃ損とばかりに、ガツガツ食べたり飲んだりする。冷たい料理と温かい料理を1枚のお皿に盛ったり、お皿に山盛りの料理を何人かでつついたりするのはあさましいふるまいです。

立食パーティーは、いろいろな方とご縁をつくるよい機会。食べることと4割、話すことは6割、「食4話6」の割合にするのがスマートなふるまい方です。私の場合、たくさんの人につかまって食べることがほとんどできません。母からは、「軽くおそばをいただいてから行きなさい」とよく言われました。

話題もふるまいも周囲への気づかいを

話が6割といっても、機知に富んだ話題を。他人のうわさや悪口、批評、品のない冗談といった、まわりを不快にさせるものは御法度です。

周囲に対する配慮という意味では、立食パーティーでも、料理テーブル近くでの喫煙は控えます。携帯用の灰皿を持参していても、決められた喫煙スペースで。

また、周囲の壁際に置いてある椅子に荷物を置いたり、椅子を独占して特定の人だけとグループをつくり勝手に盛り上がることも絶対に避けましょう。

壁際に一人ぽつんと立っているなんていうのもNG。積極的に会話に加わるようにします。

立食パーティーでのふるまい方

動きやすい服装を選ぶ

ドレスコードがあれば従うが、できるだけ動きやすい服装を選ぶのがベスト。

大きな荷物は持ち込まない

大きなバッグやコートは事前にクロークに預ける。会場へ持ち込むのは、貴重品と名刺くらいに。

スピーチ中に料理を取りにいかない

何人もスピーチが続くようであれば、食事を続けてもかまわないが、終わったら拍手を。

人の流れを邪魔しない

料理テーブルやバーカウンターの近くなど、人の流れを邪魔するような場所に居続けないようにする。

飲食、会話は立ったままでOK。

飲食より会話を楽しむ

飲食テーブルや椅子を独占するのもマナー違反。壁にもたれたままというのは退屈そうで主催者への礼儀に欠けるふるまい。

積極的に会話をする

人脈を広げるチャンスでもあるので、自分から積極的に会話に加わる。

初対面の人とも気軽にコンタクト

立食パーティーでは、面識のない方に声をかけても失礼ではない。

機知に富んだ話題を選ぶ

自己紹介がすんだら、パーティーの感想や主催者との関係を話題にすれば、会話が広がりやすい。

こんな話題はNG！

うわさ、悪口、批評、宗教、政治、相手のプライベートに関する質問

Point

オープンな雰囲気でもフォーマルな場だと意識する

飲食がセルフサービスで、立ったままでの飲食、会話もOKだからといって好き勝手にしていいわけではない。着席式のパーティー以上に、個々のたちいふるまいにマナーのよし悪しが表れやすい。

1行マナー講座 料理テーブル・出入り口・椅子付近では、飲食しない、歓談しない。

披露宴・パーティー

立食パーティーでの食事マナー

立食だから カジュアルとは限らない

立食パーティーでは、料理が置かれたテーブルには何度取りにいってもかまいません。面倒かもしれませんが、お皿には一度に2～3品を目安に、きれいに食べきれる量を取り分けます。

また、どんな料理も1枚の取り皿で間に合わせてしまうのはいただけません。味が混ざりますし、はた目にも見苦しいので、取り皿は使い回しをしないこと。料理ごとに新しいお皿にかえましょう。

歩きながら料理をつまんではいけませんし、お皿を持ってあとずさりするのも粗相のもとです。

立食パーティーで、料理が置かれたテーブルの前を占領されたら、ほかの人は料理が取りにくいことこの上ありません。

グラスとお皿は 左手でまとめて持つ

料理を取り分けたら料理テーブルの前からすみやかに立ち去るのも、立食パーティーでのマナーのひとつです。パーティー会場で立ち止まってはいけないのは、料理テーブルの前、バー（飲み物テーブル）の前、出入り口の付近とされています。

左手に料理のお皿、右手にグラスを持つと、両手がふさがって料理を食べることができません。左手で、お皿とグラスをまとめて持つ方法を覚えておくとよいでしょう。

ワイングラスの場合は、グラスの底をお皿のフチにのせてから親指と人差し指でグラスの脚をつかみ、残りの中指・薬指・小指でお皿を下から支えます。

ふつうのグラスの場合は、グラスの底を紙ナプキンで覆って手のひらの上にのせ、親指・人差し指・中指でお皿を挟んで持ちます。

だ紙ナプキンをグラスの下に敷いて目印に。グラスマーカーも便利。

立食（ビュッフェ）スタイルの食事マナー

グラスと皿はまとめて持つ

底に紙ナプキンをあてたグラスを手のひらの上にのせ、親指・人差し指・中指でお皿を挟んで持つ。食事を中断するとき、カトラリーは、皿の上に置くか、中指と薬指の間に挟む。

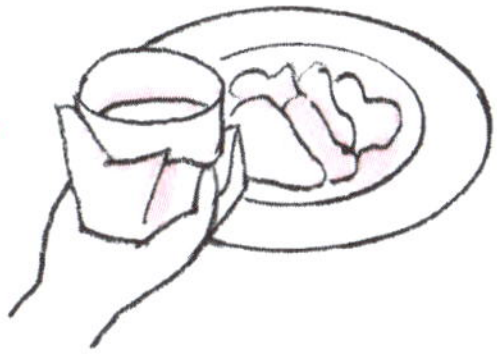

ワイングラスの場合

ワイングラスなど脚付きのものは、グラスの底をお皿のフチにのせてから、親指と人差し指でグラスの脚をつかみ、残りの中指・薬指・小指で下からお皿を支える。

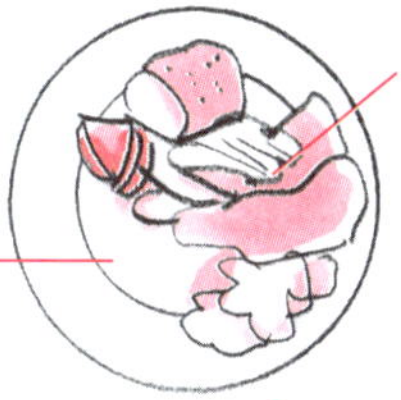
お皿の4分の3を目安に料理を盛る
左下は空ける

料理は少量ずつ盛る

料理は、コース料理で出てくる順に並んでいるので、冷たいものから温かいものへという順番を意識しながら、少量ずつ盛る。

何種類もの料理を一皿に盛るのはNG。

自分が食べられる量だけ取り分ける

各料理の出される量には限りがあるので、同じ料理を一度にたくさん盛るのはマナー違反。

お皿に取るときはサーバーを使う

自分のフォークで直接取るのはNG。必ず料理にセットされたサーバーを使う。
サーバーを片手で使うのは、慣れないとむずかしいもの。両手で持ち、スプーンを下に、フォークを上にして、料理を挟むように使ってもOK。

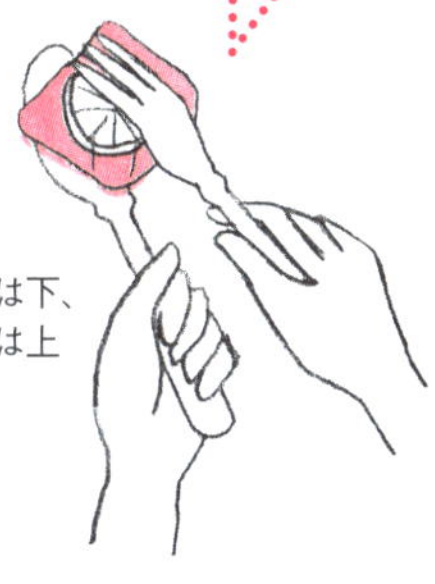
スプーンは下、
フォークは上

使った食器類は飲食用テーブルに置く

飲食用テーブルが空いていないときは、会場のサービス係に直接手渡しても。紙ナプキンは軽くたたんで、お皿の下に端を押さえるようにして置くか、持ち帰る。

1行マナー講座 名刺交換などで、テーブルに置いたグラスから目を離すときは、たたん

慶事の忌み言葉

結婚式で使ってはいけない言葉がある

別れる、切れるは 婚礼の席では御法度

昔からおめでたい席では、ハッピーな気持ちを損ねるような言葉は、「忌《い》み言葉」といって使わないことがマナーとなっています。

婚礼では、新郎新婦、両家のご縁が末永く続くように、縁起を重んじます。「別れる」「切れる」ことを連想させたり、一度きりでよい婚礼が「くり返される」ことを連想させる「重ね言葉」は使ってはいけません。

宴席だけでなく、祝電、手紙などにも、忌み言葉や重ね言葉を使わないように気をつけてください。

お祝い事に避けたい忌み言葉と重ね言葉

結婚祝い

浅い、飽きる、薄い、衰える、折る、終わる、帰る、変わる、消える、切れる、くり返す、去る、散る、出る、閉じる、流れる、なくなる、何度も、離れる、冷える、もう一度、戻る、破れる、やめる、別れる、などの忌み言葉。
返す返す、重ね重ね、重々、たびたび、またまた、などの重ね言葉。再び、再三、再三再四のように「くり返し」を連想させる言葉。

懐妊・出産祝い

流れる、落ちる、失う、消える、枯れる、敗れる、などの流産などを連想させる言葉。

新築祝い

火、煙、赤、焼ける、燃える、など火事を連想させる言葉。倒れる、壊れる、潰れる、流れる、傾く、など。

Point ほかの言葉に言い換える

「去る、帰る」は「中座する、失礼する」、「終わる」は「お開きにする」と言い換える。
「これで私のお祝いの言葉を終わります」は、「お祝いの言葉といたします」に。「最後になりますが、お幸せに」は、「結びになりますが、お幸せに」とする。

3章

お悔やみ

訃報を受けたらどうすればいいい?
通夜・葬式、香典のしきたりまで、
社会人必須のお悔やみにおけるおつきあいマナー。

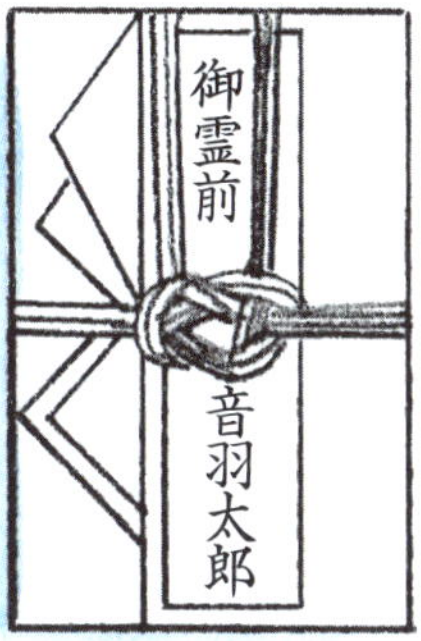

訃報を知らせる

近親者は遺族に代わり分担して連絡を

親族やごく親しい人へ先に知らせる

臨終直後に訃報《ふほう》を知らせるのは、親戚やとくに親しい人に限られます。危篤の知らせを受けた人のなかには、駆けつけたけれど帰宅後に死亡した場合や臨終に間に合わなかった人もいるでしょう。それらの人たちには、なるべく早く知らせます。

次に、友人知人、勤務先や取引先など仕事関係、近隣の人たちや町内、自治会など、故人や遺族とおつきあいのある人たちに知らせます。亡くなった方の家族は気が動転していますから、近親者以外への連絡は、通夜・葬儀の日程が決まってから、その場に居合わせた親族や友人が分担して行うとよいでしょう。電話で連絡がつかないときは、電報やメールでもかまいません。

最初に、故人や遺族との関係を述べ、身内なら「○○が永眠いたしました。通夜と葬儀は……」と簡潔に伝えます。

ほかの人への連絡をお願いする

遺族に代わって訃報を知らせる際、相手が故人とどのような関係なのかがよくわからないことがあります。仕事関係とはいっても、連絡をした相手が上司なのか、同僚なのか判断がつかないときでも、訃報の場合は、「どなたかにご連絡をお願いいたします」と頼んでもかまいません。

故人と親しい人や町内会の世話役にまず知らせて、ほかの人への連絡をお願いするとよいでしょう。

頼まれた人は、すぐに思いあたる人がいなかったら、無理に知らせなくてもかまいません。知らせる場合も、「とりあえず」といった事務的なニュアンスにとどめ、弔問を誘うような口ぶりは避けます。

ただし仕事関係や取引先から訃報を受けたときは、すぐ上司に知らせて指示をあおぐようにします。

1行マナー講座 訃報直後の弔問は、とくに親密でない人は控えたほうがよい。

近親者、勤務先にはまっさきに連絡する

← 臨終後すぐに知らせる

← 葬儀の日程が決まり次第知らせる

恩師、同級生など 故人とつながりのある知り合い

遠方の人でも、故人とつながりが深い人には知らせる。

故人が自営業などで直接仕事上のつきあいがある場合は、遺族がすぐに連絡する。

状況によって、遺族の勤務先へは、臨終直後に連絡をする。

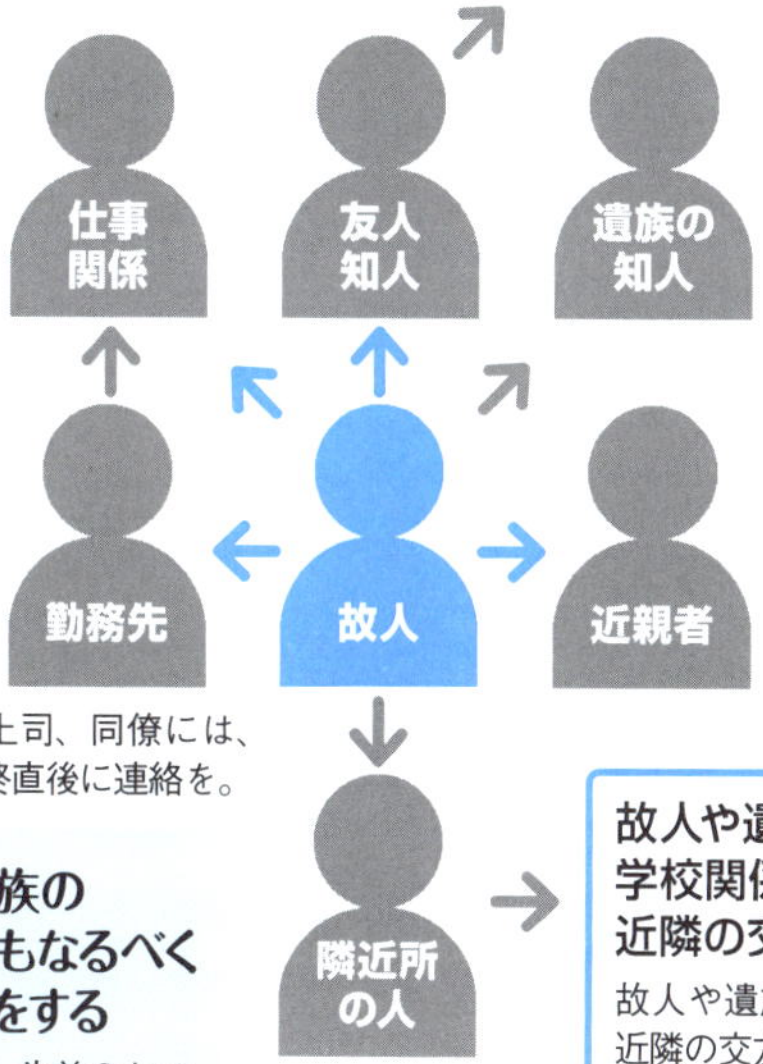

故人の役職によっては会議が必要なこともあるので、同僚の訃報を受けたら、重複してもよいので上司に連絡をする。

遺族は気が動転しているので、近親者は分担して連絡を手伝う。

直属の上司、同僚には、必ず臨終直後に連絡を。

故人や遺族の学校関係、近隣の交友関係

故人や遺族の学校関係、近隣の交友関係などを知っていれば、遺族に代わって訃報を知らせる。

Point

故人や遺族の勤務先にもなるべく早く連絡をする

連絡の際は、生前のおつきあいへの感謝と逝去による迷惑へのお詫びも忘れずに！

悲しみは喜び事に優先する

身内に不幸があったときは、四十九日の忌明けまで披露宴などの慶事の席に出席しないのが昔からの習わしでした。

私も、友人の娘さんの披露宴と伯母の葬儀の日が重なってしまったことがあります。友人には、「どうしても抜けられない緊急の用事ができまして」と理由を曖昧にして、欠席するむねを伝えてお詫びしました。

基本的には、慶事より弔事を優先したほうがよいと思います。ただ、それもケース・バイ・ケース。それほど親密でない人の場合は、むしろ結婚式を優先して、葬式には代理人に行ってもらうか弔電を打ち、後日、お焼香に伺います。時間がずれていたら、両方に出席してもかまわないでしょう。

1行マナー講座 本来、通夜は故人と親しい人以外は弔問しないもの。

弔問の時期、服装の基本

通夜でのお手伝いは自分から申し出る

弔問の時期や通夜・葬式に出席するかは、故人との関係によって異なります。

日ごろから故人や遺族と親しくしているのなら、すべてに出席するべきです。

故人や遺族と仕事関係でつきあいがある場合、先に直属の上司や同僚と相談したほうがよいでしょう。亡くなってまもないときや通夜の席に大勢で押しかけては、喪家《そうか》に迷惑がかかることも考えられます。

その場合は、直属の上司とともに親しかった同僚が先に弔問し、様子を見て、ほかの人も通夜に駆けつけるか、通夜と葬式に分散して出るかを決めるのもひとつの方法です。

自宅で通夜が行われる場合は、なにかと人手が必要になります。故人と親しくしていても、遺族にとっては初対面の人に、お手伝いをお願いしたいとは言い出しにくいもの。通夜の弔問客が多くて、遺族が大変なようなら、お手伝いを申し出ましょう。「お手伝いすることはありませんか？」と尋ねて、お手伝いすることになったら、あとは仕切り役の指示に従います。相手が辞退したら、長居せずに引き上げましょう。

通夜の服装はこだわらなくてもよい

「亡くなるのを待っていたみたい」という理由で、通夜に喪服を着ていくべきではないというのが本来の考え方です。しかし、大切なのは、参列者の心情や事情を尊重することです。

葬式に出られないので、通夜で故人との最後のお別れがしたいという人はやはり喪服で参列したいでしょうし、仕事先から駆けつけた人は外出着にならざるを得ません。

通夜の服装は、地味できちんとしたものであれば、喪服でも平服でもかまいません。

葬儀のみだしなみ　装い例

女性の準喪服
黒のスーツ、ワンピース、アンサンブルなど。

髪の毛が顔にかからないようにまとめるか整える。

アクセサリーは、パールやオニキスの一連のネックレスを。

バッグは黒い布製が基本。靴、バッグなどの小物類は、すべて光沢のない黒で統一する。

スカート丈はひざが隠れる長さに。

ストッキングは黒の無地のものを。

靴は黒のパンプス。サンダル、ブーツなどはNG。

男性の準喪服
黒のシングルまたはダブルのスーツ。

白無地のワイシャツに黒いネクタイを。

ダークグレーや濃紺のスーツでも。

結婚指輪以外のアクセサリー、時計ははずす。

コートも黒が基本。皮革や毛皮など殺生を連想させる素材のものは脱いでバッグなどにしまう。

靴と靴下は黒。光沢のないものを。

通夜の服装は自由、ただし節度をわきまえて

通夜は、親しい間柄の人が故人としみじみと過ごす最後の夜。故人に会って最後のお別れがしたいという気持ちを最優先すべきで、正式のお別れということになれば、喪服で参列したいと思うのも当然のことです。また、リゾートからの帰りのような服装であっても、故人に会うことに意味があると私は思います。

もしそのとき、乗っている車が真っ赤なスポーツカーでしたら、会場から少し離れた駐車場に停めて歩いたり、女性は頬紅、アイシャドー、真っ赤な口紅などは落としてお化粧を地味にしたり、アクセサリーをはずすなど、できる配慮はすべきでしょう。

1行マナー講座　葬儀の形式や弔慰金の表書きは、地方によってさまざまに違う。

弔問の準備

金額と故人の宗教に合う不祝儀袋を選ぶ

包む金額にふさわしいものを

祝儀袋と同じように、香典袋（不祝儀袋）も、水引や上包みの質によって種類もさまざまです。不祝儀の場合も、包む金額に合わせて、ふさわしいものを選びましょう。

1万円未満＝水引が印刷されたものでかまいませんが、紙質のよいものを選びます。

1万～3万円未満＝上包みは奉書紙で、水引をかけたもの。水引の色は黒白。あるいは、双銀、双白、関西では黄白もあります。

3万～5万円未満＝上包みは手漉きの奉書紙で、双銀の本数の多い水引を用いたもの。

5万円以上＝上包みは高級な檀紙で、双銀の水引を用いた大判のもの。水引には菊などの華やかな装飾がほどこされています。

「御供料」は宗教を問わない

祝儀袋との大きな違いは、不祝儀袋には「のし」がついていないこと。さらに、弔事の表書きは、宗教・宗派などの形式によって違います。

仏式では、四十九日の法要までが「御霊前《ごれいぜん》」（浄土真宗を除く）、それ以降は「御仏前《ごぶつぜん》」。法要のときは「御《お》香料《こうりょう》」とします。

神式では「玉串料《たまぐしりょう》」や「御榊料《おさかきりょう》」。キリスト教式の不祝儀袋は水引がなく、ユリの花や十字架が印刷されたもので、表書きは「御花料《おはなりょう》」となります。

無宗教のお別れの会も最近ふえているようですが、この場合は、無地の上包みに、黒白、または双銀の水引、表書きは「御霊前」です。

しかし、無地の袋に「御供料《おそなえりょう》」と書くと、「故人の好きだったものを供えて」という意味になり、仏式でもキリスト教式でも、無宗教のお別れの会や偲ぶ会でもオールマイティーに使えて便利です。

1行マナー講座　香典は、故人に香料として金品を供える仏事の習慣。

不祝儀袋を選ぶときは包む金額と宗教をチェック!

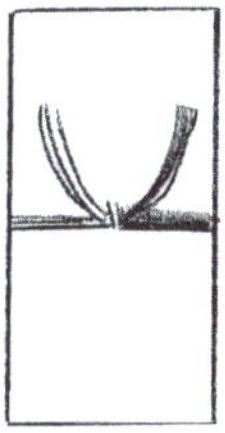

1万円未満
水引は黒白の印刷。紙質のよいもの。

1万〜3万円未満
上包みあり、水引は黒白。

3万〜5万円未満
上包みは奉書紙、水引は本数の多い双銀。

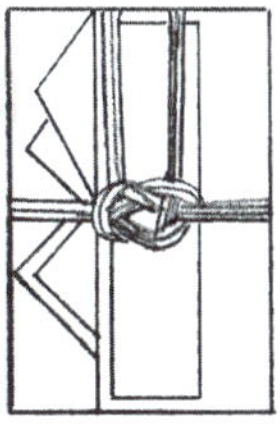

5万円以上
上包み、水引ともに高級感あり。大判。

	無宗教	キリスト教	神式	仏式
不祝儀袋・表書き	 御霊前・御供料	 御花料・御霊前・献花料	 玉串料・御榊料・御霊前・御神前	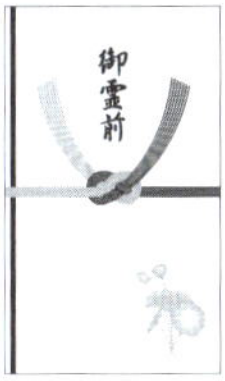 御霊前・御香典・御香料
いつ渡す	弔問時やお別れの会のとき	通夜または葬式。カトリックでは「御ミサ料」プロテスタントは忌《き》慰《い》料	通夜または葬式。「神饌料」の表書きも	通夜または葬式。四十九日の法要後は「御仏前」の表書きに
供物	とくに決まりなし	供花のみ	魚などの海産物、酒、和菓子、果物、干菓子、五穀	線香、抹香、ろうそく、果物、干菓子など
供花	故人が好きだった花など	白い生花。ユリ、カーネーションのかご盛りや花束	ユリ、菊などの白か黄色の生花、花輪	白、薄い青、紫、黄色の生花、花輪

Point 表書きに迷ったときは「御供料」に

蓮の花の柄が入っているものは仏式のみ。宗教によって違う表書きに迷ったら、無地に黒白の水引の不祝儀袋を選び、「御供料」と書けばOK。表書きのない袋が見つからないときは、無地に「御霊前」の表書きのあるものを。正式ではないが、すべての宗教・宗派で使用可能とされている。

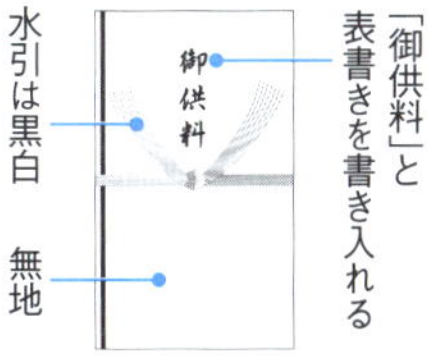

1行マナー講座 神式では供物にしきたりがあるので、現金を包むほうが無難。

香典袋

香典袋の名前は必ずフルネームで書く

香典袋の名前は薄墨で書くのが正式

香典袋に書く名前は、名字だけでよいと思ってはいませんか。「名字を書くだけで、相手は当然わかるはずだ」というのはどこか尊大なニュアンスですし、ほかに同姓の参列者がいたらまぎらわしく、受付係を混乱させてしまいます。

香典袋の名前は、必ずフルネームで書きましょう。夫婦連名にする場合は、ご主人の姓は省略しないでフルネームで書き、奥様は名前だけでもかまいません。

勤務先の社名や肩書は、名前の右上に、やや小さめの文字で書き添えます。

ゴム印を押したり、ボールペンで書くのはとても失礼なことです。字が下手でも、筆ペンかサインペンを使い丁寧に書きます。正式には、弔事は薄墨、慶事は濃墨で書くものとされ、最近では、慶弔で使い分けのできる筆ペンがあるので、それを利用するとよいでしょう。

包むお金は新札でもかまわない

一般に不祝儀には新札を用いないほうがよいとされていますが、これも、「通夜に喪服を着ていかない」のと同じで、「亡くなるのを待っていた」という印象を避けるためです。

しかし、昔と違って今は、使い古したお札はほとんど流通していません。わざわざ古いお札を用意するというのは本末転倒。そもそも人に差しあげるものは、祝儀・不祝儀を問わず新しいものがよいはずです。

結婚式のように日取りが前もってわかっているときに、新札の用意を忘れて、シワを伸ばしたお札を入れるというのは考えものですが、香典袋に新札を入れることに問題はありません。昔からのしきたりが気になるのでしたら、新札の真ん中に折り目をつけます。

1行マナー講座　お布施や日時がわかっている法要に包むお金は新札がよい。

香典袋の上包み・中袋の氏名の書き方

個人名の場合

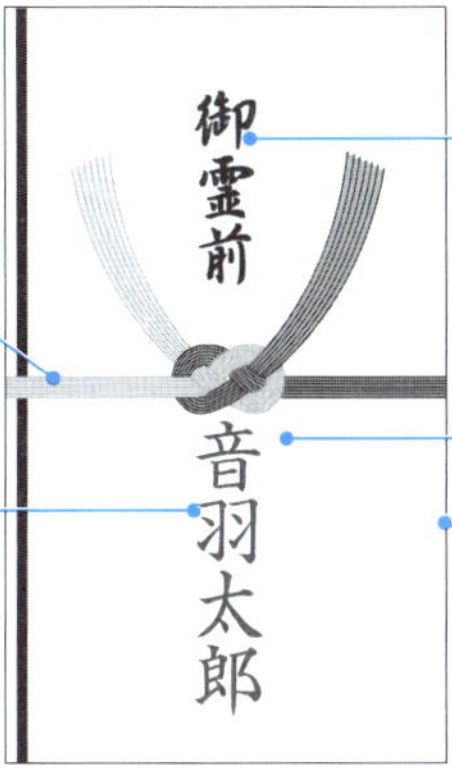

水引
黒白、双銀などの結び切り。

差出人の氏名
水引の下の中央に「フルネーム」で書く。
薄墨を使うのが正式。

○ 筆ペン、サインペン
× ボールペン

表書き
宗教・宗派に合った表書きを選ぶ。
一般に仏式では、四十九日以降は「御仏前」を使う。

キリスト教式の場合は、表書き「献花料」の下、中央に氏名を書く。

折り返しは「上が下向き」
弔事では、上包みの折り返しが「下向き」になるように重ねる。

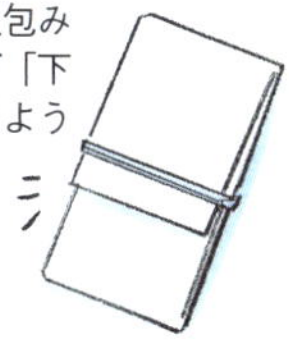

夫婦連名

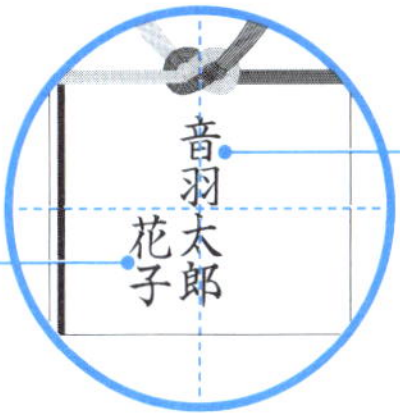

中央に夫のフルネーム

夫の名前の左側に妻の名前

3人で連名

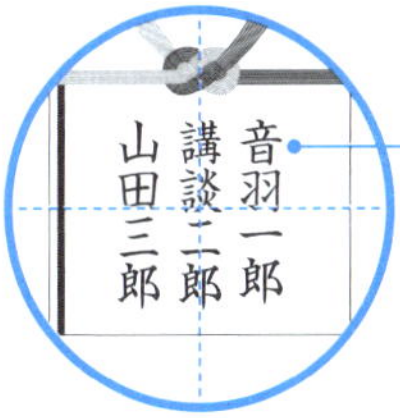

右から左へ、地位や年齢の高い順にフルネームを書く

会社名、肩書を入れる

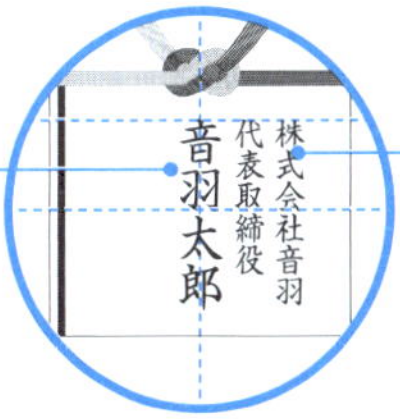

右側に、やや小さく「会社名」「肩書」

中央に差出人のフルネーム

4人以上で連名

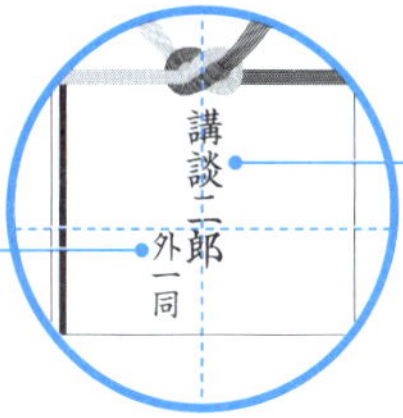

中央に代表者のフルネーム

左側にやや小さく「外一同」と書いて、全員のフルネームを書いた紙を金封といっしょに包む

中袋

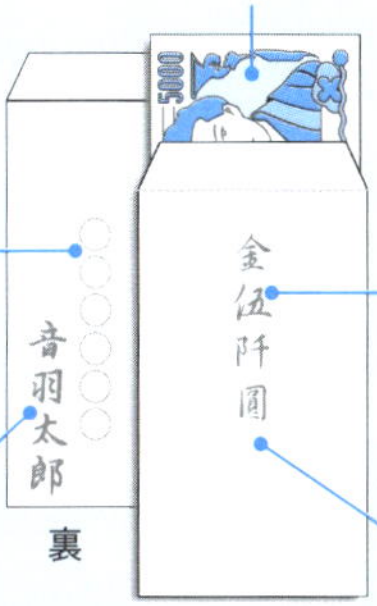

お札は表を向けて入れる

金額を大字(旧字)で記入

「也」は不要

住所も忘れずに書く

必ずフルネームで書く

1行マナー講座 団体の場合は、団体名だけで「外一同」は不要。

社会人として知っておきたい弔問のマナー

香典袋はむき出しで持参しない

個人的なおつきあいなら、多少の無作法があっても笑い話ですまされることが多いものです。ところが、相手が取引先や仕事関係者となるとそうはいきません。会社の代表として参列するときは、社会人としてマナーをきちんとふまえた行動をとるように心してください。

きちんとしたスーツの内ポケットから、むき出しのままの香典袋を取り出して渡している人が多いですね。しかも、香典袋を買ったときのビニール袋に戻してあって、受付の前でビリビリと開けるなんて信じられません。

相手に差しあげるものですから、折れたり汚れたりしないように必ず袱紗に包んで持参します。

形式が合わない香典袋は持ち帰る

蓮の花の模様が描かれた仏式の香典袋を用意して葬式に参列したところ、形式がほかの宗教だったり無宗教だったらどうしましょう。

日本では、仏式が圧倒的に多いので、つい選んでしまうのは無理もないことですが、正直あわててしまいますね。

まさか、そのまま渡してしまうわけにはいきませんから、その日は受付で記帳するだけにして、形式に合う香典袋に替えて後日届けるか、郵送するようにします。

相手が仕事関係者で、記帳するだけでは気が引けるようなときは、斎場の売店で各宗教・宗派の香典袋をあつかっていることがあるので、形式に合ったものに取り替えるとよいでしょう。

こういったことにならないようにするためにも、弔問前に通夜や葬式の形式は必ず確認を。事前に電話で問い合わせることは失礼にはあたりません。

 袱紗を忘れたときは、受け付け前に香典袋を出しておく。

弔事・袱紗の使い方

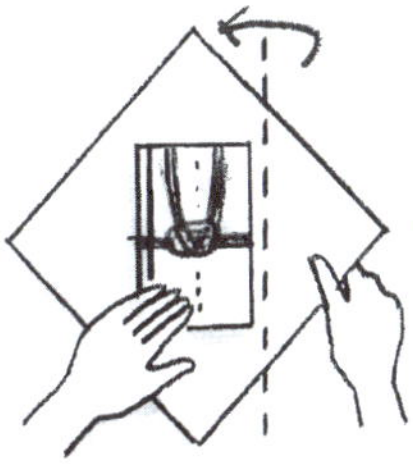

1 香典袋を袱紗の中央よりやや右寄りに置く。

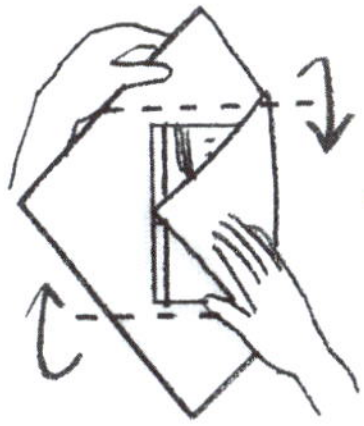

2 最初に右側を袋にかぶせる。

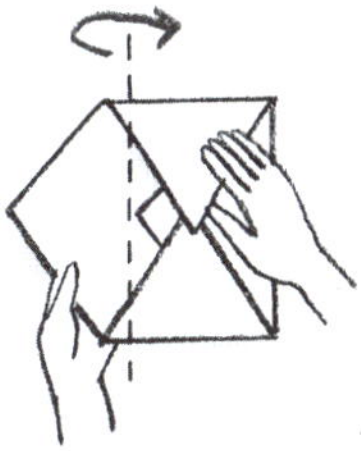

3 下、上、左側の順に重ねる。

挟み袱紗

弔事には、男女ともにグレーや青など寒色系の袱紗を使う。紫は慶弔ともにOK。

紫の挟み袱紗を一つ持っていれば、慶弔どちらにも使えるので便利。

裏に返しても、左前になっている。

Point **葬儀の形式、日程の確認を怠りなく！**
弔電を打つ際にも必要になるので、喪主の氏名、喪主と故人の間柄、喪家の住所と電話番号、通夜・葬式の形式、場所と日時は、必ず確認しておく。

弔電のマナー・弔電で使う敬称

喪主との間柄	敬称	喪主との間柄	敬称
父	ご尊父様、父上様、お父様、父君、ご亡父様、ご先代	母	ご母堂様、お母様、お母上様、母君、ご亡母様、ご賢母様
夫	ご主人様、旦那様	妻	ご令室様、奥様、奥方様
息子	御令息様、ご子息様	娘	御令嬢様、お嬢様、ご息女様
祖父	御祖父様、おじいさま、祖父君	祖母	御祖母様、おばあさま、祖母君
兄・義兄	兄上様、ご令兄様、お兄様	姉・義姉	姉上様、ご令姉様、お姉様
弟・義弟	ご弟様、ご令弟様、弟様	妹・義妹	お妹様、ご令妹様、妹様

義理の親が亡くなった人宛に弔電を送る場合

夫の父	お舅様、お父上様、お父様	夫の母	お姑様、お母上様、お母様
妻の父	御外父様、御岳父様、お父様、父上様	妻の母	御外母様、御岳母様、お母様、母上様

1行マナー講座 弔電は、基本的に喪主宛に送り、喪主から見た敬称を使用する。

自分の都合だけなら通夜前の弔問は控える

自宅への弔問は玄関先で失礼するのが基本

人は、死の判定から肉体が完全に死ぬまで24時間かかるそうです。ですから、法律でも死後24時間以上経たなければ火葬はしてはいけないと決められています。

故人は通夜までの間は、病院や自宅に安置され、この時期の弔問は、故人とごく親しい人に限られます。

通夜・葬式に出られないので代わりに弔問に伺う、といった自分勝手な考えはよくありません。弔問に伺うにしても、玄関先でお悔やみを伝えて帰るようにします。

「とりあえずの弔問」に駆けつけるときのマナー

身内や遺族に呼ばれた場合以外は、通夜・葬式前の自宅への弔問は控えるのが原則。ただし、同僚が亡くなったときに、上司の代理や同僚の代表として「とりあえずの弔問」に伺う場合がなきにしもあらず。社会人として、ひと通りのマナーはおさえておきたい。

玄関でのあいさつ

「このたびはご愁傷様でございます。お忙しい中、失礼いたします」
「このような服装で申しわけありません」

「とりあえずの弔問」に喪服はふさわしくない。地味であればふだん着でOK。玄関先であいさつをし、持参した供物を渡す程度で短時間にすませる。

供花や供物を渡すとき

「ご霊前にお供えください」

とりあえずの弔問には、故人の枕元に供える「枕花」を持っていくとよい。家の中にあがるのは、遺族にすすめられたときだけ。故人との対面も、自分からは申し出ない。

故人との対面を辞退するとき

「悲しさが増しますので……。お線香だけあげさせていただきます」

故人との対面を遺族にすすめられたとき、辞退したい場合は、ソフトな表現で断りの意を伝える。

遺族に対して

「何かお手伝いすることがございましたら、ご遠慮なくお申しつけください」

葬儀準備のお手伝いは、自分から申し出る。女性は、弔問客に出す飲食の手伝いを頼まれることもあるので、できればエプロンを持参する。

帰り際にあいさつするとき

「お力落としかと存じますが、何かお困りなこと、お手伝いさせていただけることがございましたらお申しつけください」

遺族を励まし、もう一度お手伝いを申し出る。

1行マナー講座 「急死」は「突然のこと」「不慮のできごと」に言い換える。

故人との対面のしかた

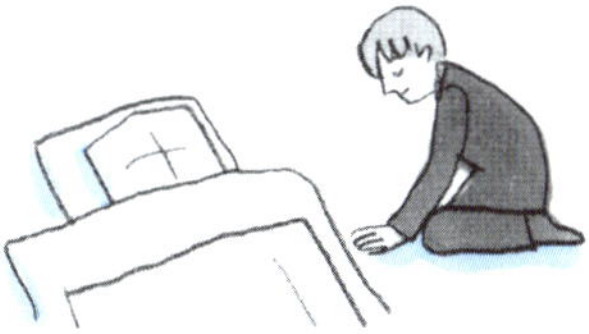

1 枕元で一礼
枕元から少し下がって正座。両手をついて一礼する。

2 故人とのお別れ
遺族が白布をはずしたら、両手をひざの上に置いて、故人と対面する。ひざをつけたまま少し近づく。

3 一礼して合掌
深く一礼して合掌する。（故人の宗教がキリスト教式、神式の場合は合掌なし、黙礼のみ）

4 遺族に一礼する
少し下がり、遺族にも一礼をする。「安らかなお顔ですね」などとひと言添える。

とりあえずの弔問でやってはいけない3つのこと

死因を聞く
死因や臨終の様子を尋ねてはいけない。

長居をする
玄関先ですませるのが原則。

電話でお悔やみ
弔意を伝えたいのなら花や弔電を送る。

故人との対面は自分からは申し出ない

自宅に伺ったら玄関先で、「お知らせをいただき、思いもかけないことで驚き、飛んでまいりました。さぞかしお力落としのことと存じます」というように、遺族の気持ちになってお悔やみの言葉を述べます。

故人との対面は、自分からは申し出ないで、遺族にすすめられてからにします。また、遺族から対面をすすめられても、それを断るのは失礼にはなりません。

通夜や葬式で何かお手伝いができるかを尋ねれば、社交辞令にはならないでしょう。おせっかいにならず、遺族の意向や、世話役代表の指示に従うことが大切です。

1行マナー講座 「お悔やみ」「哀悼の意」はキリスト教式では不適切な表現となる。

通夜・葬式の受付で

香典は受付係の目の前で袱紗から取り出す

香典の渡し方・記帳のしかた

1 受付に向かう

会場に着いたら、バッグから香典袋の入った袱紗を取り出して、受付に向かう。途中で行き交う人に軽く会釈して、受付の列に並ぶ。

2 お悔やみの言葉を述べて一礼する

受付係にからだの正面を向けて、お悔やみのあいさつをして、お辞儀をする。

お悔やみの言葉

「このたびはご愁傷様でございます」「心からお悔やみ申し上げます」

キリスト教式の葬儀

「心よりお慰め申し上げます」「安らかに召されますように」

3 袱紗から香典袋を取り出す

袱紗を右の手のひらにのせ、左手で開いて、香典袋を取り出す。たたんだ袱紗の上に香典袋をのせて、両手で持つ。

4 香典袋を差し出す

香典袋の正面が受付係のほうへ向くようにして、袱紗にのせたまま両手で差し出す。

「どうぞお供えください」

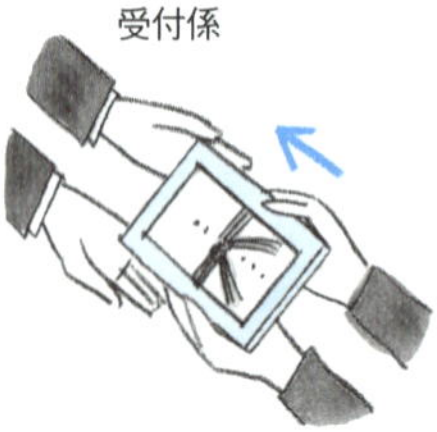

両手で差し出す。

5 芳名帳に記帳する

文字はくずさずに楷書で丁寧に書く。記帳が終わったら、会場内の指定の場所へ。

〈受付を立ち去るとき〉
「お参りさせていただきます」

香典袋は袱紗にのせて両手で差し出す

通夜でも葬式でも、会場に到着したら、まず受け付けをすませます。最初にお悔やみの言葉を述べて一礼したあと、袱紗を右の手のひらにのせ、左手で袱紗を開いて香典袋を取り出します。香典袋は、折り伏せた袱紗の上にのせてから、相手のほうへ向きをかえて、「御霊前にお供えください」と両手で差し出します。

芳名帳への記帳は、楷書で丁寧に書きましょう。上手下手よりも、自分の氏名がはっきりわかるように書くことが大切です。

代理参列するとき　記帳のしかた・名刺の渡し方

代理で記帳する

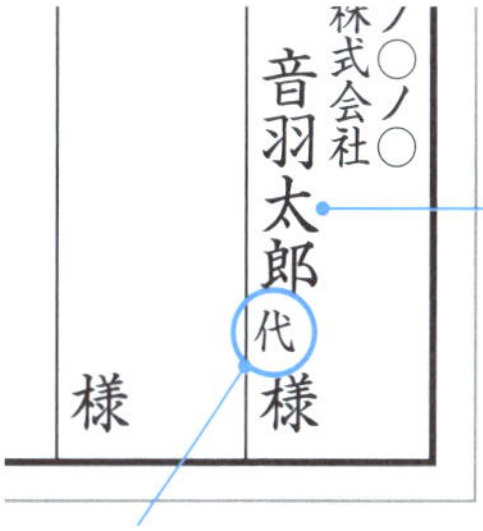

上司の代理の場合

上司の氏名を書く
芳名帳には、参列した人でなく、代理を頼んだ上司の氏名を記入。

「代」と書く
氏名の左下に「代」と書く。

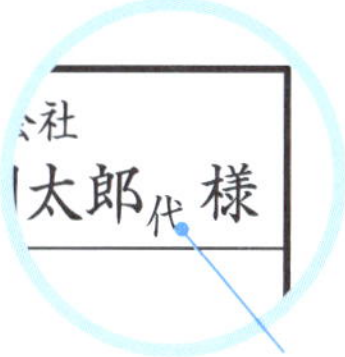

横書きの場合は下に

夫の代わりに妻が参列したとき

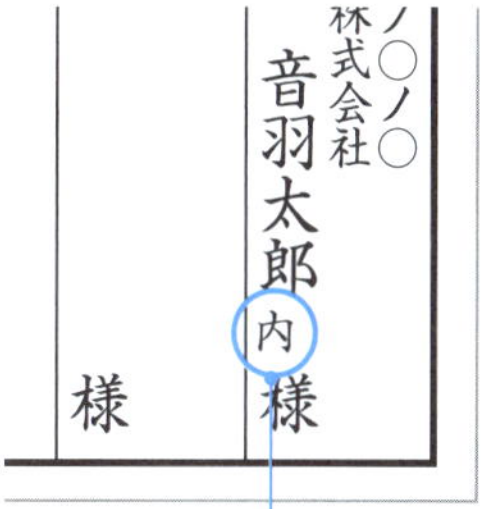

夫の氏名の左下に「代」、または「内」と書いても

代理参列した人

「代理」
代理で参列したことを示す。

頼んだ人

「弔」
代理人を通して香典を渡すとき。

名刺を渡す

代理参列した人
原則として、代理参列した人は、自分から名刺を渡すことは控える。
受付で求められたときだけ、名刺の右上に「代理」と書いて渡す。

代理参列を頼んだ人
右上（社名の上）に「弔」と書き、左下を折り曲げて、香典袋に添える。

代理で出席したら「代」と書き添える

通夜や葬式に出席できないとき、夫の代わりに妻が、上司の代わりに部下が代理で出席することがよくあります。受付で芳名帳にはどのように記帳したらよいのでしょうか。

出席した代理人がつい自分の名前を書いてしまいがちですが、それはいけません。妻は夫の名前を、部下は上司の名前を書き、その左下に「代」と書き添えます。

上司から名刺を預かってきた場合には、名刺の右上に「弔」と書き、左下を折り曲げて香典袋に添えて渡します。出席した代理人自身の名刺を渡すときは、あくまで上司の代理としての参列ですから、名刺の右上に「代理」と書くことを忘れずに。

1行マナー講座 神式でも、通夜、葬式の際に「死」を強くイメージさせる言葉は避ける。

受付でお悔やみを言う

気持ちを込めて哀悼の言葉を述べる

「ご愁傷様」という言い切りは感じがよくない

通夜や葬式に出席したら、受付では持参した香典を渡し、芳名帳に記入します。

受付の人は、遺族ではないとしても、遺族に代わって弔問客に対応しているのですから、ぜひお悔やみのひと言を添えたいところです。

不幸があった人に対して「ご愁傷様」という言葉がよく使われます。「愁傷」は嘆き悲しむという意味で、よく耳にすることでしょう。

心の「傷」を「愁える」、それが相手の傷なら「お気の毒に思う」という意味になります。

「ご愁傷様」となると、頭と末尾に敬意を表す語がついて、本来は最上級の敬意を示しているのです。

しかし、「ご愁傷様」というように素っ気ない言い方をされてしまうと、「おあいにくさま」と同じで、どこか皮肉っぽい軽いニュアンスに聞こえてしまわないでしょうか。

ある国語辞典では、「ご愁傷様」の使い方の例文として、休日出勤の人に向けたひと言「休日にも出勤とはご愁傷様」をあげて、「ご愁傷様」は、本来の意味が転じて、「気の毒に思う気持ちを、軽いからかいの意を含めていう語」としています。

言葉が出ないようなら黙礼だけにとどめる

「ご愁傷様です」でも、やはり言葉足らず。受付でのお悔やみは、「このたびは、ご愁傷様でございます」

この言い方がよいでしょう。おごそかな場所ですから、言葉を端折《はしょ》らずに、「このたびは」や「ございます」をつければ、気持ちが込もったより丁寧な言い方になります。

「ご愁傷様」は日常ではあまり使わない言葉ですから、口ごもりそうで不安だったら、相手の目を見て黙礼するだけにとどめておいてもかまいません。

受け付けをすませたあとの葬儀の進行

通夜（仏式の場合）

一同着席 ― 着席して僧侶を迎える。
↓
僧侶入場・読経
↓
焼香 ― 喪主から血縁の近い順に行う。
↓
僧侶退場
↓
喪主のあいさつ ― 遺族の代表者の場合もある。
↓
通夜ぶるまい

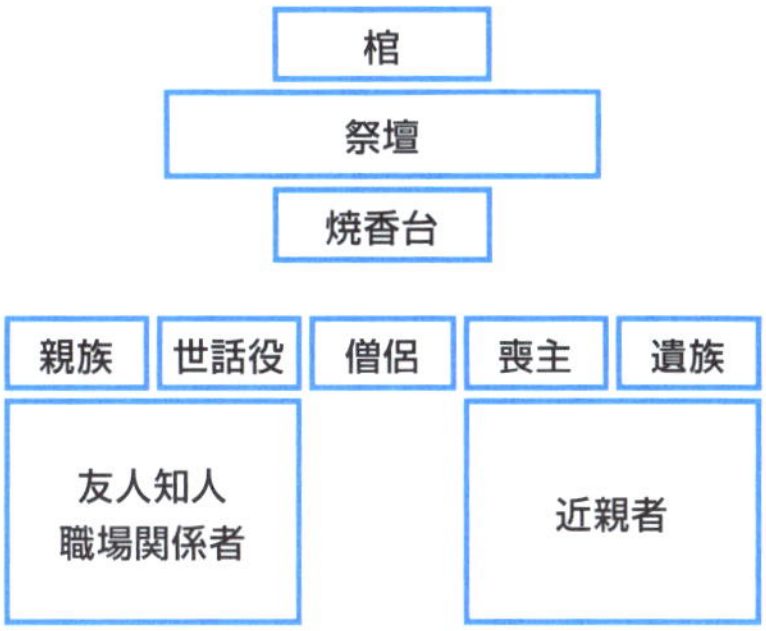

通夜・葬式の席次（仏式）

葬式（仏式の場合）

葬儀

参列者・僧侶入場
↓
開会の辞
↓
読経
↓
遺族焼香・会葬者焼香
↓
弔辞・弔電朗読
↓
僧侶退場・閉会の辞

→

告別式

開会の辞・僧侶入場
↓
読経
↓
遺族焼香・会葬者焼香
↓
僧侶退場
↓
閉会の辞
↓
喪主のあいさつ・出棺

→

参列者に見送られて火葬場へ向かう。

告別式は大正時代に行われるようになり、定着したもの。
現在では「葬儀・告別式」として続けて行うことが多い。

古いお札より新札のほうが気持ちがよい

「お札は、不特定多数の人の手を渡っているので、触ったら必ず手を洗いなさい」が口癖の私の母は大正生まれですが、香典袋には昔から新札を入れていました。「清潔なものと汚れているもの、受け取るほうとしては、どちらが気持ちよいかは言わずもがなね」と母はよく言います。

一度葬式の受付係を経験し、古いお札ばかりを数えることに辟易《へきえき》して、それからは新札を入れるように決めたという友人もいるほどです。

弔事は突然ですから、銀行が閉まっていて新札に換えられないときもあるでしょう。「いつ何があってもよいように、新札が手に入ったらとっておくのがおつきあいの心得ですよ」というのが母の教えです。

1行マナー講座 葬儀・告別式への遅刻は厳禁。開始の20分前には到着を。

悲しみを助長する言葉は使わない

遺族に向けて「つらい」「悲しい」は禁句

通夜や葬式で遺族に会ったとき、どんなお悔やみの言葉をかけたらよいのでしょうか。

「○○様が亡くなられて、さぞおつらいでしょう」

「おつらいでしょう」を「悲しいことでしょう」にかえても同じです。

もし、このような言い方をしたら、遺族のつらい思いをさらに増幅させるに決まっています。「つらい」や「悲しい」という言葉は、絶対に使わないようにしましょう。

「○○様が亡くなられて、返す返すも残念です」

こんなふうに遺族へのお悔やみを述べている人もよく見かけます。

この表現のどこがいけないのかと思われるでしょうが、問題なのは「返す返す」です。このように言葉を重ねるのは、「同じことを二度くり返す」意味になり、弔事や不幸にあった人に向ける言葉としてふさわしくありません。

簡潔かつ丁寧に弔意を伝える

「つらい」「悲しい」は、遺族と同じように故人の死を嘆き悲しむ気持ちがあるからこそ口をついて出てしまうのでしょう。

自分の感情をストレートに表現しようとすると、遺族の悲しみを助長させてしまうのです。

遺族をお慰めするのは、あとでいくらでもできます。通夜や葬式のときには、遺族を慰めようとして無理に言葉を多くするよりも、丁寧な言葉で簡潔に哀悼の意を表します。

「○○様が亡くなられて、残念なことでございます。心からお悔やみ申し上げます」

心を込めて言えば、お悔やみの気持ちは相手にきちんと伝わることでしょう。

1行マナー講座　遺族から弔辞を依頼されたらできる限り引き受ける。

弔辞の作法　書き方・読み方

1 下書きをする

850～900字を目安に下書きをして、書き終えたら読み上げ、3分以内におさまるようにする。

2 清書する

奉書紙か巻紙に薄墨を使って毛筆で書くのが正式。
ペン書きにするときは、白無地の便箋を使用。社葬や団体葬など形式を重視する葬儀でなければ、パソコンで作成して、署名だけは毛筆か筆ペンで手書きしてもよい。

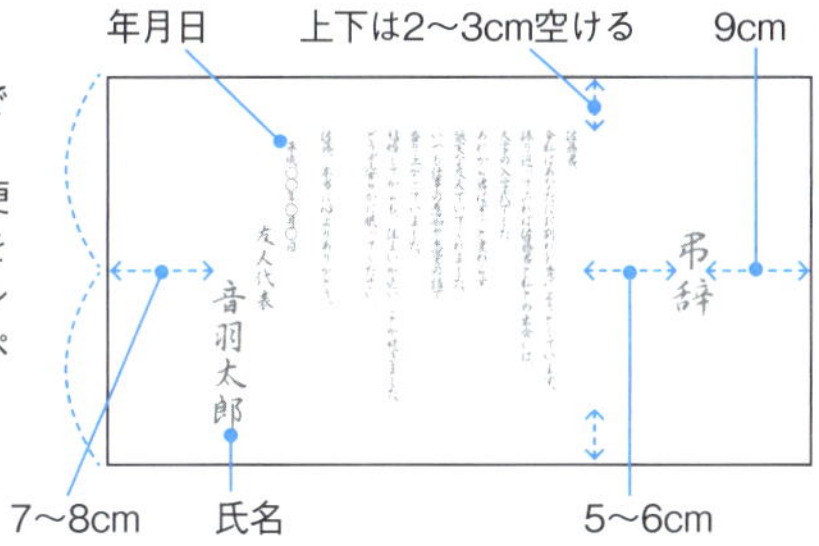

3 たたむ

奉書紙、巻紙は、次の方法でたたむ。

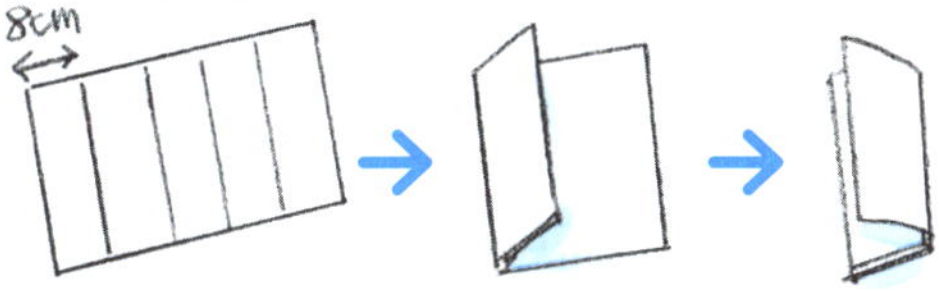

ひと折りが幅8cmくらいになるように軽く折り目をつける。

左から右へ折り目にそってたたんでいく。

最後に右端を上に重ねる。

4 包む

ペン書き、パソコンで作成したものは、白い封筒に折りたたんで入れ、封筒の中央に「弔辞」と手書きする。奉書紙、巻紙の場合は、奉書紙で包む。

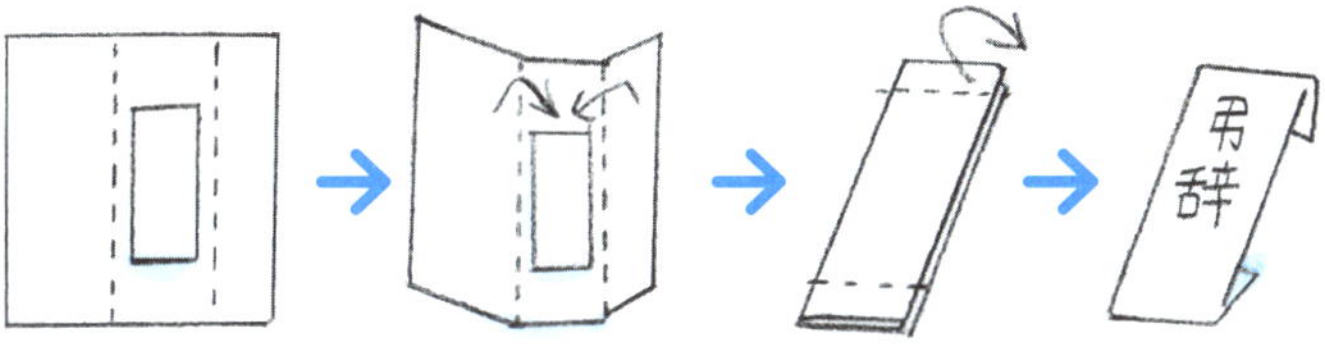

中央よりやや右側に置く。

右側、左側の順に重ねる。

上下を裏側に折りたたむ。

表側の正面に「弔辞」と手書きする。

Point 自分の思い出の中にいる故人を語る

感情的になりすぎないように、遺族や参列者が共感できるような故人との思い出を語り、結びは、安らかな永眠を願う別れの言葉でまとめる。忌み言葉や重ね言葉（P96）は、使わないように気をつける。

1行マナー講座 弔辞は会場まで小風呂敷などで包んで持参するのが正式。

参列の作法　仏式

香りで霊前を清めて故人の冥福を祈る

焼香で抹香をたくとき、回数は1回

仏式では、祭壇に向かって焼香《しょうこう》をします。故人の霊を清めて、仏に帰依《きえ》することを念じるためのものです。抹香《まっこう》をたく場合と、線香を立てる場合がありますが、その手順を心得ておくと安心です。

数珠《じゅず》を左手にかけ、抹香は、右手の親指・人差し指・中指の3本の指の先でつまみます。からだを少し前かがみにし、指先が真横になるように向け、額のほうに少し近づけてから指先を下げて、香炉の中に静かに落とします。焼香をする前後に、僧侶や遺族に一礼することも怠りなく。最後に、数珠を両手にかけて、遺影に向かって合掌します。

つまんで落とす動作を何度くり返すかは宗派によって違いますが、心を込めて1回でかまいません。会葬者が多いとき、「1回でお願いします」と会場の係から指示されることがありますので、ほかの会葬者に合わせるとよいでしょう。

線香の火を消すときは左手に持ちかえる

焼香のときに立てる線香の数は、抹香の1回と同じように、1本の場合がほとんどです。宗派によっては1本を折って2本にして立てることもあります。よくわからなかったら、ほかの参列者に合わせます。

手順は、まず右手で線香を1本取り、ろうそくにかざして火をつけます。火のついた線香を左手に持ちかえ、右手であおいで火を消します。再び線香を右手に持ちかえて香炉に立てます。浄土真宗では線香を香炉に寝かせて置きます。

焼香の前後に、僧侶や遺族に一礼し、最後に遺影に向かって合掌します。

数珠のかけ方も、抹香の場合と同じで、焼香するときは左手にかけ、合掌するときは両手にかけます。

数珠の持ち方・使い方

焼香するとき

短い数珠
左手の親指と人差し指の間にかける。

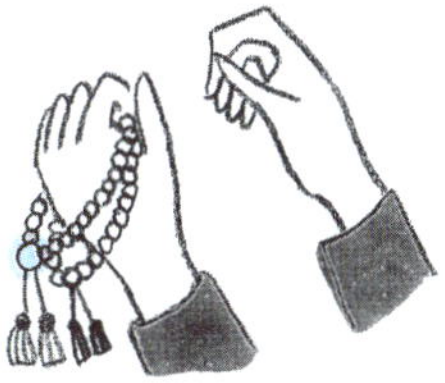

長い数珠
二重にして、左手の親指と人差し指の間にかける。

正しい数珠の持ち方

座っているとき
左手首にかけるか左手で持つ。

歩くとき
房を下にして左手で持つ。

いずれも長い数珠は二重にする。また、数珠の使い方は、宗派や数珠の種類によって異なる場合がある。

合掌するとき

短い数珠
両手の親指と人差し指の間にかける。

長い数珠
数珠を両手の中指にかける。

このとき、房が1つのものは中央に、2つのものは両手の中指の下に下がるようにする。

数珠を手の中に包むようにして合掌する。

焼香のしかた　抹香・線香

抹香をたく

右手の親指・人差し指・中指の3本の指で抹香をつまみ、額のあたりまで捧げ、静かに香炉の中に落とす。

線香をあげる

1本の線香を右手で持ち、火をつける。

左手に持ちかえ、右手で軽くあおいで火を消したら、再び線香を右手に持ちかえて香炉に立てる。

Point 焼香の作法はまわりに合わせる

焼香のしかたは、葬儀の状況や宗派によっても異なるので、わからなかったらほかの会葬者のやり方を真似る。

仏式の焼香にあたる玉串奉奠と献花

玉串も献花も、茎を祭壇に向ける

仏式の焼香にあたるのが、キリスト教式では献花、神式では「玉串」と呼ばれる紙垂《しで》をつけた榊の枝を捧げます。どちらの場合も、受け取った花や玉串は、茎を祭壇に向けて置きます。

玉串を捧げる儀式「玉串奉奠《ほうてん》」は、

①玉串を受け取り、玉串案（玉串を供える台）の前に進み、一礼します。

②右手だけを茎の上に持ちかえ、右手首をひねるようにして時計回りに回します。

③右手の下に左手を移動し、その左手で茎をさらに時計回りに回します。

④茎を祭壇に向けて玉串案に供えます。音を立てないようにして〝二礼二拍手一礼〟（2回礼をしてから2回忍び手を打ち1回礼をする）をします。最後に、遺族に一礼して席に戻ります。

キリスト教式では宗派で葬儀の進め方が違う

キリスト教式の葬儀は、故人が所属していた教会で行うのが一般的です。喪主と遺族、近親者は最前列に座りますが、それ以外は到着順に着席し、葬儀の最初から遺族と会葬者が参列します。式の進め方は、カトリックとプロテスタントでは異なりますが、最後に行う献花は、仏式の焼香にあたります。

献花の仕方は、

①花が自分の右にくるように両手で受け取り、祭壇の前に進んで一礼します。

②献花台の前で、花を両手で持ったまま、茎が祭壇側に向くように、時計回りに回します。

③献花台に花を静かに置きます。

④黙禱し、一、二歩下がって祭壇に向かって一礼。その後、遺族と神父（牧師）に一礼し、席に戻ります。

1行マナー講座　神社は聖域にあたるため、神式の葬儀は斎場や自宅で行われる。

玉串奉奠と献花の手順

神式（玉串奉奠）

玉串奉奠は、「葬場祭」（一般の葬儀にあたる）と「告別式」でそれぞれ行われる。

両手で下から支えるようにして玉串を受け取る。

葉を左側に胸の高さにいただき、玉串案の前に進み一礼する。

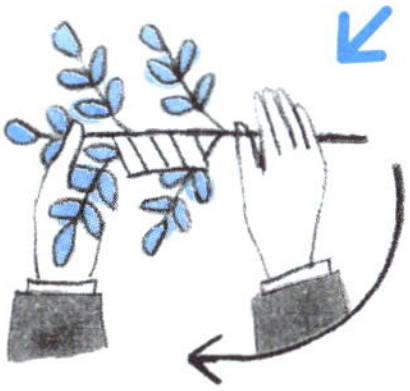

右手を上から添えるように持ちかえ、右手首をひねるようにして時計回りに回す。

茎が胸のほうに向き、右手は自然に下から茎を持つかたちになる。

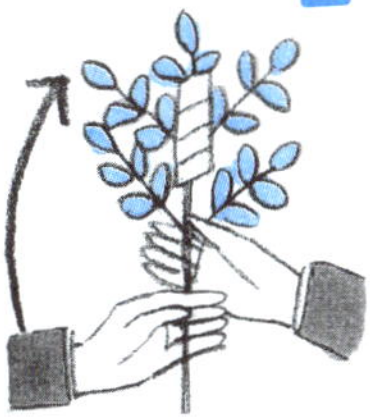

左手を右手の下に移し、左手で茎を差し出すように時計回りに回す。

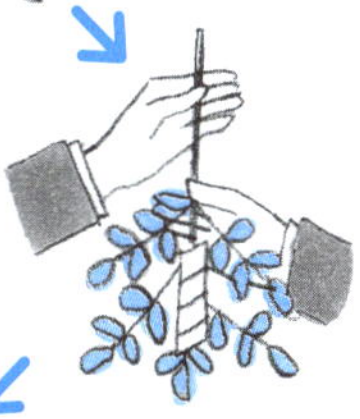

茎を祭壇に向けて玉串案に供える。

音を立てずに二礼二拍手一礼する。

キリスト教式（献花）

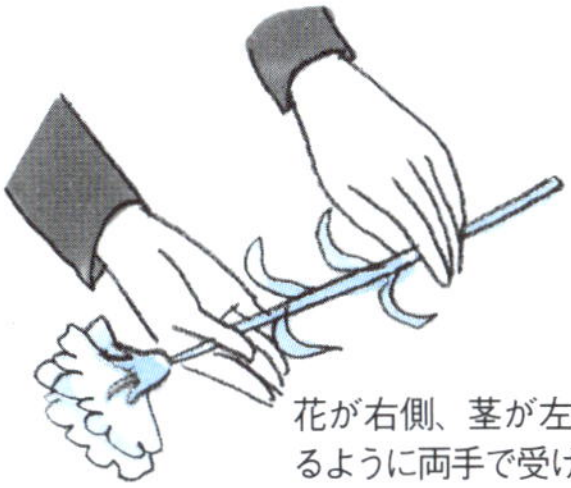

花が右側、茎が左側にくるように両手で受け取る。

献花台の前に進む。

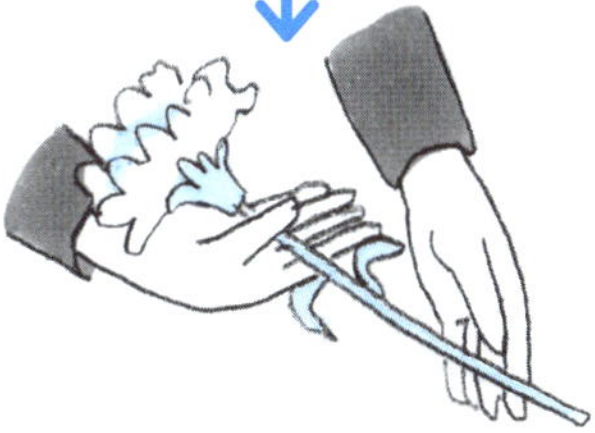

遺影に一礼し、花を時計回りに回す。（花は自分の胸のほうを向く）

左手を添え、右手で支えるようにして花を献花台に供える。

黙禱したあと深く一礼する。

式進行は宗派で違うが、多くの場合、献花は最後に行う。

1行マナー講座　キリスト教徒でない人は、十字を切ったり、手を組んで祈らなくてよい。

通夜ぶるまい

すすめられたら必ず箸をつけるのが礼儀

弔問客をねぎらい、故人を供養するために

通夜でお焼香をすませたあと、別室での「通夜ぶるまい」をすすめられることがあります。これは、参列者へのねぎらいの気持ちを込めて酒食のもてなしをするもの。よほどの事情がない限り、すすめられたら遠慮してはいけません。

通夜は、故人にとってこの世で最後の夜ということになります。通夜ぶるまいを断るということは、故人との最後の食事を断るのと同じです。

また通夜ぶるまいには、邪気をはらい、故人の霊を清め、あの世で渇きに苦しまないようにという祈りも込められています。

故人への供養でもあるので、遺族や世話役からすすめられたら、わずかでも、箸をつけるようにしますが、長居をしたり飲みすぎは禁物です。

節度をわきまえて1時間ほどで引き上げる

通夜ぶるまいにはお清めの意味合いがあるので、日本酒やビールなどのアルコール類が必ずふるまわれます。席についている人は、故人と親しかった人ばかりですから、ほろ酔い加減で話し込んでいる光景をよく見かけます。

それも故人への供養になるのかもしれませんが、故人を偲ぶしめやかな場ですから節度はわきまえたいものです。

居合わせた知り合いと故人の思い出を語り合うのなら場所をかえることにして、通夜ぶるまいは、長くても1時間程度で切り上げるようにしましょう。

ちなみに、キリスト教式では通夜ぶるまいにあたるものはありませんが、神式では、通夜のあとでお供えしたお神酒《みき》などをいただく直会《なおらい》があります。

1行マナー講座　喪主や遺族は、通夜ぶるまいから引き上げる弔問客を見送らない。

供花・供物の心得

●タイミングよく届くように手配する。

通夜に供える物は、通夜当日の午前中までに。葬式に供える物は、前日中に届くように手配する。

●購入時に必ず弔事用であることを伝える。

業者や店の人に贈る目的を伝えれば、弔事にふさわしい水引や表書き、包装にしてもらえる。

●供花、供物は勝手に供えてはいけない。

自分で届けるときは、遺族や手伝いの人、受付係に渡す。勝手に祭壇や霊前に供えてはいけない。

生花
生花は、会場や地域の習わしで贈るのを控えたほうがよい場合もあるので、必ず事前に確認する。また、キリスト教式では、生花以外は飾らないしきたりになっている。
白を基調にして、派手な花は避ける。故人の好みが赤系の花だったときは、白い花を中心に1輪だけ好きな花を添えるのもよい。

果物
故人の好物だった場合はかまわないが、基本的に派手な色合いの果物は避ける。かご盛りにするときは、氏名を書いたカードをつける。

菓子
生菓子や保管に手間がかかるものは避けて、干菓子などの日持ちがよいものにする。個人の好物だったものを、通夜ぶるまいに届けるのもよい。

酒
日本酒やワインなどを贈るなら故人が好きだったものを選ぶ。ほかに遺族や手伝いの人の夜食になる食品、地方によっては、米、麦などの五穀を贈るところもある。

生もの
ケーキや生鮮食品など日持ちがしない食品はNG。ほかに、線香、ろうそくは、ほかからとダブってしまいがち。香りの強い花や鉢植えの花、植物は絶対に避ける。

Point
迷ったら「供花料」「供物料」として現金を包む

状況がわからなかったり、何を贈ればよいのか迷ったときは、現金にするのが無難。ちなみに供花や供物を贈った場合は、さらに香典を持参しなくてもよい。

一合の白米を研がずに炊く縁切りのご飯

「少しでもよいから、必ずお代わりしなさいよ」
　子どものころ食事中に、こんなことを母に言われたのは、「一杯で終わると、一膳飯みたいだからダメ」という戒めでした。
　人が亡くなったとき、その人が使っていた茶碗にご飯をこんもり盛り、箸をまっすぐに立てるのが一膳飯です。今いる所と縁を切るときのもので、このためだけに、一合の白米を研がずに炊いて供えます。
　すでに炊いてあるご飯を盛るのは、ふだんと変わらず同じ釜の飯を食べることになるので禁じられています。同じものを食べることで同じ状態になることを恐れているのです。

1行マナー講座　通夜ぶるまいは、世話役代表が腰を上げたら「お開き」のサイン。

受付をまかされたら

「遺族の代理」という立場をわきまえる

接遇、言葉づかいに細やかな気配りをする

遺族や故人とごく親しい間柄であったり、会社が葬儀を取り仕切るときは、通夜や葬式の世話役を頼まれることがよくあります。こんなときは、故人や遺族と面識がなかった場合でも、遺族の代理という立場でふるまうことが大切です。

まず一礼をして会葬者を迎えます。参列者から香典を差し出されたときに、「頂戴します」「いただきます」と言うのは間違いです。

受付係は、あくまでも香典を預かって遺族に渡すのがその役割です。本人のものではないのに、「いただきます」はおかしいですよね。

「お預かりいたします」

「供えさせていただきます」

これなら、いったん預かって、祭壇に供えることが伝わります。

さらに「ご丁寧に（ご会葬いただき）、ありがとうございます」といったお礼の言葉を添えれば、申し分ありません。

クッション言葉でやわらかい印象にする

会葬者には、芳名帳への記帳を必ずお願いします。

「こちらに、お名前をお書きしてください」「こちらに、お名前様をお書きください」

どちらも問題ありです。「お書きする」は、自分を相手より低くした言い方で、丁寧に「ください」と添えても、相手に対して使うのは適切ではありません。「お名前様」も、敬意を表す「お」を上につけ、なおかつ「様」をつけるのは余計なことです。

「恐れ入りますが、こちらにお名前をご記入ください」

「恐れ入りますが」「お手数ですが」「申し訳ありませんが」といったように、表現のニュアンスをやわらかくするクッション言葉を頭に添えるとよいのではないでしょうか。

葬儀の受付係必修・弔問客への接し方

弔問に対するお礼とあいさつ

「本日はお忙しい中お越しいただきましてありがとうございます」

遺族の代わりとして、弔問に来てくれたことに対するお礼を必ず述べる。「お忙しい中」の部分は、当日の天候や相手によって変えても。

寒い日 「お寒い中」　暑い日「お暑い中」　雨の日「お足もとの悪い中」
遠方からの弔問「遠いところお運びいただきまして」

香典を受け取るとき

「お預かりいたします」「供えさせていただきます」

お礼を述べたうえ、香典袋は必ず両手で受け取って一礼をする。

✕「頂戴します」「いただきます」
「ありがとうございます」も、この場にはふさわしくない。ただし、代理弔問した人から、本人の名刺を受け取ったときは「ご丁寧にありがとうございます。頂戴いたします」でよい。

供物を受け取るとき

「ご丁寧にありがとうございます。霊前に供えさせていただきます」

記帳をお願いするとき

「恐れ入りますが、こちらにお名前をご記入ください」

あるいは「お手数ですが、こちらにご記帳をお願いいたします」というように「恐れ入りますが」「お手数ですが」などのクッション言葉を頭につける。

✕「こちらにお名前をお書きしてください」「お名前のご記入をお願いします」

記帳後に会葬御礼を手渡すとき

「本日は、誠にありがとうございます。こちらをお持ちください」

会葬御礼や香典返しなどの返礼品を両手で差し出し、相手が受け取ったら、「気をつけてお帰りください」と一礼する。

Point
わからないことは世話役に相談する

葬儀が滞りなく行われるかどうかは、受付の技量によるところが大きい。とくに言葉づかいは、ふだん使いなれない語句や言い回しがあるので、ポイントをしっかりおさえておきたい。ちょっとしたミスが、弔問客とのトラブルにつながっていくので、わからないことがあったら、自分だけで判断しないで、受付の代表者や世話役に相談して指示をあおぐことが肝要。

1行マナー講座　葬儀の道案内役はコートを着ないのが基本。参列者も、出棺を見送ると

葬儀のあとで

清めの塩は使っても、使わなくてもよい

清めの塩は、玄関先でかける

火葬場や通夜、葬式から戻ったときに、家に入る前にからだに塩を振る光景を見かけたことがあるでしょう。これは清めの儀式で、もともとは死をけがれとする神道のしきたりでした。

死をけがれとしない仏教では、最近は行われない傾向が強くなっているようですし、気分的なものなので、やってもやらなくても、まったく気にしないという人もいます。

それでも、清めの塩はやらないと気持ちが悪いという人は、会葬御礼に添えられている塩か自宅にある塩を、玄関先で家の人にかけてもらうか、一人のときは自分でかけます。

まず、胸と肩、次に背中、最後に足もとの順にかけ、塩をよくはらってから家の中に入ります。

葬式後、会社に戻って清めの塩を使うときは、出入りを邪魔しない場所で、目立たぬように行いましょう。

代理弔問を頼んだ人に会葬御礼を渡す

仕事の都合で、どうしても通夜や葬式に参列できない人や上司の代理として、香典を預かることはよくあります。香典を預かった人は、弔問したときに、預けた人の分の会葬御礼を忘れずに受け取って、あとで渡すようにします。

また、最近では、香典と引き換えというかたちで、香典返しを会葬御礼といっしょに渡す〝当日返し〟の形式をとるケースも増えています。

この場合は、香典返しの包みを勝手に開けたりせずに、なるべく早く香典を預けた人に届けましょう。香典返しにお礼は必要ありませんが、預けた人は、香典を代理人が届けたままでは素っ気ないので、別途弔電を打ったり、後日遺族にお悔やみの手紙を送って弔意を伝えてはいかがでしょう。

代理参列のマナー・頼んだ人に会葬御礼を届ける

礼状とともに葬儀の様子も伝えて

弔問者は、受付で記帳した際、参列へのお礼をしたためた喪主からの礼状に清めの塩を添えた「会葬御礼」を手渡される。また、お茶やギフトカードなどの返礼品や香典返しをいっしょに渡されることもよくある。

代理弔問した人は、会葬御礼や返礼品を未開封のまま、弔問を頼んだ人に渡すのが礼儀。その際、遺族や葬儀の様子を簡単でよいので伝えるようにする。

頼んだ人が、礼状だけでよいと言ったら返礼品は遠慮なく受け取ってよいが、無断で中身を確認することは厳禁。また遠方の人に頼まれた場合は、会葬御礼と返礼品をなるべく早く、少なくとも初七日までには届けるようにする。

最近は、会葬御礼といっしょに香典返しを渡す場合が多い。

清めの塩の使い方

帰宅して、家の敷居をまたぐ前に、胸と肩、背中、足もとの三ヵ所にふる。

清めの塩は「敷居をまたぐ前」に使う

会葬御礼に清めの塩を添えるのは、神仏をともに敬う日本独特の習わし。本来、死をけがれとする神道で葬儀のあとに家の中を清めるために使うもので、神式以外の葬儀では使う必要はない。

清めの塩は、正式には、敷居をまたぐ前に使う。葬儀に参列した者が帰宅したら、家人が塩を軽くつまみ、胸と肩、背中、足もとに振る。

使わなかった清めの塩は、処分しても問題ないが、会葬礼状は、年賀状を送らないようにする覚えとして、1年くらいは保管しておくとよい。

生まれたら右前、亡くなったら左前

和服の襟合わせは「右前」、着る人にとって左の襟が上でも、着物を着付ける側から見たら右が上なので「右前」というわけです。

「右前」「左前」という言い方は、人が生まれたときと亡くなったときの着物の着せ方の違いに由来しています。赤ちゃんが生まれたときに着せるのは産着、亡くなった人に着せるのが経帷子《きょうかたびら》ですが、産着は右前、経帷子は左前です。赤ちゃんも故人も自分で着物を着ることができません。だから、着せる側からの言い方になったのです。

経営が悪化することを「左前になった」といいますが、左前には「落ち目になる」という意味があって、不吉なものとされています。

1行マナー講座 友人の香典を預かった場合は、自分と友人の氏名をそれぞれ記帳して、

葬儀のあとで

時間が経っていても手紙で弔意を表す

手紙や電話でお悔やみの気持ちを伝える

何となく疎遠になっていた知人や仕事関係の方が亡くなったことを、何ヵ月も経ってから知るというケースはなきにしもあらずです。

自宅にお悔やみに伺うときは、何の連絡もなしにいきなり訪問してはいけません。まず手紙や電話で、亡くなったことを知らずにお悔やみが遅くなったことを詫び、あらかじめ相手の都合を確認します。

もし先方から、「お気持ちだけでけっこうです」とお断りされたら無理強いをしないこと。弔意を直筆の手紙にしたため、お線香などとともに遺族に送ってはいかがでしょう。

お参りには伺えなくても、何の連絡もしないままというのは避けたいですね。

お悔やみの気持ちを込めて贈る物に〝のし〟はつけない

葬式から戻って会葬御礼の品を見たら、黒く印刷された〝のし〟のシールが張られていて、ビックリしたことがあります。弔事のときは、のしはいっさいつけてはいけないというのが決まりだったからです。

慶事のときには赤いのしをつけますので、弔事だから黒にすればよいのだろうと、どなたかがつくったのでしょうが、赤とか黒という色の問題ではないのです。

また、殺生《せっしょう》を避けるという意味から、弔事のときには、肉（ハム）や卵、かつお節などの海産物を贈ってはならないとされています。

四十九日を過ぎて、果物やお菓子を贈る場合も、のしはつけず、水引は黒白の結び切り、表書きは「御供」、現金だったら「御供料」とします。

初盆に贈る金品には「御仏前」、提灯の代わりに現金を包むときには「御提灯料」の表書きを使います。

とするが、浄土真宗では亡くなった直後から「御仏前」。

お悔やみ状の書き方とマナー

例文・喪中ハガキで知った場合

講談一郎様

このたびはご丁重なごあいさつをいただき、
ご尊父様のご他界を知りました
少しも存じませず今日までお見舞いも
お悔やみも申しあげず失礼いたしました
遅まきながらあらためて　ご尊父様の安らかな
お眠りをお祈りいたします
お花などお供えいただきたく、心ばかりのものを
同封いたしました
またあらためてご連絡さしあげます
とり急ぎ失礼のお詫びまで

平成○○年○○月○○日

合掌

音羽太郎

理由とお詫び

最初に、お悔やみが遅れた理由とお詫びを述べる。時候のあいさつは入れない。「ご他界」は「ご逝去」「亡くなられたこと」にしてもよい。

言葉を選ぶ

「死」に関する生々しい表現は避け、故人に対する敬称（P75）、忌み言葉や重ね言葉（P96）に気をつける。

お悔やみと励まし

お悔やみの言葉は必ず添える。相手や家族への励ましは、書面に余裕があれば書き添える程度でよい。さらに余裕がある場合は、自分の近況や故人との思い出などを短く付け加える。

同封したもの

金品を同封や別送した場合は、そのむねを明記する。贈り物の表書きは、相手の宗教・宗派に関係なく使える「御供料」にしておく。

便箋と封筒

便箋、封筒ともに、模様の入っていない白無地を使う。
フタの部分が二重になっている封筒は「不幸が重なる」ことを連想させるので、必ず一重封筒を選ぶ。

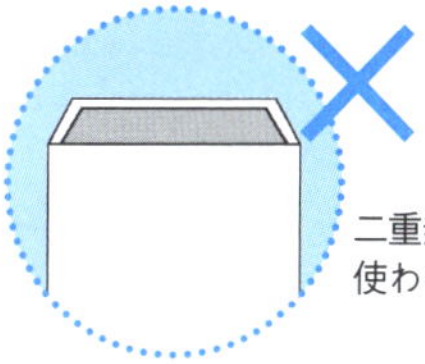

二重封筒は使わない。

誰がくるかがわからない弔事は「フルネーム」で

ご祝儀もお香典も、お金は中包みに入れますが、慶事では氏名だけ、弔事では郵便番号、住所、氏名をきちんと書きます。弔事では、故人とは親しくても遺族には誰かわからないことがあるからです。

金額を、「金壱万円也」と書く人がいますが、「也」は不要です。昔は、円未満の単位があって、小切手や領収証に金額を書くときに、円未満の端数がないことを示すために末尾に「也」をつけていました。そもそも「也」はモノの値段だけにつけるものです。

私は、多くの人が参列する弔事では、受付の人の手間を省くことを考えて中包みを使わずに、香典袋の裏に金額と住所を書くようにしています。

1行マナー講座　仏式では香典の表書きを四十九日までは「御霊前」、それ以降は「御仏前」

お悔やみの席で使ってはいけない言葉

くり返しや生死を意識させる言葉に注意

お悔やみの席でも、遺族の悲しみを助長するような忌み言葉や、「不幸のくり返し」を連想させる重ね言葉は使ってはいけません。

遺族に対してだけでなく、通夜・葬式の場、弔電にも、忌み言葉、重ね言葉は使わないように気をつけましょう。

また、遺族が訃報を知らせる際も、「死ぬ」という表現はとてもストレートで、相手をビックリさせてしまいます。

といって、「亡くなる」という言い方は、目上の人に対して使われるものであって、身内に対して使うのはふさわしくありません。

「祖母が永眠いたしました」

「祖母を亡くしまして」

などにします。

四十九日、一周忌などの法要でも、あいさつは「母を亡くして四十九日を迎えました」などとします。

「亡くなる」は、「死ぬ」の「丁寧語」として間違った使い方が定着していますが、身内の不幸を、外の人に対してソフトに丁寧に伝えるときは、亡くした、永眠する、身罷《みまか》った、他界したなどの表現が適切です。

弔事に避けたい忌み言葉と重ね言葉

不幸が重なることを連想させる言葉
重なる、重ね重ね、再三、くれぐれも

不幸が再びくることを連想させる
また、たびたび、しばしば、返す返す

「死」「苦」を連想させる数字「四」「九」
お香典の金額、供花、供物の数に用いない。

直接的な表現「死ぬ」「死亡」「生きる」「生存」なども控える
「死亡」→「ご逝去」、故人が身内の場合は「永眠」「身罷る」など。
「ご生存中」→「ご生前」
「生きているころ」→「お元気なころ」

4章

日常のふるまい

いつでもどんなときでも
周囲の人への「思いやり」を忘れない
心に余裕のある「大人のふるまい」ができる人に。

ふだんの生活で

マナーは習慣、その人のしぐさに表れる

人差し指1本で人やものを指し示さない

人差し指という名前は、文字どおり人を指差すときに使われることに由来していますが、面と向かった相手から指1本で指されたら、問い詰められているようで、あまりよい気持ちはしません。

国によっては、挑発行為や呪いを意味することもあるそうで、礼を欠いたしぐさです。

もし、人やものを指し示したいときは、1本の指ではなく、すべての指先をそろえて伸ばし、手のひらを上に向けて示したい方向に向けます。手のひらを横に向けてしまうと、切るしぐさになりますので、必ず上に向けます。この動作のとき、指先はひじより上に上げないほうがエレガントです。

もちろん、ペンや箸など、手に持っているもので指し示すことも禁止です。

会話中は全身を相手に向ける

人の話は、全身全霊で聞くものといわれています。顔だけ相手のほうに向けるのはとてもおざなりで、真剣に聞こうという態度ではありません。会話中は、できるだけ全身を相手に向けるようにしましょう。

突然呼びとめられたときも、顔だけでなく全身か上半身を相手に向けるようにします。

落としたものを拾うときも、美しいしぐさを心がけたいものです。前かがみになって人様にお尻を向けてはいけません。

落としたものに近いほうの足を半歩後ろに引くのがポイント。背筋を伸ばし、ひざを閉じたまま腰を落とし、手を伸ばして拾います。

腰を落としすぎたり、ひざが開くと、だらしなくしゃがんだ姿になるので注意します。

胸に持っていき、胸の中心に中指・薬指・小指の指先を軽くあてる。

日常の"NG"しぐさは気がついたときに直す！

人やものを指し示すとき

× 人差し指で人やものを指し示す
○ 指先をそろえて手で指し示す

人やもの、方向などを指し示すときは、すべての指先をそろえて伸ばし、手のひらを上に向けて、示したい方向へ向ける。

落ちているものを拾うとき

× 前かがみで拾う
○ 腰を落として拾う

落としものに近いほうの足を半歩後ろに引き、背筋を伸ばし、ひざを閉じたまま腰を落とし、手を伸ばして拾う。

人にものを渡すとき

× 片手で持って渡す
○ 両手で持って渡す

しぐさやふるまいには、その人の"心"が表れるもの。「両手でものを持って相手に手渡す」など、ふだんの丁寧な対応の積み重ねが、その人の評価アップにつながっていく。

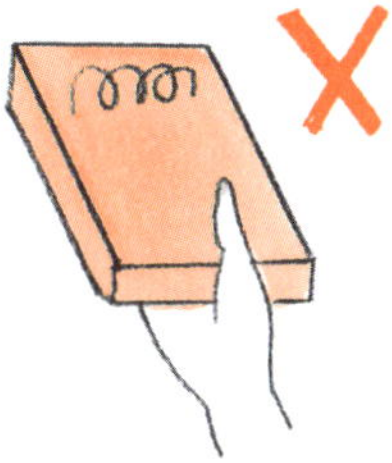

右手の上に品物を置き、左手を左下角に添える。

右手を右上の角に滑らせるように移動。

左手で品物を下から支え、右手で180度回転させる。

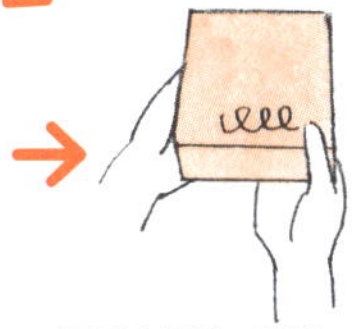
両手を添えて差し出す。

相手に正面を向けて必ず両手で

品物の下で、相手の指先が触れたら左手を引っ込め、右手もゆっくり離す。お互いの指先が触れるようにすれば、品物を落としてしまう心配がない。

呼びとめられて振り向くとき

× 顔だけで振り向く
○ 全身で振り向く

人の話を聞くとき、呼びとめられて振り向くときは、できるだけ全身を相手に向けるようにする。振り向くときは、状況によっては上半身だけでもOK。顔だけで振り向くのはNG。

1行マナー講座 自分を指すときに、人差し指１本を自分の鼻に向けるのはNG。右手を

ふだんの生活で

みんながやっていても慎むべきことがある

人前では足を組んで座らない

そもそも椅子に座って足を組むのは、「すぐには立ち上がれないので、あなたに危害を加えません」という意味があるそうです。

しかし日本では、モデルや役者さんならともかく、スマートに足を組んでいる姿、失礼ですがあまり見かけたことがありません。

「足を組むとふくらはぎが太く見え、足の細さに自信がない人はやらないほうがよい。好ましいのは足首だけをクロスさせること」

欧米の礼儀作法の本にもこう書かれていると聞いています。体型の違う日本人がスマートに見えないのは無理もないことかもしれません。むしろ日本では、足を組んで座ると偉そうで生意気な人に見られがち。とくにビジネスのときなど、場をわきまえましょう。

何気ない手の動きにも注意する

また、腕組みや後ろ手を組むのも控えます。肩幅が広がって、相手を威圧したり拒絶する感じになるからです。人前では背筋を伸ばして両手は前で重ねるようにしたほうが、謙虚で奥ゆかしい印象を与えます。

大相撲のテレビ中継を見ていると、力士が土俵下で親方の前を通るとき、指をそろえて手を刀のように前につきだしていることに気づいた人もいるでしょう。

私達も、人の前を横切るときに同じ動作をすることがあります。これを「手刀《てがたな》を切る」といいます。目の前を横切りますがお許しくださいという意味が込められています。

しかし、無言で手刀を切るよりも、ひと言「前を失礼します」と断ったほうが、人の前を横切るしぐさとしてはスマートです。

とくに女性が手刀を切るというのは、おすすめできません。

作法。あまり噛みくだかずにのど越しを楽しむものとされる。

人前でやってはいけない人を不快にさせる8のクセ

舌打ち	舌打ちをした原因はほかにあっても、まわりの人には「自分が何か悪いことをしたのだろうか」と強いストレスを与えてしまう。
貧乏ゆすり	落ち着きのない人という印象を与え、カタカタという音がまわりの人をいらだたせる。同じようなクセでポキポキと指の関節を鳴らすのは、相手に威圧感を与える。
音を立ててものを食べる	食べ物を口に運んだら、よく噛み、飲み込むまで口を閉じているのがマナー。日本でも海外でも食べるときのくちゃくちゃという音が気になるという人は圧倒的に多い。
しきりと爪を噛む	不安や悩みを紛らわせようとする、ある種の「自傷行為」で、精神的に弱いイメージ。指先にはバイ菌がつきやすいので風邪をひきやすくなるといわれる。
髪を触りながら話す・食べる	恥ずかしさや緊張から自分を落ち着かせるための行為で、女性に多い傾向がある。とくに食事中は絶対に慎むべきしぐさ。
人に気やすく触れる	相手の気持ちとは関係なく、自分の親しみや好意をスキンシップで表現する人に多い。他人との距離感がはかれず誤解されやすい。
ペン回し	退屈しているときにすることが多い。同じようなクセとして、ノック式ボールペンをカチカチ鳴らす、机やテーブルを指でたたくなど。会話中の場合、相手に対して威圧感や不信感を与えてしまうので、商談のときにはとくに注意。
ため息をつく	ストレスを感じたときなどに大きく息を吐き出す行為。相手を不安にさせる。

Point 音をともなうときや不衛生なイメージの行為に不快感を抱く人が多い。足組み、腕組みも、自分の領域を守るための〝バリア〟を張っているようで、相手を嫌な気持ちにさせてしまう。「クセだからしかたがない」と思わず、せめて人前では慎むように心がけるべき。

人の〝縄張り〟は1.2メートル

人には縄張り＝侵されたくないテリトリーがあって、卵のかたちをしています。その一番狭いところに自分がいて、両サイドや後ろは狭く、前面が広くなっています。個人差はありますが、自分の前面に立つ人との距離が1.2メートルより短くなると、圧迫感や不快感を感じやすくなると一般的にいわれています。

人と話をするときは、距離は1.2メートルぐらい、お辞儀をするときは1.8メートルぐらいの間隔を保つのが最適です。相手の縄張りを侵してしまうときには、それなりの気づかいが必要。1.2メートル以内にいても圧迫感を感じなければ、その人とはとても親密な間柄といえるかもしれません。

1行マナー講座 そばはすすって食べるのが習慣だが、くちゃくちゃと音を立てるのは不

外出先で

和室に通されてもあわてない「きれいな正座」

正座のときも背筋をピンと伸ばす

正座をするとき、男性は、両ひざの間をこぶし1つから2つ分あけます。両手は軽く握るか、指先をそろえてハの字にして太ももの上に置きます。ひじは張りすぎないように。

女性は、ひざをしっかりと閉じます。両手は、指先をそろえてハの字にするか重ねて、やはり太ももの上に置きます。

正座のときは、男性女性とも太ももに重心が置かれ、猫背になりがちです。頭が糸で上に引っ張られる感じで、背筋をピンと伸ばしましょう。

足がしびれたら両足をつま先立ちにする

長い間正座をしているときなどに、下肢の神経や血管が圧迫され、感覚神経が一時的に麻痺してしまうのが足のしびれです。

足の裏をハの字にして、親指どうしを重ねて座るとしびれにくいといわれますが、そうとも言い切れません。お尻とかかとの間に紙1枚を入れた感じで正座すると、わりとしびれません。

もししびれてしまったら、両ひざを床につけたまま腰を浮かせ、両足のつま先を立てて、かかとの上にお尻をのせるようにすると早く取れるでしょう。ひざまずくこの座り方を「跪座《きざ》」といいます。

和室での動作は座って行うのが基本。和室での人間関係は、目の高さではかるもので、立ったままでは座っている人を見下ろすことになってしまうからです。

椅子の生活に慣れてしまっていると気づかないものですが、それだけに訪問先や接待で行った料亭などで和室に通されたとき、きちんとふるまえるようにしておきたいものです。とくに洋室と大きく違うのは出入りの仕方。座ってふすまを開け閉めする作法を覚えておきましょう。

1行マナー講座　敷居や畳のへりを踏んだり、畳のへりに座ったりするのはNG。

楽で美しい正座のしかた

頭が糸で上から引っ張られる感じで背筋をピンと伸ばす。

背筋を伸ばしたほうが、見た目が美しいうえに、足にかかる体重が分散されて、足がしびれにくくなる。

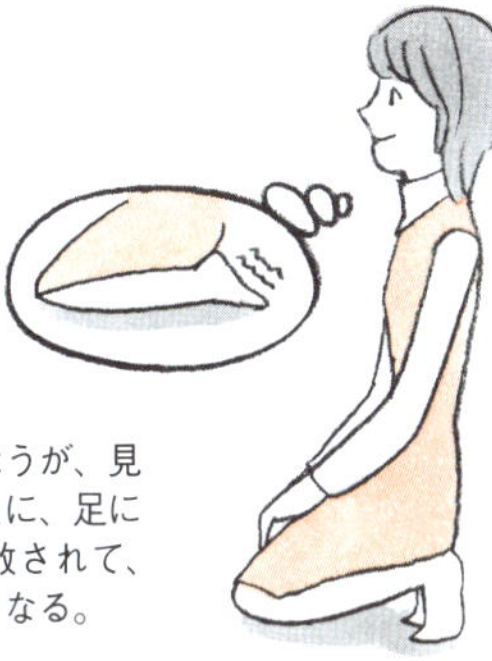

足がしびれてしまったら……

腰を浮かせ、両足のつま先を立ててかかとの上にお尻をのせる。

ふすまや障子は座って開け閉めする

引き手が左側にある場合

1 開けるふすまの真ん中に正座して「失礼します」と声をかけ、会釈する。

2 右手は太ももに置き、左手をふすまの引き手にかけて少し開ける。

左手を差し入れて、ふすまの枠にそって下に滑らせる。

3 床から20センチぐらいのところで手を止めて、体の半分までふすまを開ける。

4 右手に持ち替えて、からだがスムーズに入るところまで開ける。

5 会釈をして、両手を床についてからだを支えながらひざで進むように部屋に入る。

中に入ったら、からだの向きをかえて、左手をふすまの枠の床から20センチぐらいのところを左、右と持ちかえて閉める。

6 手幅まで閉めたら、左手を太ももに置き、右手を引き手にかけて残りを静かに閉める。

1行マナー講座 退出時も座って開け閉めし、ふすまを閉めてから立ち上がる。

外出先で

洗練された印象を与える「椅子の座り方」

アン・ドゥ・トロワ足運びはワルツの感覚

レストランなどの公共の場で、椅子に座るときはいつもスマートに。

椅子をしっかり引いてその左側に立ち、

①左足を1歩前に出す。

②右足を左足の近くを通って椅子の前に運ぶ。

③左足を右足の横に運んで両足をそろえる。

のワルツの感覚で足を運びます。

続いて、太ももの後ろが椅子にあたったところで、太ももにやや力を入れて腰を下げ、息を吸いながらゆっくりお尻を下ろします。

反対に立つときも、三拍子で。椅子をしっかり引いて椅子の前に立ち上がり、座ったときと逆の足運びで動きましょう。この三拍子の動きがスムーズにできれば、もたもたしている印象がなくなります。

椅子の背もたれには寄りかからない

スマートな座り方をしても、座ってから美しい姿勢を保たなければすべて台無しです。

男性は、両ひざとつま先の幅をこぶし2つ分あけます。両手は軽く握るか指先をそろえてハの字にして太ももの真ん中に置きます。

女性は、両ひざ、つま先、かかとをしっかり合わせます。そのままかかとを1㎝ほどあけると、ひざが開きにくいでしょう。両手は、親指をクロスさせて少し丸めるようにして重ね、両ひざ頭の真ん中に置きます。

日本では昔、利き手である右手の上に左手を重ねることで、「あなたを攻めるつもりはありません」という態度を示したようです。

背筋はまっすぐに伸ばし、食事のときは深く、それ以外のときはこぶし1つ分浅く腰かけます。椅子の背もたれには寄りかからないようにしましょう。

1行マナー講座　椅子をしっかりと引くこともスムーズな動作の秘訣。

椅子に座るときは三拍子で軽やかに足を運ぶ

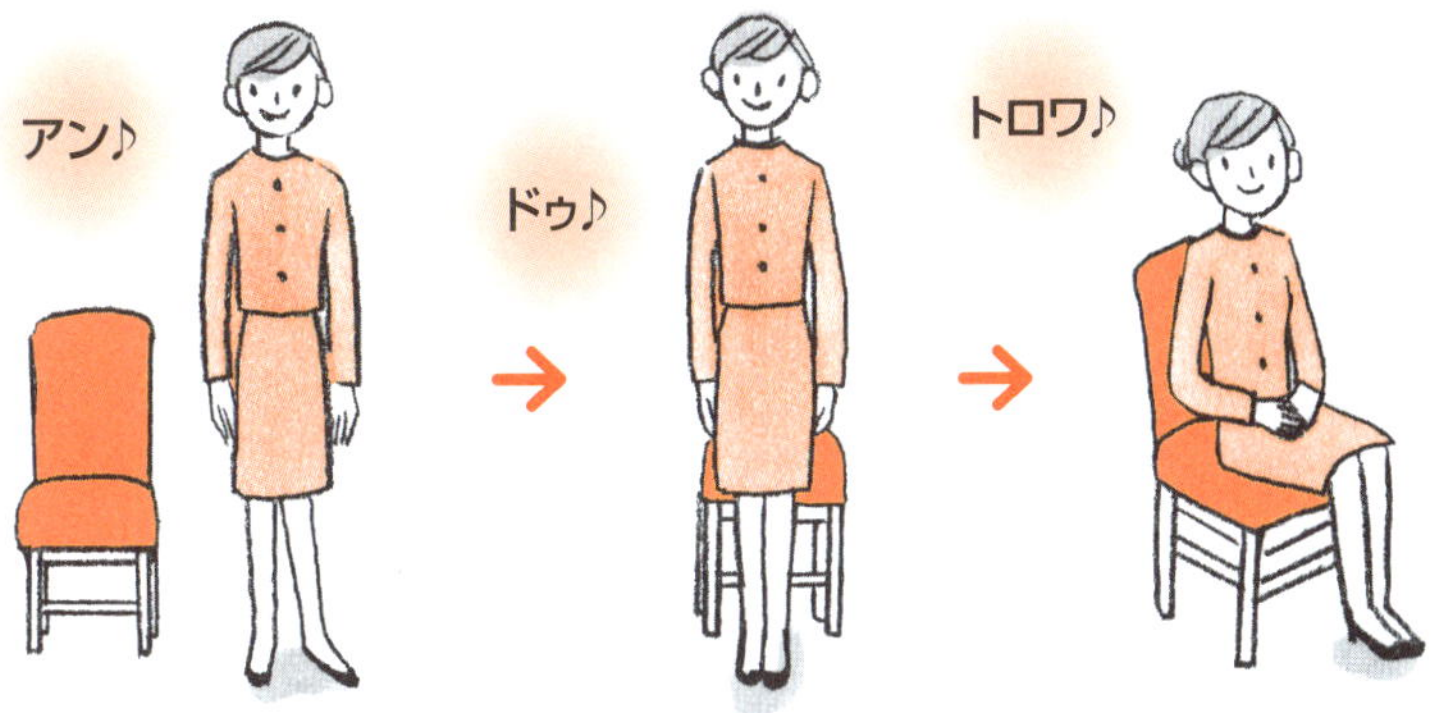

椅子の左側に立ち、左足を１歩前に出す。

右足を左足の近くを通って椅子の前に運び、両足をそろえる。

太ももにやや力を入れてお尻を下ろす。

Point 一呼吸つけて、太ももで座る

息を吸いながら、太ももにやや力を入れて、ゆっくりお尻を下ろす。この座り方なら、ドカンとお尻が落ちてしまうことはない。立ち上がるときは、座るときと逆の足運びで。

座っている間も背筋を伸ばす

せっかくスマートな座り方をしても、座っている間に猫背になったり、ひざが離れてしまってはすべて台無し。背筋を伸ばし、背もたれには寄りかからない！

女性 両ひざ、つま先、かかとをしっかり合わせる。背もたれには寄りかからない。

男性 両ひざとつま先の幅をこぶし２つ分あける。

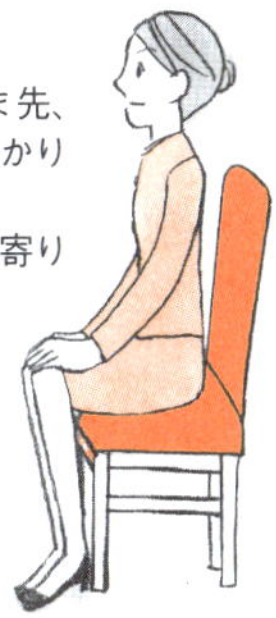

椅子に座る、立ち上がるときも左側から

テーブル・マナーに限っていえば、立つも座るも「椅子の左から」。そう決められたのは、日本のテーブル・マナーがイギリス海軍のものをお手本にしたためでした。軍人は左の腰に剣を下げているため、椅子の右からでは邪魔になったからです。

このように決めておけば、立ったり座ったりする人が左右バラバラで、隣の人とぶつかってしまうといった事故を防ぐことができるというわけです。

テーブルを離れるときは、引いた椅子はテーブルの下にきちんと戻します。椅子が出しっぱなしにされていると、歩く人もぶつかりやすく、テーブルの上を片付ける人にとっても邪魔になります。

1行マナー講座 椅子に座ったとき、テーブルとの間隔はこぶし１つ半が目安。

外出先で

誰かに言われてからではなく、自ら動く

優先席でなくても席は譲る

電車のどの車両にもバスにも、必ず優先席が設けられています。

わざわざシートを張り替え、つり革の色を変え、「携帯電話の電源は切り、お年寄りやからだの不自由な方に席をお譲りください」といった趣旨の表示がされています。優先席に座って席を譲ろうとしない若い人が多いと非難する声もよく聞かれます。

いつも不思議に思うのは、なぜごく限られた席だけにそのことを求めるのでしょうか。

携帯電話の電源を切ることもマナーモードにすることも、席を譲ることも、場所を選ばず車内のどこでも、のはずです。

すでに優先席を廃止している路線もあり、車内には「すべての席が優先席」と書かれてありました。優先席であろうとなかろうと、電車に乗っても目配りを忘れず、ためらわずに席を譲りましょう。

迷ったら電車を降りるふりをして席を譲る

電車やバスの車内で、この人に席を譲ったほうがよいか、迷ったことはありませんか。「どうぞ」と立ち上がったものの、かたくなに断られることも、「年寄り扱いするな！」と言わんばかりに不機嫌な顔をされることもあり、席を譲るのにも勇気が必要です。

迷ったときは、寝たふりをするのではなく、次の駅で降りるというふりをして、さりげなく席を立てば、お互いがそれほど気をつかわなくてすむでしょう。

席を譲られたときには、譲ってくれた人の気持ちに配慮して「ありがとう」のひと言を。遠慮しないで好意を受け入れましょう。

略しないで、笑顔で「どうもありがとうございます」と言う。

この「ひと言」があれば相手も自分も気持ちよい

電車やバスの中で席を譲る

「次の駅で降りますので、よろしければおかけになってください」

ただ黙って「降りるふり」をしても、ほかの人が座ってしまうことがあるので、席を譲りたい人にひと言かけるようにする。たとえ「降りるふり」だとしても、席を譲られる側は受け入れやすくなる。

お手伝いを申し出る

「よろしければ、私に○○をさせていただけますか?」

○○には、食後の片付け、食器洗い、書類整理など、自分ができることが入る。「お手伝いしましょうか?」よりも、手伝えることを具体的に伝えることで、「それなら△△をお願いします」というように、相手も手伝いを頼みやすくなる。

仲間の分まで行列に並ぶとき

「申し訳ありませんが、あとから○人来ますので……」

レストランやケーキショップなどで入店待ちの行列に仲間の分まで並ぶときは、あとから来た人に、必ずひと声かけておくと、いらぬトラブルにならない。順番がきて店に入るときは、すぐ後ろの人に「お先に」と声をかけるか、軽く会釈することも忘れずに。

すれ違う人に道を尋ねたい

「恐れ入ります。道に迷ってしまったようなのですが、少々お尋ねしてもよろしいでしょうか」

「少々お尋ねしても〜」「少々お時間をいただいても〜」といったように、相手の意思や都合を忘れずに確認する。相手が断りの意思表示をしても、「失礼いたしました」「ご迷惑をおかけしました」と詫び、それ以上執拗に尋ねることはしない。

タバコを吸うのを遠慮してほしい

「申し訳ありませんが、タバコが苦手なのでご遠慮願えますか」

最近はカフェでもレストランでも禁煙や分煙がすすんでいるが、禁煙席でタバコを吸っている人がいても、いきなり相手を責めては角が立ってしまう。そういうときは、自分が苦手であることを、穏やかな口調で告げてみる。わが家を訪ねてきたお客様にタバコを吸ってほしくないときは、はじめから断っておくようにする。

電車の中で足を踏んでしまった

「ごめんなさい」「すみませんでした」「申し訳ありません」

何も言わないよりはマシとはいっても「あ、ごめん」「あっ、失礼」「悪かったなあ」という謝り方はNG。相手によっては反発されかねないので、謝るときは、やわらかい口調で。

「いいえ、どういたしまして」「いいえ、どうぞお気になさらず」

謝られた側も、快くこんな言葉を返したい。

1行マナー講座 人に感謝の気持ちを伝えるときに「どうも」だけでは不十分。言葉を省

外出先で

「他人に迷惑」はマナー以前の社会人非常識

迷惑をかけない上着の脱ぎ着をする

上着やコートを振り回すように着たり、バタバタさせながら脱ぐのは、まわりの方に迷惑ですね。スマートな着方、脱ぎ方を覚えておくとよいでしょう。

着るときは、まず上着の前面を手前に向けて両手で持ちます。左手を左袖に通して上着を左肩にかけたら、右手を後ろに回して右袖に通します。最後に襟もとを整えます。

脱ぐときはまず、右手で上着の右襟、左手で左襟を肩からはずします。両手を後ろ手にして、右手で左の袖口を持って左手をはずします。その左手で両方の袖口を持って右手を抜きます。

次に通る人のために開けたドアを押さえる

開けたドアを、次に通る人のために押さえているのは、何か損をした気になることなのでしょうか。振り返りもせず、ドアを押さえもせずにいってしまうのは、そうする時間がないほど急いでいるからなのでしょうか。

すぐ後ろの人がドアに触れるまで、それほど時間はかからないはず。押さえていてあげたほうが安全ですし、人の流れもスムーズです。

誰でも、身内に対してはそうするでしょうから、見知らぬ人に対してもできないことではありません。

ただ気になるのは、後ろの人の態度です。前の人がドアを押さえているのをいいことに、ドアにも触れず、お礼も言わず、会釈もせず、平気で通り抜けて先にいってしまうのは、礼を失した行為。見知らぬ人をドアマンにしてはいけません。

ときも、襟をつぶさないため、襟が椅子の背の外側になるようにする。

脱ぐときは肩から、着るときはまず両手で持ってから

上着やコートを脱ぐとき

まず、右手で上着の右襟、左手で左襟を肩からはずす。
次に、両手を背中側に回して、右手で左の袖口を持って、左手をはずす。
その左手で両方の袖口を持って、右手を抜く。
脱いだ上着は、きれいにたたんでから椅子や腕にかける。

狭い場所でも、この方法ならもたもたしないで上着が脱げる。

脱いだ上着はきれいにたたむ。

着るとき

1 上着の前面を自分のほうに向けて、肩のあたりを両手で持つ。

ついでにかたちを整える。

2 最初に左手を左袖に通して、上着を左肩にかける。

右手で左袖に通す。

3 次に、右手を後ろに回して右袖に通して、最後に襟もとを整える。

完了！

大切な人は安全第一、階段では手すり側へ

企業の講習会で、「階段を上がるときは、お客様が先ですか、案内人が先ですか」という質問をよくされます。私は、階段でも、通路と同じように先導したまま上がり下がりしてかまわないと思っています。ただ、階段では安全のことを第一に考えて、お客様は真ん中ではなく、手すりのある側を歩いていただいて、その斜め前か同じ段を自分は半身になってご案内しましょう。

安全を第一に考えることは、会社にいらしたお客様だけでなく、年配の方やからだの不自由な方、自分にとって大切な人すべてにいえること。この場合はこうしなくては、と杓子定規に考えないで、臨機応変に対応していくことでマナーのセンスも磨かれます。

1行マナー講座 上着やコートを腕にかけるときは襟が外側を向くように、椅子にかける

用件を終えても電話はすぐに切らない

電話はかけたほうが先に切る

こちらが「失礼いたします」と言うか言わないかのうちに先に電話を切ってしまう人がいます。用事があって電話をしてきているのですから、かけたほうが先に切るのが基本といえるでしょう。

しかし、相手が目上の人や大切なお客様の場合には、相手が電話を切るのを待ってからゆっくり切ったほうが、相手を立てることにつながります。

伝えたいことを一方的に伝えてさっさと切ってしまうといった失礼を防ぐためにも、「用件は以上です。ありがとうございました」と話を終えたら、二つ、三つ数えるくらいのタイミングで受話器を置くクセをつけるのはとてもよいことですね。

途中で切れたらかけたほうがかけ直す

電話をかけて、指名した人に取り次いでもらう途中で電話が切れてしまったときは、どうしたらよいでしょう。

自分のミスのときはもちろんですが、相手の操作ミスなどで電話が切れてしまったときも、基本的には、用件があって電話をかけたほうがかけ直します。

かけ直して相手が出たら、「電話が切れてしまったようで申し訳ありません」とひと言お詫びをすると、きっと好感をもたれるでしょう。

顔の見えない相手に応対するのが電話ですから、第一声が大事。かけたときも、受けたときも、明るい声で応対します。

もし相手の声が聞き取りにくくても、「えっ、よく聞こえません」では社会人として失格。あからさまに言われた相手はきっと不快になるでしょう。そんなときは、「お電話が少し遠いようですが」と電話機のせいにしてしまうのがよいようです。

1行マナー講座　電話は着信音が鳴ってから２コール以内に取るのが原則。

社会人の基本の「き」 電話応対マナー

電話を取ったが相手が名乗らない

✕「お宅の名前は？」「あなた誰ですか？」「どちらさんでしょうか？」

○「失礼ですが（恐れ入りますが）、どちら様でいらっしゃいますか」

頭に「失礼ですが」「恐れ入りますが」といったクッション言葉をつけて、丁寧に尋ねるのが基本。とくにビジネスでは、会社名や名前を名乗らなかったり、「部長さんはいらっしゃいますか」といったように肩書だけしか言わない電話は、セールスなどの可能性があるため、軽々しく取り次がないようにする。

電話の相手の声が聞き取りにくい

✕「よく聞こえないんですが、もっと大きな声で話してください」

○「恐れ入りますが、お電話が遠いようです。
もう一度お名前を伺えますでしょうか？」

当然、こちらは、明るくはっきりと話すこと。また、電話応対にメモとペンは必須。何度も聞き直さなくてすむように、メモを取りながら聞いて、「○○社の△△様でいらっしゃいますね」と確認する。

相手の話す内容が理解できない

✕「おっしゃっている意味がよくわからないんですけど」

○「恐れ入りますが、私ではわかりかねますので、担当者に替わります。しばらくお待ちください」「申し訳ありませんが、その件につきましてはあらためて担当者からご連絡を差しあげます」

曖昧な返事をしたり勝手に処理をしてしまわないで、必ず担当者に任せること。ただし、相手から聞いたことは担当者に伝えるのを忘れずに。相手に同じことを何回も言わせるのは絶対に避ける。

休日や夜間に上司の自宅に電話をする

✕「○○会社の△△ですが、部長はいらっしゃいますか」

○「○○会社□□課の△△と申します。いつもお世話になっております。
夜分恐れ入りますが（お休みの夜に申し訳ありませんが）、
部長はご在宅でしょうか」

応対に出た上司の家族に日頃お世話になっているお礼と休日や夜分に仕事の電話をしたことを詫びたうえで、取り次ぎをお願いする。

外出中の上司に家族から電話が入った

✕「△△は、ただ今外出しております」

○「部長は、ただ今お出かけになっています」

ビジネスでは社外の人に対して、自社の人間は社長のことでも「さん」はつけない、尊敬語を使わないのが決まり。しかし、電話の相手が、上司の家族であることを告げている場合は、この決まりにあてはまらない。同僚でも、家族から電話が入ったときは、「さん」をつけ、尊敬語を使う。

1行マナー講座 3コール以上の場合は最初に「お待たせいたしました」のひと言を。

ビジネスシーンで

ケータイリテラシー向上で能力アップ

会議中は携帯電話に出ないのが基本

会議中や打ち合わせ中は、携帯電話の電源は切るかマナーモードにしておき、電話に出ないというのが基本中の基本です。

しかし、今ではビジネスツールとして欠かせない携帯電話ですから、緊急時に連絡がつかないというのでは、仕事に支障が生じかねません。

会議中に間違いなく電話がかかってくることがわかっていたら、「緊急の連絡が入るかもしれませんので、その際は失礼いたします」と同席する人にあらかじめ断っておくとよいでしょう。

予定外の緊急電話がかかってきたときは、すばやく電話に出て、出席者にひと言謝って席をはずします。会議を中断させてしまうわけですから、用件は簡潔にすませて急いで席に戻ります。会議をしている席で話をするのは厳禁です。

携帯番号は個人情報、気軽に教えない

便利なことに携帯電話の画面には発信者が表示されますし、着信履歴も残ります。かかってきたとき、画面を見て差し支えない相手でしたら、会議が終わってからかけ直すことをおすすめします。

上司あてに電話が入りましたが、あいにく外出中。緊急の用件があるとどんなに強く言われても、上司の携帯番号や出張先を、相手に教えてはいけません。

いったん上司に連絡をして、急ぎの電話が入ったことを伝えて指示をあおぎます。できれば上司から相手に直接連絡を取ってもらうのがベストでしょう。

急ぎの用件でなければ、上司は外出しているがどうしたらよいのか、相手の意向をうかがうようにします。電話をいただきたいと言われたら、そのむねを上司に伝えます。

かける・受ける・使いこなす　携帯電話のビジネスマナー

名乗ったあとに「ただ今、お時間よろしいでしょうか?」

応答はしたけれど、ゆっくり話していられない状況はよくあること。とくに携帯電話にかけたときは、相手が社内にいるのか外出先なのかがわからない。こちらからかけたときは、はじめに名乗ったら、いきなり用件に入らずに「ただ今、お時間よろしいでしょうか?」と尋ねるのがマナー。たとえ親しい間柄でも、このひと言は必ず入れる。

いきなり用件に入るのはNG。
相手の状況に対する気配りを！

便利な機能をフルに活用する

相手からの連絡を待っている場合、着信があっても出られないときは「留守電」、会議室の固定電話なら出られるというときは「転送」。また多少の音がしてもかまわないときは、マナーモードやバイブレーター機能、音がしては困るときはディスプレイ点滅機能を使うなど、そのときどきに適した設定を選びたい。

「訪問・来客・商談」は留守電設定にしておく

大事な話をしているときに、いきなり携帯電話が鳴り出したら、相手はあまりいい気持ちはしないもの。電源を切るほんの短い時間でも、予期せぬ中断で、相手を待たせることは失礼にあたる。他社を訪問する前、来客の待つ応接室や会議室へ向かう前、大事な話に入る前には、留守番電話などの設定を心がけよう。

留守録はまめにチェックして「折り返し電話」をすみやかに

携帯電話は、かけるときも、かかってくるときも、急ぎの用件が多いもの。社内で離席して戻ったときや、電源オフにしたときは、会議や商談の終了後なるべく早く着信履歴をチェック。留守録にメッセージを残した人には、急用でない場合も折り返し電話をかけるようにする。

大声注意!　声のトーンは控えめに

携帯電話のマイクは周囲の騒音をカットするので、普通の声で十分に聞こえるものだが、相手の声が聞こえにくいとこちらも大声になりがち。人ごみの中や夜道で電話を受けたとき、相手が騒音の中でかけているときは、静かでまわりの人にも邪魔にならない道路脇などに移動して。道の真ん中で立ち止まって話を続けるのは、お互いに通話しづらく、周囲にも迷惑がかかってしまう。適当な場所が見当たらない場合は、場所を移動するむねを伝えていったん切り、こちらからかけ直す。

外出先での通話、カメラ機能の利用には細心の注意を

外出先での通話では、仕事関係の重要事項や顧客に関することは、相手が誰でもできるだけ話さないようにする。どうしても話さなければならない場合は、周囲に人がいないことを確認したうえで、声もできるだけ小さくする配慮が必要。
また取引先ではもちろん社内でも、むやみにカメラ機能を使うのは考えもの。たまたま写ったものが、自社や取引先にとっては重要な情報であれば、あらぬ疑いをかけられる恐れがある。

1行マナー講座　携帯電話の使用について社内ルールが決まっていなくても、勤務中はマ

ビジネスシーンで

名刺交換は自分をアピールする絶好の機会

好感のもてる名刺のやりとりをする

1 相手の顔を見ながら「はじめまして」と言って会釈。

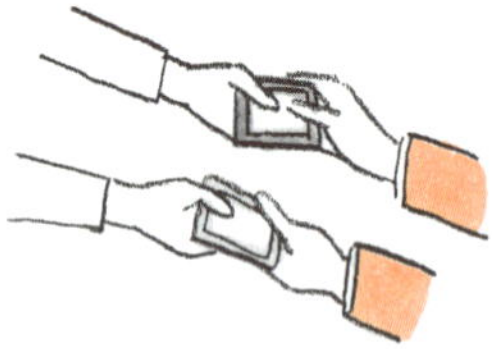

2 名刺を両手で差し出し、渡す直前に右手だけで名刺を持って相手の左手に置く。
左手で相手の名刺を受け取る。

3 受け取った名刺を両手で持ち、手の位置は胸の高さをキープして後ろに下がる。

4 名刺を確認して、あいさつの言葉を交わしてお辞儀をする。

Point デスクやテーブル、カウンター越しではなく、直接向き合って行う

受け取った名刺は腰より下に下げない

名刺は小さな紙片ですが、身分証明書でもあり、会社の信用を背負って相手に渡すものです。大きなビジネスに発展するかどうかは好感がもてるやりとりにかかっているといっても過言ではありません。

こちらから渡す名刺は、お辞儀をするときは腰より下の位置になってもかまいませんが、交換するときは胸の高さに持ちます。

受け取った名刺は、手に持ったまま腰の位置より下げずに、いつも胸の高さをキープしましょう。

びをかねてメールで連絡先を知らせるのもよい。

上司を交えて他社の人と名刺交換をするとき

名刺交換の順序は「紹介」と同じ

自社の人を他社の人に紹介するとき、名刺交換する順番は「紹介の順序」（P20）と基本的に同じでよい。３～４人ならあいさつ→名刺交換、自社・他社ともに３人以上で名刺交換する場合は、あいさつといっしょに名刺交換するが、まず上の人どうしが交換する。

A(部下)とB(上司)が他社の人C氏を初めて訪問する●3人とも初対面の場合

1. BとC氏が名刺を交換する → 2. 続いて、AとC氏が名刺交換する

初対面だが電話では何度か話して、「はじめまして」はそぐわない気がしたら、「お電話では何度かお話しさせていただきましたが、あらためまして私が○○でございます」と言うようにする。

紹介者Aが上司Bを他社の人に引き合わせる●BとC氏が初対面の場合

1. 紹介者Aは、C氏にあいさつしたあと、Bを紹介する
↓
2.「お引き合わせする機会がないままご紹介が遅くなりましたが、こちらが私どもの部長のBでございます」
↓
3. BとC氏があいさつを交わしたあと、名刺を交換する

Point

名刺を交換したあとは両手で名刺を持ち、腰より高い位置でキープする

自分の名刺は、相手の目の前で名刺入れから出して渡す。名刺を受け取ったら、両手で持ち、その手を腰より高い位置に保ったまま後ろに少し下がる。上司やほかの人が名刺交換している間も、手の位置は下げずに！

名刺を忘れても切らしたことにする

うっかり名刺入れを忘れてしまい、相手に渡すことができません。名刺の交換という重要なセレモニーができなければ、ビジネスの第一歩は踏み出せず、「だらしのない人」という印象を相手に与えてしまいます。

いずれにしても相手に名刺を渡すことはできませんので、あれこれ言い訳をしないで、「ちょうど名刺を切らしておりまして、申し訳ありません」と素直に詫びましょう。

実際は忘れたとしても、名刺を切らしていることにしたほうが、相手の受ける印象は少し違うかもしれません。嘘も方便です。

1行マナー講座　名刺を渡せなかったときは、後日郵送するのが基本。そのまえに、お詫

ビジネスシーンで

案内の秘訣は「後ろ姿を見せない」

お客様を案内するとき、歩調を合わせる

会社を訪問したとき、案内してくれる社員に速く歩かれたら、あとをついていくのが大変です。その社員がお客様に対して完全に後ろ姿を見せてしまうから、歩調を合わせることができないのです。

それに、部屋まで社内を案内するとき、社員が堂々と廊下の真ん中を歩けば、お客様は当然壁側を歩くことになってしまいます。それはいけませんね。

あくまでお客様には廊下の真ん中を歩いていただくように気を配り、お客様に近いほうの肩を軽く引いて半身になるような感じで上体を少し前かがみにすると、案内するのにふさわしい姿勢になります。

引いて開けるドアはお客様を先に通す

会議室や応接室に入るとき、お客様に先に入っていただくのが相手への配慮です。相手に背中を向けることは、「あなたに無関心です」と言っているのと同じです。

引いて開けるドアは、お客様のほうにからだを開き、ノブに近いほうの手で開けると、お客様を包むかたちになります。ドアをいっぱいに開いて、「どうぞ、こちらでございます」とひと言添えます。

押して開けるドアの場合は、お客様より先に部屋に入るのはやむを得ません。大切なお客様に、ドアを押さえていただくわけにはいきませんからね。そのときも、お客様に背中を見せないようにくれぐれも注意を。お客様より遠いほうの足から一歩踏み出すことがポイントです。ストッパーがついていたらしっかりドアをロックし、ストッパーがついていなかったら、しっかりドアを押さえたまま、「どうぞお入りください」「こちらでございます」などとひと言添えて部屋に案内します。

るところでは、「お足元にお気をつけください」とひと声かける。

案内の作法　引いて開けるドア・押して開けるドア

引いて開ける＝通路側に開くドアの場合 → お客様が先に入る

お客様のほうにからだを開き、ノブに近いほうの手で開けると、お客様を包むかたちになる。ドアをいっぱいに開いて「どうぞ、こちらでございます」とひと言添える。

押して開ける＝室内側に開くドアの場合 → 案内人が先に入る

お客様より遠いほうの足から一歩踏み出して、お客様に背中を向けないように気をつけながらドアを押して室内に入る。ストッパーがついていたらドアをロックし、いったん通路に下がって、「どうぞお入りください」などとひと言添えて部屋に案内する。ストッパーがついていない場合は手でドアを押さえて、そのまま案内する。

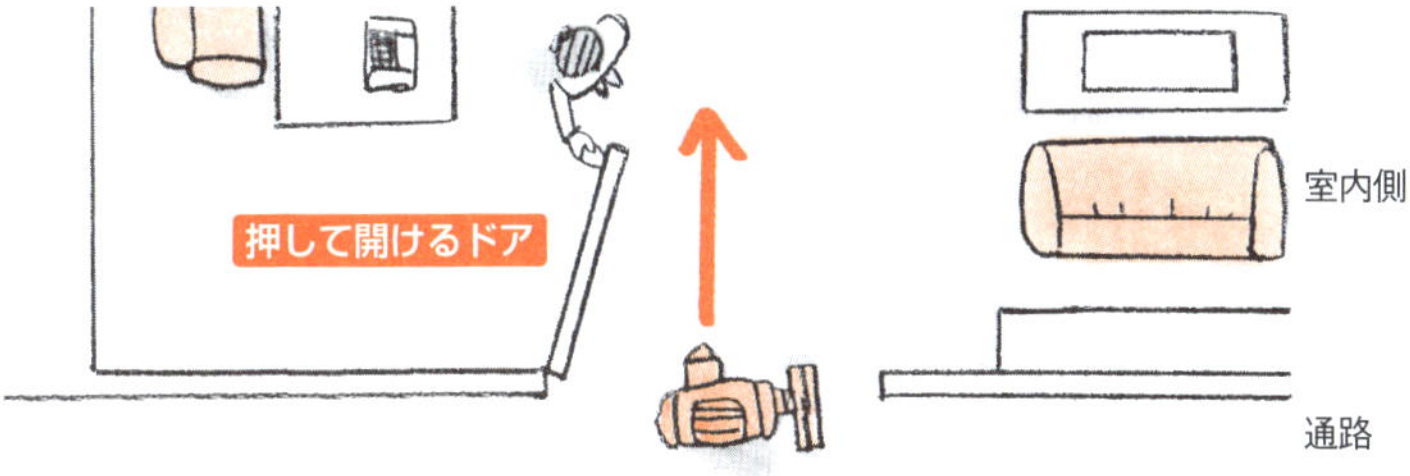

Point

ドアはノブと反対側の手で開け、あいている手で室内を指し示す

ドアノブが左側についていたら右手で、右側なら左手でドアを開ける。いずれの場合も、「どうぞお入りください」と声をかけて会釈するか、あいている手のひらで室内を指し示してもよい。

室内側に開くドアの場合は、お客様より先に入って案内する。

1行マナー講座　「応接室へご案内いたします」と行き先を告げ、途中、階段や段差のあ

ビジネスシーンで

お客様を案内したらお茶でおもてなしを

接客時は社員にも来客用の茶碗でお茶を出す

会社に商談のために来客がありました。会議室にお通ししてお茶を出すとき、お客様には来客用の茶碗を使い、社員にはふだん使い慣れているマイ・カップを使うケースがよく見受けられます。

しかし、商談というオフィシャルな席で、プライベートな持ち物を使うのは好ましいことではありません。社員にも、来客用の茶碗で出してもまったく問題はありません。

ちなみに、家庭でおもてなしをするとき、お客様は白木の箸、自分たちはふだん使っている箸を使うのは、ふだん着で接するのと変わらず失礼なことといわれます。

接客中にマイ・カップを使うのは、それと同じことです。

お客様を長く待たせるときは代わってお相手

上司との約束があるというお客様が訪ねてきました。ところが、上司の帰社がかなり遅れているようです。

応接室にお通ししたお客様には、お詫びとともに事情をきちんと説明して、上司があとどのくらいの時間で帰社できるかを伝えて判断をあおぎます。

上司が会社に戻るまで待っていただけることになったら、上司に代わって応対します。お茶を出したり、雑誌や新聞を届けたり、話し相手になってお客様の気分をやわらげ、退屈させないように配慮します。

長い間、お客様を一人のままにしておくことはとても失礼です。

1行マナー講座　会議中にお茶を持って入るときは、軽く会釈する程度でもOK。

おもてなしの心を込めて・お茶を出すときの心得

お茶を入れる

一般的に来客用に使う煎茶は70〜90度のお湯が適温。お茶をなみなみと注ぐのはNG。お茶の濃さが均一になるように、人数分の湯飲みに少しずつ順番に、七分目くらいまで注ぐ。

お盆にのせる

湯飲みがぬれていると茶托にくっついてしまうことがあるので、お茶を注いだあと、清潔なふきんで湯飲みの糸底を拭いてから茶托にのせて盆で運ぶ。盆にのらないときは、まず湯飲みを盆にのせ、あいたスペースに重ねた茶托を置く。

応接室へ運ぶ

2〜3人分くらいのお茶を出すときは、お盆を胸の高さにかかげて持っていく。応接室に着いたら、お盆を片手で持ち、あいている手でドアをノックする。その手でドアを開け、「失礼いたします」とひと声かけて室内に入る。

お盆を置く

お茶をお盆にのせて応接室へ運んだら、いったんサイドテーブルに置いてから、湯飲みの正面をお客様に向けてお出しする。サイドテーブルがない場合は、下座側（出入り口の近く）のテーブルの端にお盆を置く。

お茶をお出しする

お客様が気づかないこともあるので、お茶を出すときは必ず「失礼いたします」とひと声かけること。ただし、会話中のときは目礼だけでOK。お茶だけのときは、お客様の右側に、お菓子があるときは、お菓子を左側に、お茶を右側に必ず両手でお出しする。

両手でお出しできないとき

「片手で失礼いたします」

前からお出しするとき

「前から失礼いたします」

正面の見分け方は「模様」がポイント

模様がない・全体にある
↓
どの向きでもOK

内側か外側に模様がある
↓
お客様から見て絵柄が見える向きが正面

木目の入った茶托
↓
「木目が横向き」が正面

静かに退出する

お盆を左脇にかかえて、一礼してから静かにドアを開閉して退出する。

1行マナー講座 1時間ほどしたらお茶を入れかえるか別の飲み物を用意する。

ビジネスシーンで

感じのよい接遇で会社全体の好感度UP

名刺は腰より下で出し入れしない

上着をつけない夏場に、名刺はどこから出していますか。ズボンの尻ポケットから、しかも財布や定期入れに入れてある名刺を取り出す人がいますが、相手に差しあげたり、相手から受け取った名刺を、腰より下で出し入れしてはいけません。

身分証明書であり、会社全体の信用がかかっている大切な名刺は専用の名刺入れに収め、シャツの胸ポケットに入れて大切にあつかいましょう。上着をつけているときは内ポケットから出しますが、名刺を交換するとき、上着のボタンはきちんととめておきます。

座るも立つも、お客様よりあとに

ある会社のカウンターで、登録変更の手続きが終わってすぐ、担当者が立ち上がってこちらを向いていたことがあります。メガネや筆記用具をバッグにしまって帰り支度をしなくてはいけないのに、そのような態度をとられたら、「さっさと帰れ」とせかされているようで、あせってしまいます。

このように商談や打ち合わせが終わってから、わざわざ来ていただいたお客様より先に立ち上がってしまうのは、大変失礼なことです。

また、お招きしたお客様に「どうぞ、こちらへ」と椅子をすすめておきながら、自分が先に座ってしまうことも、相手に対する配慮を欠くふるまいです。

お客様に相対するときは、座るときも立つときも相手より少し遅らせるようタイミングを心がけましょう。

さまで」「お手数をおかけしました」「ご配慮いただき……」

できる人と思わせる言葉づかい

会社の受付で入館票を書いてもらう

×「こちらの入館票にお書きしてください」

「お〜する」は、謙譲語といって、相手よりも低い位置に自分を置いて、その自分に対して使う言葉。相手に対して「お書きする」は適切ではない。

○「恐れ入りますが、こちらにお名前をお書きください」

相手が自分の話を誤解しているようだ

×「それはまったくの誤解です。私が言いたいのは……」

相手が誤解していることに気づいても、このようにすぐに強く否定してしまったら、第三者の間で相手に恥をかかせることになりかねない。

○「私が申しあげたいのは、そのようなことではないと存じますが」

やんわりと否定して、誤解していることを相手にそれとなく気づかせることが大切。もし相手が反論してきたら、次のように受けて。

○「確かにおっしゃることには一理ありますね。ですが、……」

相手の言っていることをいったん受け止めてから、自分の意見を言うようにすると、むだな言い争いは避けられる。

応接室で長い間待たされた

×「△△さんはまだでしょうか。次の予定があるんですけど」

イライラは募り、当然相手を責めたくなるところだが、できるだけ冷静にふるまうことが肝要。

○「△△様はとてもお忙しそうですので、あとでご連絡いたします(また出直してまいります)。よろしくお伝えください」

もうこれ以上待てないというギリギリの時間になったら、取り次いでくれた人にこのようにあいさつして会社を出る。

貴重な資料を取引先に返しにいきたい

×「ご都合がおよろしければ、資料をお返しにお伺いしたいのですが」

いくら大切な取引先とはいえ、こんなに「ご」や「お」をつけたら、かえって相手は不快に感じるはず。

○「ご都合がよろしければ、資料をお返しに伺いたいのですが」

Point 丁寧も度が過ぎると……。「二重敬語」に要注意!

「そのお仕事、お引き受けさせていただきます」「取引先の□□様がお越しになられます」といったように、敬語を重ねることを「二重敬語」という。
上司や地位の高い人に対しては、丁寧に言おうという思いが強いあまりに、つい敬語を重ねてしまいがち。それによって、相手が不快に感じないとしても、敬意が高まるわけでなく、場合によっては「まわりくどい人」という印象を与えてしまうので要注意!

1行マナー講座 口癖にしたい言葉。「ありがとうございます」「恐れ入ります」「おかげ

ビジネスシーンで

ビジネスの世界で役職、席次は敬称なり

身内の名前の下にさんや役職名はつけない

テレビでスポーツ中継を見ていると、優勝した選手に「この喜びを誰に伝えたいですか」という質問。答えは決まって、「おじいさん、おばあさん、お父さん、お母さん」、身内のことを他人に話すとき、どうして〝さん付け〟するのでしょう。

身内に敬称をつけてしまうのは、会社でもよくあることです。ある会社で「申し訳ありません。○○部長は、ただ今席をはずしております」と受付の人。

○○部長というとその部長を呼び捨てにした感じという人がいますが、実は、社長、部長、課長といった役職名は敬称なのです。自社の人を紹介するとき「私どもの○○営業部長です」というのも間違い。正しくは、「部長の○○は席をはずしております」「私どもの営業部長の○○でございます」となります。

写真を撮るとき、立つ位置に気をつける

家族や友達といったごく親しい人と写真を撮るとき、どこに立つかを上下関係で細かく気にしたことなどないでしょう。

しかし、接待の場であるとか、欧米の取引先の要人との記念撮影などでは、相手によっては厳格さを求められることがあります。英語の「ライト（right）」は、「右」のほかに「正しい」「聖なる」という意味があり、大切な人はいつも自分より右側です。

国際儀礼（「プロトコル」といいます）では右上位、つまり地位や立場、年齢が上の人は自分より右側にするというのが決まりです。

日本では昔から左上位とされてきましたが、今では和室などのごく限られた場所だけで、それ以外は国際儀礼の右上位が主流になってきました。いざというときのために、知っておくとよいでしょう。

話をするかによって使い分けることが大切。

世界共通マナー「国際儀礼」・写真撮影の席次

中央が「最上位」が基本

最上位は「中央」、中央に立つ人の「右」が2位、「左」が3位という順に並ぶ。大勢で並ぶときは、2列以降も、中央から右、左というように、最前列の中央からもっとも遠い「左」が最下位となる。

2人で並ぶときは

ホストの「右」が来客の立ち位置。来日した外国人と写真を撮る場合、ホストである日本人の右側、撮影する側から見ると日本人の左側に来客に立ってもらう。

覚えておきたいビジネスでよく使う表現・言いまわし

日常表現	ビジネス表現
近いうちに	近日中
もうすぐ	まもなく
さっき	先ほど
あとで	のちほど
すぐ	早速

日常表現	ビジネス表現
これからも	今後とも
わかりました	かしこまりました
ごめんなさい	申し訳ありません
すみません	
どうですか	いかがでしょうか

仕事上のミスを謝罪するのに「ごめんなさい」は不適切。言葉づかいも公私で使い分けよう。

社名や肩書はできるだけ略称を使わない

手紙というものは命を削って書いてくださるものだと、どなたかがおっしゃっていました。もし私の名前が間違って書かれていても、封書を指先でビリビリと破いてあけるようなことはしませんが、やはり相手の住所、個人名、肩書を間違えたり省略したり粗末にあつかうことは、礼を失する最たるものと思っている方がけっこういらっしゃることは頭に入れておいてください。

相手の個人名、企業・団体の場合は、社名（団体名）や肩書には略称を使わず、名刺に印刷されたままを書くというのが基本です。ただ、相手企業の社長に対して、「社長さん（社長様）」というのは二重敬称になりますが、使われるのが慣習になっているようです。

1行マナー講座 尊敬語、丁寧語、謙譲語は、ただ知っているだけでは意味がない。誰と

「席次」で人間関係をより円滑に

なぜ席次が決まっている？

あまり上下の人間関係を意識しないですませてきた人からは、「好きな席に座ればいいじゃん」と言われてしまいそうです。

しかし、ビジネスの場では、そういうわけにはいきません。

座る席の順序を「席次」といいます。年齢や仕事上の地位（役職、肩書）が上の人、あるいは招待客が座る席が「上座」、地位が下の人や主催者が座る席が「下座」です。

このことを知らないで、上座に座るべき人を下座に案内したり、自分が勝手に上座に座っていると、相手によってはプライドを傷つけられ、そのことによってせっかくの契約も破棄、取引停止にもなりかねないほど、ビジネスの世界は上下関係に厳しいものです。

席次を侮ってはいけません。細かく配慮することが必要です。

社外、社内を問わず席次は守る

一般的には、「出入り口から遠い席が上座、近い席が下座」という決まりがあります。どこの席に座ったらよいかがわからなかったり、席を指定されなかったら、とにかく出入り口にもっとも近い席（下座）に座るのが無難です。

相手が下座に座っていることに気づいて、「もっと上座へどうぞ」とすすめることはできても、「そこは上座だから、もっと下座へ」とは言いにくいですからね。

相手から上座をすすめられたら、遠慮してはいけません。

自分が案内する側の場合は、会場の席次を確認しておきます。

席次は、社外の人との商談はもちろん、社内の会議でも守るべきものです。社内でよく使う場所は、上座から下座までの順番をしっかりと覚えておきましょう。

1行マナー講座　「席次」は敬語と同様に尊敬と謙譲を表すものである。

おさえておきたいビジネスシーンの席次・基本例

応接室

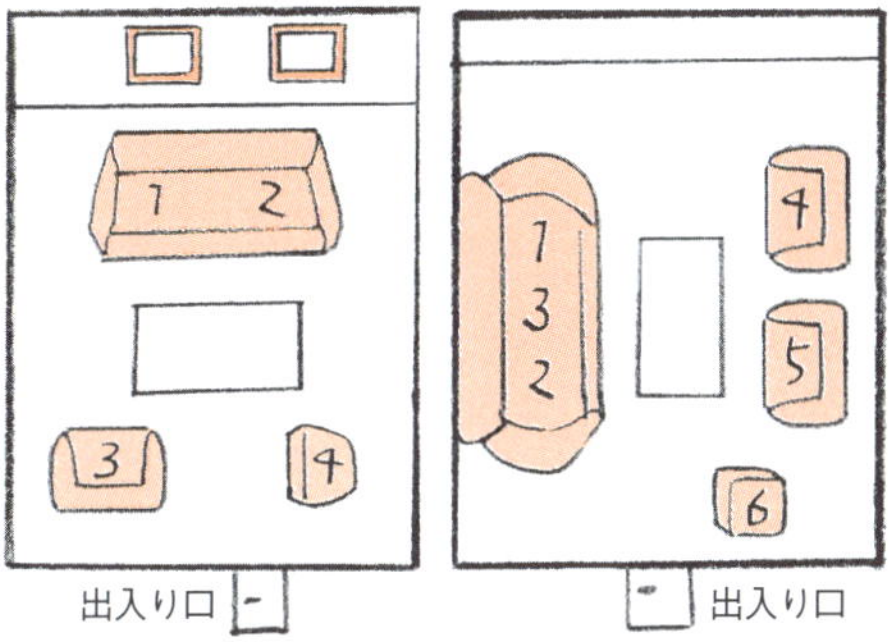

応接セット

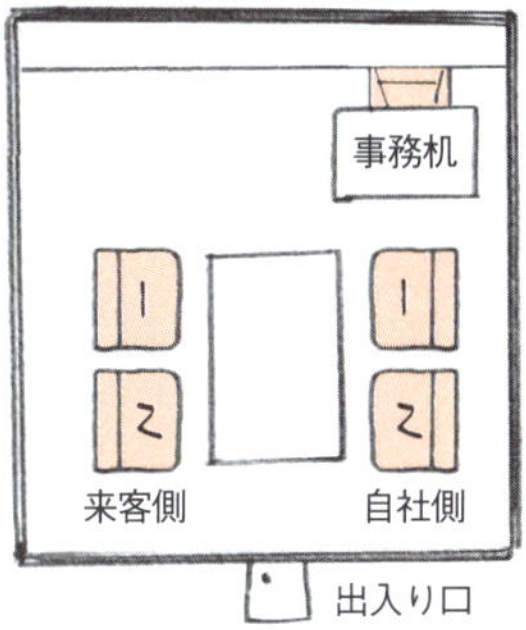

対面式の会議室

他社との会議

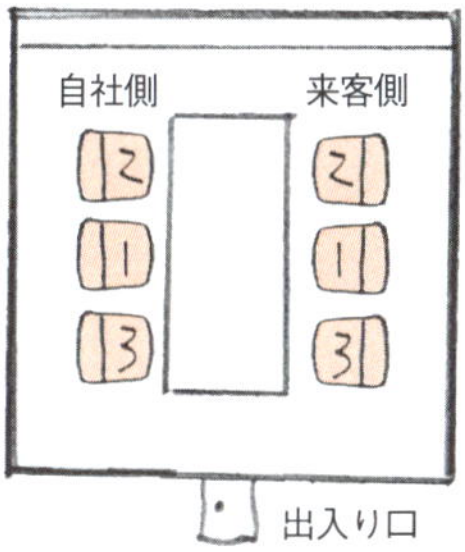

円形の会議室

Point

- **出入り口から遠く落ち着きのある場所が「上座」**
- **出入り口にもっとも近い席が「下座」のうちでも「末席」**
- **会議室では、議長席に近い場所ほど「上座」となる**
- **応接室では、椅子の種類で席次が決まる**
- **3人掛けのソファーは、原則的に真ん中が末席**

【上座】ソファー → 肘掛けと背もたれ付きの椅子 → 背もたれ付きの椅子 → 【下座】肘掛け、背もたれのない椅子
すすめる前に来客が腰掛けてしまったときは、まず上座をすすめるが、基本的には当人の好きな場所に座ってもらうのがベター。

1行マナー講座　基本的に中央に位置する場は席次が上になる。

宴会や接待も席次を意識して席を決める

和室の席次は床の間を基準にする

一面に床の間がある

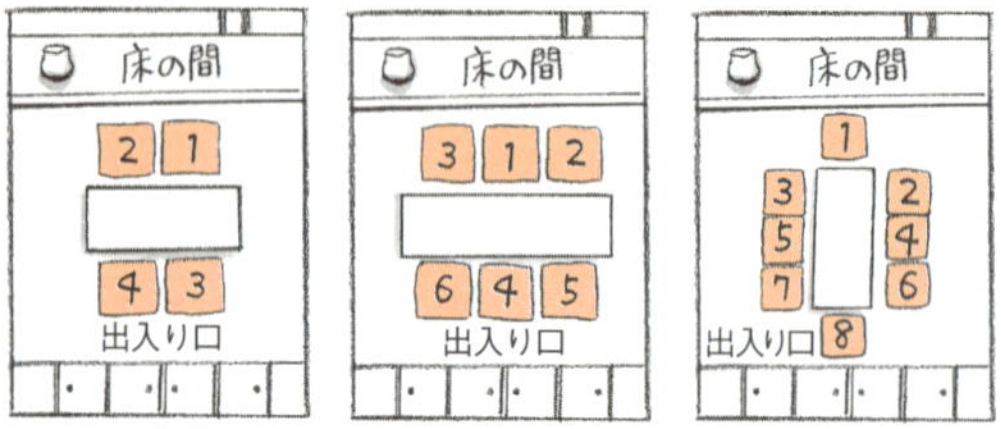

4人席　6人席　座卓を縦置きにした場合

床の間がない

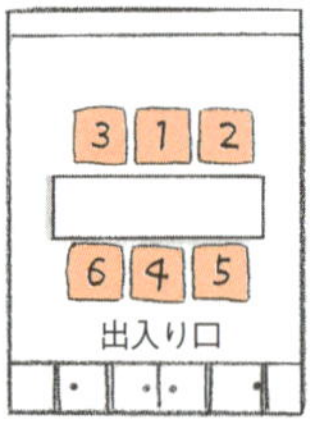

床の間が片側にある

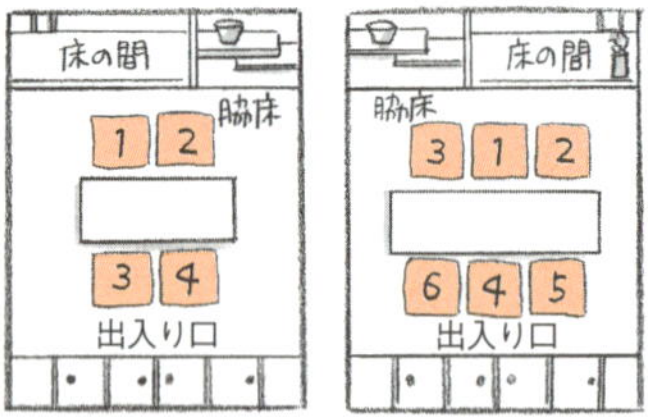

逆勝手　本勝手

下座床

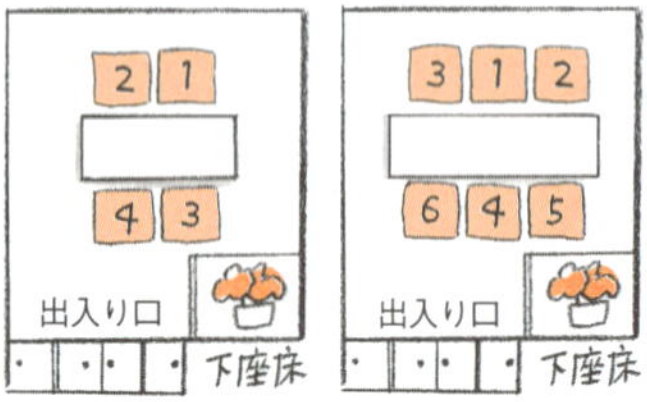

4人席　6人席

料亭や旅館などの和室での宴席の席次は、「床の間」の位置を基準にして決まる。基本的に「床の間の前」が上座、出入り口に近いところが下座。3人以上が並んで座るときは、中央が最上座となり、次いで最上座の人にとっての左、右という順の序列になる。

和室での席次は「床の間」の位置で決まる

お座敷では、床の間がポイント。床の間の前が上座、並んで座るときは、床の間から見て左が第一席です。ちなみに、出入り口から見て、床の間が右側にある場合を「本勝手」、左側の場合を「逆勝手」といいます。「下座床《しもざどこ》」といって、出入り口近くに床の間をしつらえた部屋があります。出入り口から遠いところも上座、出入り口近くでも床の間の前なのでそこも上座。序列を気にすることなくどの席に座っていただいてもかまわないという配慮がされているわけです。

人が向かい合って座ることも多い。

接待のときに役立つ・食事の席の席次

レストランの店内とテーブル

店内は、出入り口からもっとも遠いテーブルがその店の最上席。高層階にある店の眺望や、招待された人の好みも席次の基準になるので、出入り口からの遠近だけにとらわれないこと。

テーブルごとでは、イギリス式かフランス式の席次を用いるのが一般的だが、招待客の構成や店の雰囲気などを加味して席次を決めるようにする。

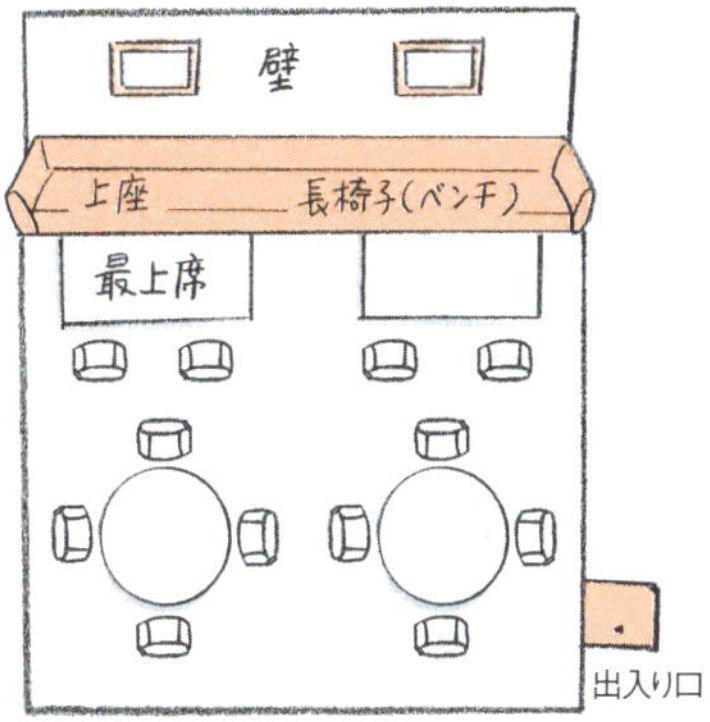

レストランの店内

フランス式
カトラリーが料理ごとに出される。

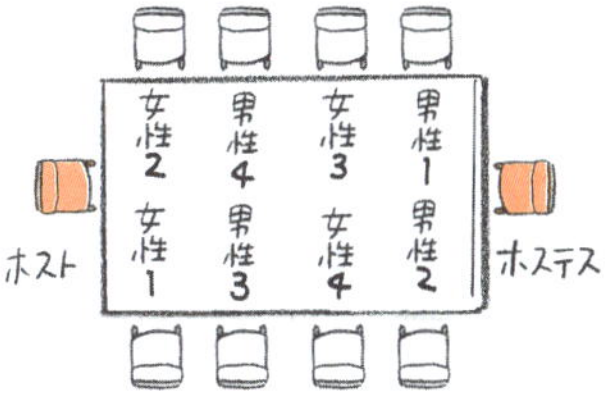

イギリス式
カトラリーがセッティングされている。日本では主流。

中国料理店の円卓

出入り口から一番遠い席が上座、主客の左、右という順番で、出入り口にもっとも近い席が最下座。接待の場合は、出入り口から遠い席に招待客、接待する側は出入り口に近いほうに分かれて座る。

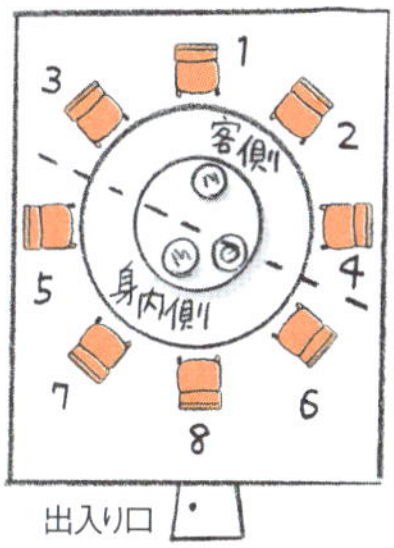

上座・下座も、融通を利かせる

席次は、出入り口からの距離で決まるとはいっても、それにとらわれすぎてもいけません。高層ビルでしたら眺めのよい席、夏なら涼しく冬なら暖かい席、長いテーブルでは端より真ん中の席、相手の希望を優先するなど状況に応じて判断します。

ただし、席次の決まりを知ったうえで配慮したことが相手に伝わらなければ、「この人、何も知らない」と誤解されたままというおそれがあります。「こちらのほうが眺めがよいので」「こちらの席のほうが涼しいので」といったように、その席をすすめた理由は相手にはっきり言ったほうがよいでしょう。

1行マナー講座 中国料理の円卓は、招待された側の最上位の人と招待した側の最上位の

ビジネスシーンで

出張や出先での「席次」は機転を利かせて

エレベーターや乗り物にも席次がある

「エレベーターにも、上座、下座がある」と聞いて、驚く方もいるでしょう。エレベーターは、ボタンの操作盤が左右どちらにあるかにかかわらず、昇降口から見て左奥が最上の席で、次にその右、ボタンの操作盤の前が下座とされています。

いくつもの会社が同居するオフィス・ビルでは、席次を意識してもなかなか守れるものではありませんが、とりあえず心得ていれば、お客様をご案内するときや上司のおともをするときに役立つでしょう。

エレベーター・乗り物の席次

エレベーター

昇降口から見て、左奥が最上位。以下、最上位から見て右側へ、昇降口に近いほど序列が下がり、操作盤の前が最下座。左側だけに操作盤がある場合は、最前列の左側、操作盤の前が最下座になる。

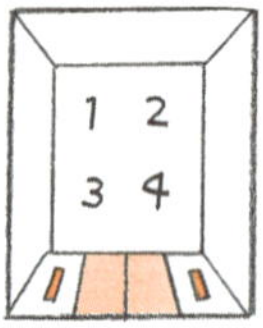

操作盤が左右にある場合

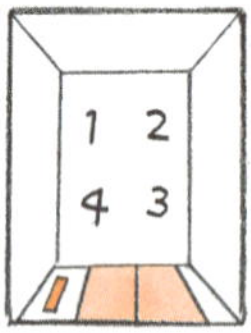

操作盤が左側にある場合

車

タクシー・ハイヤー
後部座席に３人座るときは、中央が下座に。

自家用車
マイカーでゴルフ接待のときは、助手席が最上座。

列車

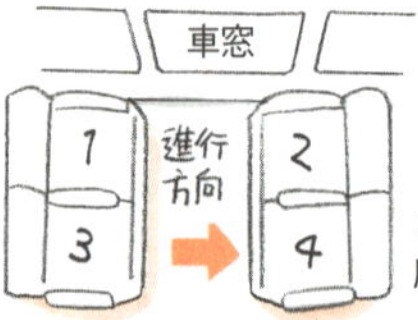

２人がけ座席

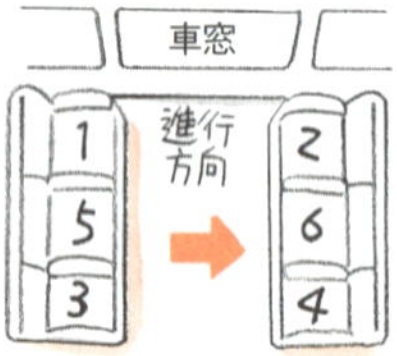

３人がけ座席

列車は、進行方向を向いた席が上座。３人がけでは中央が下座。向かい合わせの座席でない場合は、出入り口から遠いほうの席を上座にする。

5章

おつきあい

マナーは「マニュアル」にあらず。
人と人との関係をま〜るくするための
おつきあいのコツです。

訪問

ビジネスは5分前、個人宅はオンタイム

ビジネスでは5分前到着が常識

「じゃあ、駅の改札口に10時待ち合わせね」といったデートの約束のときは、10時までに待ち合わせの場所に着いていればよいのですが、ビジネスで会社を訪ねるときの約束の時間は、ちょっと違います。

たとえば、午前10時から打ち合わせをするという約束をしたとしましょう。すると、10時ちょうどに会社の受付に着けばよいと思っている人がいます。それからエレベーターに乗って担当者のところに到着するまでに時間がかかれば、約束の10時から打ち合わせをはじめることができません。

10時からの打ち合わせというのは、10時に打ち合わせがスタートすることであって、10時に相手の会社に着くということではありません。そこを勘違いしないで、受け付けは遅くても5分前にはすませましょう。

個人宅なら約束の時間通りに

個人のお宅を訪ねるときは、早く着いてしまっても、約束の時間より前にチャイムを鳴らしてはいけません。おもてなしをするほうは、約束の時間に照準を合わせて準備をしていますから、早く着いてしまったらあわてさせてしまうだけです。

訪ねる時間は、相手の食事どきやその前後は避けます。もちろん早朝や深夜も非常識です。午前中は10～11時半、午後は1～4時ごろがもっとも適した時間帯です。

「たまたま、近くに来る用事があったので」といったようなことで突然訪ねるときも、相手の都合を確認する電話ぐらいはできるはずです。電話をしてから30分から1時間ほど間をおいてから到着するようにします。

言って、玄関先で用事をすませたほうがよい。

ビジネスでもプライベートでも基本は同じ「訪問マナー」

出迎えを受けたら、まずは「あいさつ」

相手が誰でも、あいさつは、「相手より先に」が基本。先にあいさつした人のほうが、心理的にも優位に立てるそう。知人のお宅や取引先に伺ったとき、「本日はお招きありがとうございます」「お忙しい中、お時間を割いていただいてありがとうございます」のひと言が、訪問をより充実したものにしてくれるのは確実。

遅れそうなときは必ず「連絡」

約束の時間がとっくに過ぎてから「遅れそうです」という連絡をしても無意味。やむを得ず約束の時間に遅れそうなときは、どのくらい遅れそうか、余裕をもって多めに連絡を。10分ぐらい遅れそうな見通しでも、「20分ほど遅れます」と伝えておけば、遅刻をくり返す心配もない。

和室に慣れていない人は「座り方」を覚えておく

和室では、あいさつも座ってするもの。両ひざをドカッと下ろすのは大人のふるまいとはいえない。大切な訪問で恥ずかしい思いをしないように、正しい座り方を身につけておこう。

両手を両足の太ももに置き、片足を半歩後ろに引く。

後ろに引いた足のひざを静かに下ろし、床についたら反対側のひざを床につける。

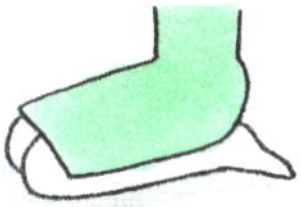

両ひざをそろえて正座をする。

立ち上がるときは、手のひらを太ももに置いて、逆の動きをする。

訪問する側、迎える側、ペットについてのマナー

訪問先の家にいる犬や猫、動物好きな人は大喜びですが、苦手な人にとっては大問題。飛びつかれたり、すり寄ってこられたり、なめられたりするのはたまらなくイヤなことでしょう。犬や猫が苦手なのは、動物の毛にアレルギーを起こしてしまうからという人もいます。

訪ねた家に犬や猫が飼われているのがわかったら、苦手なことは正直に伝えてもかまいません。迎える側も、はじめて訪ねてきた人には「犬や猫は大丈夫ですか？」と聞くのが配慮です。あらかじめ嫌いなことがわかっていたら、部屋がペットの毛で汚れていないかをチェックし、ペットの臭いを消したり、別の部屋に隔離してお迎えするようにします。

1行マナー講座 突然訪ねたときは、あがるようにすすめられても「すぐ失礼します」と

手みやげは手間ひまかけて持参する

手ぶらで行くのはなるべく避けて

「手みやげは必ず持っていくものですか」という質問をよく受けます。若い人なりの考えもあるでしょうが、私は、手ぶらで伺わないほうがよいと思います。そもそも手みやげは、自分のために大切な時間を割いてくださることに感謝の気持ちを伝えるためのものだからです。

親しい間柄であればかまいませんが、手みやげを訪問先の地元で買うのは、何も持っていかないよりはマシといったどこか型通りという印象をまぬがれません。

仕事先に対しても、手みやげの趣旨は変わりません。訪問相手が所属する部課の人の分ぐらいまではお持ちするとよいかもしれません。相手が初対面であれば、手みやげひとつが話題を提供してくれて、なごやかな場づくりにも役立ちます。

手みやげによっては玄関で渡してもよい

手提げの紙袋に入れた手みやげは、そのまま持って部屋に入り、ひと通りのあいさつがすんだら、紙袋から出して渡すものです。風呂敷に包んである場合も同じです。

ただ、アイスクリームや生鮮食品など、冷凍ものや冷蔵ものですぐにでも冷蔵庫に入れてほしい手みやげは、そのむねを伝えて玄関先で渡したほうがよいでしょう。

包みはいったん自分のほうに向け、包装紙やひもが乱れていたら調整し、包みの正面が相手に向くように置き、両手を添えて差し出します。

和室では畳の上に置き、１８０度回転させて相手に向けて両手で差し出しましょう。

洋室では、わずかにからだを前に傾け、両手で持って相手に渡します。親しい間柄のときは、紙袋もいっしょに渡してかまいませんが、そうでなければたたんで持ち帰りましょう。

を、会社だったらクッキーやおせんべいなどの個別包装のものを。

手みやげは両手で渡して、ひと言添える

手みやげは、手提げ袋から出して渡す

冷蔵庫にすぐ入れてほしいもの以外は、部屋に通されて、あいさつをすませてから手渡す。手みやげは、手提げ袋から出して渡すこと。手提げ袋は、相手が親しい間柄ならいっしょに渡してもOK。そうでないなら持ち帰る。

手提げ袋は持ち帰る。

手みやげ選びのポイント

- 相手の好みを知っておく
- 相手の地元では買わない
- できれば季節感のあるものに
- 訪問先の人数を考慮する

取引先であれば、数が多くて配りやすい個別包装のお菓子など。ホームパーティーにお呼ばれしたときは、ワインとチーズのように、その場で出しても、とっておいてもよいものを。大人だけか、小さな子どもがいるのか、相手の家族構成も把握しているとベター。

手みやげは両手で差し出す

からだを前に傾けて、必ず両手で相手に差し出す。洋室のときは、テーブル越しでなく、直接向き合って立ち、和室のときは、向かい合って正座する。渡すほうも、受け取るほうも、きちんと両手を使うのが礼儀。

渡すときには「心ばかりのものですが」と、ひと言添える

「つまらないものですが」よりも「心ばかりのものですが」と言ったほうが、相手は嬉しいはず。押しつけがましさを感じさせず、喜んでもらいたくて選んだことをさりげなく伝えよう。

「つまらないものですが」は相手次第で

手みやげを渡すときの「つまらないものですが」という常套句は、今でも多くの人が口にしているようです。もちろん、本当につまらないものを選んだはずはなく、そもそもは「誠心誠意選んだつもりですが、素敵なあなたの前ではつまらないものに思えてしまう」という意味で使われてきました。

ただ、相手によっては「ちょっと他人行儀すぎるのでは」ととられかねません。「ほんの気持ちです」「お口に合いますかどうか」といった言い方をしてもよいでしょう。

手みやげの自慢話やうんちく話は、かえって恩着せがましく聞こえるので控えます。

1行マナー講座 状況がわからないときは、個人宅なら季節感のある花や旬の果物など

チャイムを鳴らす前に身だしなみを整える

コートは脱ぐのも、着るのも玄関の外で

玄関先で、「どうぞお入りください」と言われる前にコートを脱ぐのは「早く部屋に通しなさい」と催促するようで失礼ではないかという人がいます。しかし、これは欧米での話です。

日本では、玄関の外でコートを脱いで裏返しにたたんで持って入り、部屋まで持ち込まずに、玄関の邪魔にならないところに置かせてもらいます。家の中にコートについたチリを持ち込まないようにするためです。マフラーや手袋も同じようにはずします。

荷物を持っていてコートが脱げなければ、「着たままで失礼します」とひと言断ります。

コートを着るのも玄関を出てからにしますが、室内で着ることをすすめられたら「失礼します」とひと言添えて袖を通してもかまいません。しかし、手袋とマフラーだけは外に出てから身につけましょう。

脱いだコートはきれいにたたむ

脱いだコートをグシャグシャにまるめて置いたり、袖の先を引きずりながら腕にかけて歩くのはみっともないことですね。簡単に、きれいにたたむ方法があります。

①コートを脱いだら、前面から両肩の部分に両手を入れて、その両手を合わせます。

②右の手首を上にひねるようにして右肩の部分を裏返しにして、左肩と重ね合わせます。左手は肩の部分に入れたままで、右手で襟をつまみます。

③左手を肩の部分に入れたまま、襟をつまんだ右手を2～3回軽く上下させます。

コートは裏返しのまま二つ折りに。そのまま腕にかけるか、玄関に置くときは軽く折りたたみます。

向かうこと。無人受付でも油断しないように。

簡単で、きれいにコートをたたむ方法

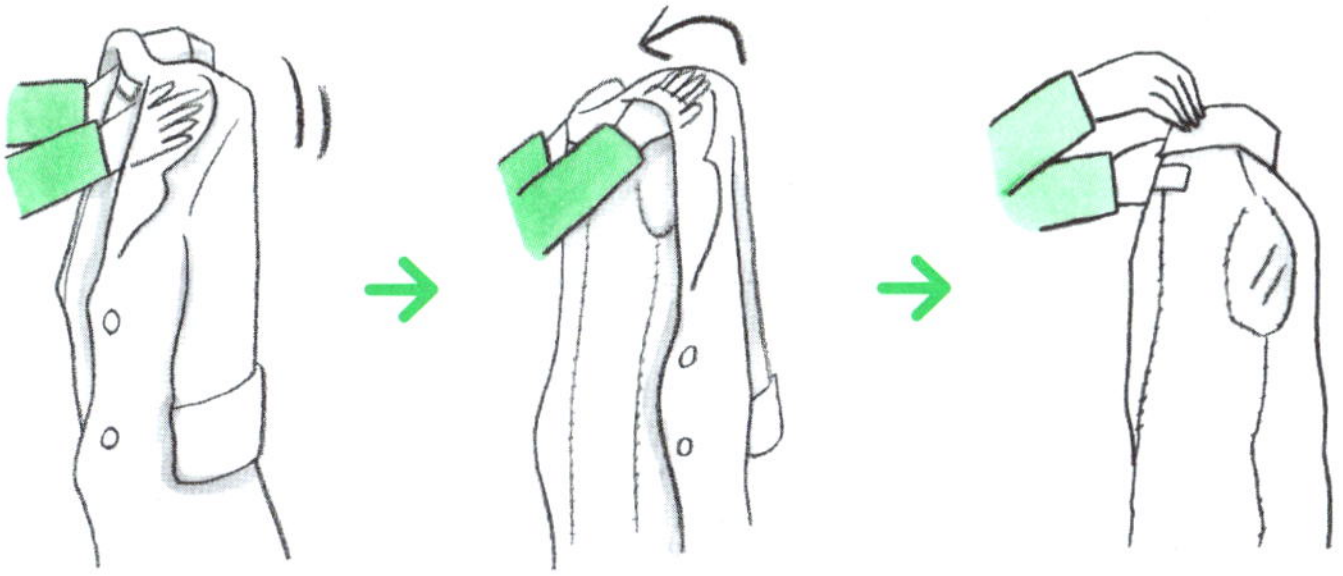

1 両手を両肩の部分に入れて、その両手を合わせる。

2 右手首を上にひねるようにして、右肩部分を裏返しにして、左肩と重ね合わせる。

3 右手で襟をつまみ、左手を入れたまま、右手でコート全体を2～3回上下させる。

Point ビジネス訪問のときは、受付に行く前に、コートを脱いで身だしなみを整えておく。受付に行く前にトイレがある場合はそこで身だしなみを整えるとよい。

脱ぐのも、着るのも
玄関の外

脱いだコートは軽くたたんで、玄関の邪魔にならない場所に置かせてもらう。

コートを脱ぐとき
マフラーや手袋
もはずして、カバンの中へ

ビジネス訪問でも同じ。
コートは
受付に行く前
に脱いでおく

腕にかけるときは、裏返しのまま、コートをきれいに二つ折りにする。

雨の日にはハンドタオルと靴下を持参して

雨の日に訪問したとき、傘やレインコートのしずくは、玄関の外でしっかりと落とします。傘は傘立てか、ない場合は玄関の外に置きます。

激しい雨のときは、靴下までビチャビチャにぬれてしまうことがよくあります。もちろん、ぬれた靴下のままであがることはゆるされませんが、靴下を脱いで素足でというのも禁止です。

雨の日に外出するときは、あらかじめハンドタオルと替えの靴下をカバンの中に入れておけば安心です。

そして、お客様を迎える側も、雨の日には玄関先にタオルを用意しておくのが心づかいというものです。

1行マナー講座 ビジネス訪問では、訪問先の社屋に入る前にコートを脱いでから受付に

訪問

座布団は踏まない、動かさない、返さない

座布団に座るのはすすめられてから

和室に通されたとき、たいていの場合は、座布団をすすめられます。お客様を迎える側としては、それが当然なのですが、訪問した人が、すすめられないうちに座布団に座るのは不作法というものです。

座布団の上を歩いたり、踏んだままであいさつをしたり、足を使って移動させたりと、座布団のあつかいにはとても無頓着な人が多い気がします。狭いお店では仕方がないときもありますが、踏むということは、他人様の大事な持ち物を粗末にあつかっていることと同じです。座布団は決して踏まないように。座布団をあてるとき、はずすときも、いったん横に座って、丁寧にあつかうのが礼儀です。

座布団は動かさない、返さない

「私は、こちらの席のほうが」と座布団を持って部屋の中を移動するのはいけません。座布団があらかじめ置かれているのは「どうぞ、そこに座ってください」という意味が込められているからです。葬式や法事のときも、焼香台の前に置いてある座布団は遠慮せずに使ってかまいません。

また、置かれている座布団をひっくり返したり、自分が座っていたものをひっくり返して人にすすめるのは間違い。座布団にも、表裏や正面があって、きちんと置かれてあるものだからです。

座布団の真ん中にとじ糸があるのが表、脇に縫い目のない（輪になっている）ところが正面です。座布団カバーがかけてあるときも輪のところが正面です。

それまで座っていた座布団を人にすすめるときは、表面をなでるようにして、シワや温もりをとるしぐさをするだけでかまいません。

バーをかけていない座布団を使う。

いつでも、どこでも座布団は大切にあつかう

座布団には **正面と正しいあて方** がある

座布団を粗末にあつかうことは礼を失するふるまい。もてなす側になったとき、宴席などで人に座布団をすすめるときのためにも、正しい座布団のあつかい方を知っておくことが大切。

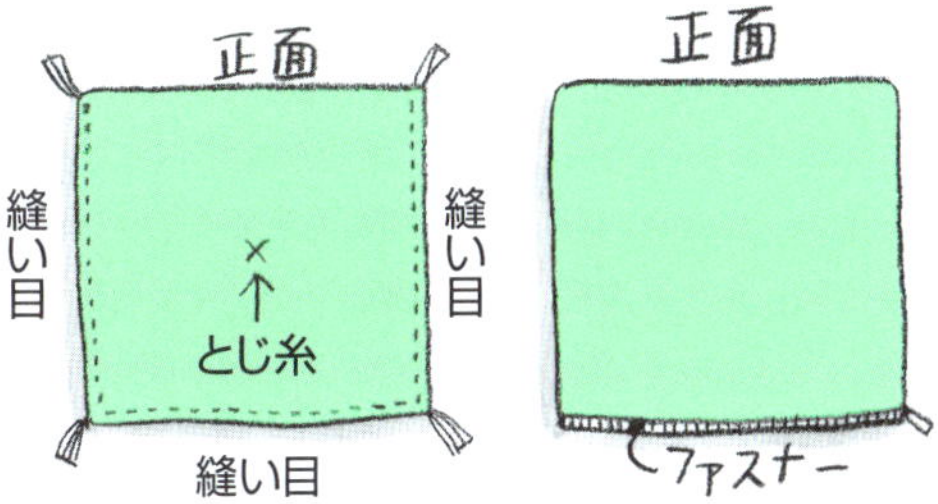

とじ糸があるのが「表」、脇に縫い目がないところが「正面」。カバーをかけてある場合も、縫い目がないところが正面になる。

座布団をあてるとき

座布団の後ろか横にいったん座る。
（座り方はP131を参考に）

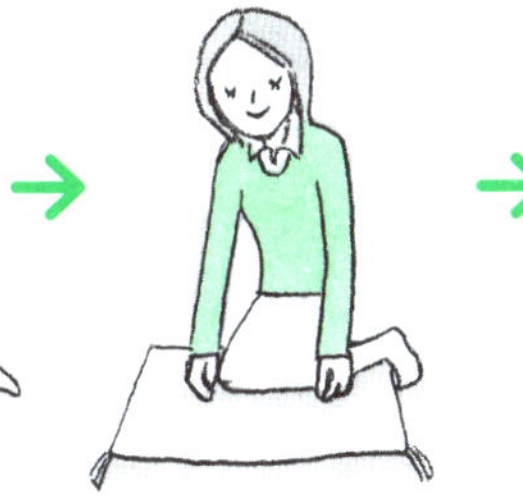

両手を座布団の上につき、からだを支えるようにしてひざからにじりあがる。

座布団のまん中にきちんと座る。

素足＝ノーメイク、訪問にはふさわしくない

個人のお宅を訪問するときや法事などの儀式に出席するとき、素足であがってはいけません。足袋や靴下、ストッキングは必ず着用します。足の汚れを、室内に持ち込まないようにするためです。

素足で訪問するということは、ノーメイクで人と会うのと同じことで、訪問先に失礼なことです。ましてや目上の人や上司のお宅に伺うとき、あらたまった食事会、集まりにお呼ばれしたときには、メイクや装いばかりでなく足もとも、TPOに適うよう気配りをするのが社会人の常識というもの。

夏、素足にサンダル、浴衣に下駄というときにもソックスや白い足袋を持参して、玄関ではくような心配りが大切です。

1行マナー講座 座布団カバーは汚れよけにかけるもの。来客時やあらたまった席ではカ

訪問

大人のふるまい・おもてなしを受けるとき

嫌いなものに手をつけて残すことは失礼

甘いものがとても苦手。そんな人が訪問先で甘いお菓子を出されたたら、どうすればよいのでしょう。

せっかく出していただいたので手をつけてはみたものの、やっぱり食べられずに残してしまったというのは、実はとても失礼なことです。嫌いなものは、はじめから手をつけないままにしてはいかがでしょうか。

ただ、黙って手をつけないというのはいけませんね。「せっかくなのですが」と前置きして、「たった今、食事をすませてきたばかりで」「今、甘いものにドクターストップがかかっていまして」とあたりさわりのない理由を伝えたほうがよいでしょう。

おもてなしをする側も、食べ残すというもったいないことにならないように、あらかじめ好き嫌いを聞いておいたほうがよいかもしれません。

お茶の入れかえどきが「おいとまどき」

いろいろもてなしていただきながら楽しい時間を過ごしているときに、おいとまはなかなか言い出しにくいものです。

きっかけとしてもっとも自然なのは、お茶を入れかえてくれるときです。「お茶のおかわり、いかがですか?」とすすめられたときなら、「いえ、けっこうです。そろそろ失礼しますから」と言いやすいでしょう。会話が途絶えたときや、相手に電話がかかってきたときも、一つのきっかけになります。

「まだよろしいのでは」と引き止められても、「ありがとうございます」と礼を述べたあとに「でも……」と理由を続けて帰り支度をはじめます。

ボなど小さなフルーツは、直接手でつまんで食べてもよい。

おいしくいただくために・きれいな食べ方

カップの持ち方
カップの持ち手には指を通さないで、挟むように持つ。

ケーキ
先のとがったほうから食べると倒れにくい。食べ終わったら銀紙を軽くたたんでフォークの先を入れる。

ホットケーキ
いったんはずしてバターを塗り、重ね直して十字に切ってから全体にシロップをかける。

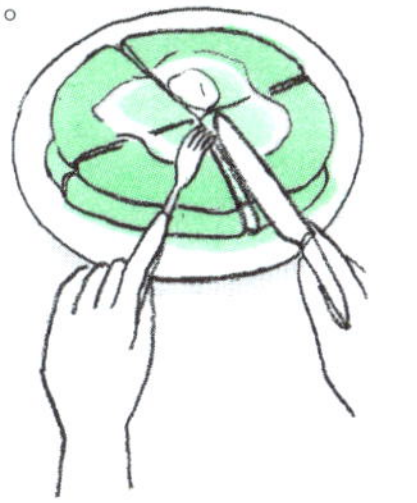

シュークリーム
フタのシュー皮にフォークでクリームをつけながら味わう。下の部分は一口大に切って食べる。

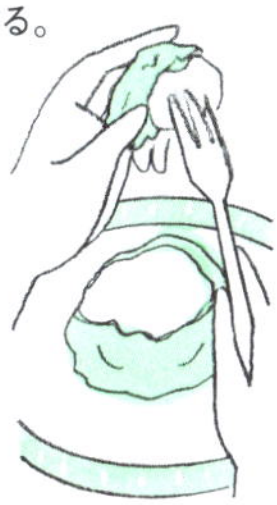

和菓子
生菓子は、黒文字（楊枝）で一口大に切って口に運ぶ。干菓子はそのまま手で口に運んでOK。

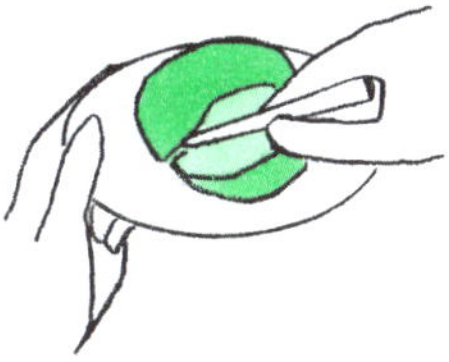

ちらし寿司
ネタを一つずつ醤油につけてご飯とともに食べる。

家庭で出された料理に調味料は使わない

レストランのテーブルには、塩とこしょうがセットで置かれていることがよくあります。香辛料がとても貴重だった時代、それを置くことがお客様に歓迎の心を表したといわれています。

今でもテーブルの上に、あまり使うことのない塩やこしょうが置かれているのは、その名残。いわば装飾のためなのです。

料金を支払う客としての立場ならともかく、家庭に招かれるのは最高のもてなしの場です。そこで出された料理に、塩やこしょうなどの調味料をかけてしまうのは、心を込めてつくってくださった方にとても失礼なふるまいといえます。くれぐれも気をつけましょう。

1行マナー講座　サンドイッチやハンバーガーは両手で持って食べる。ブドウやサクラン

おもてなし

家の中を整え、おもてなしの準備をする

お客様が来る前に室内を整える

自宅にお客様を迎えるときには、気持ちよく過ごしていただけるように家の中を整えておきます。大事なチェックポイントは、玄関、客間、そしてトイレ。玄関は、外も中もきれいに掃き清めて、出したままの靴があったらすべて片付けます。スリッパを用意して、花も飾ると玄関の雰囲気が明るくなり、お客様をお迎えするのにふさわしくなるでしょう。

客間は、お客様が見える直前まで窓を開けて、空気の入れ替えを十分に。ほかに、お客様の目に触れそうな場所、お客様が子ども連れの場合は、触られると困るものなどを片付けておきます。和室なら、座卓の上をきれいに拭いて、座布団も忘れずに用意しておきます。

テーブルの花は顔が隠れない高さに飾る

部屋の片付けとおもてなしの準備は、約束の時間の20分前までにはすませておきたいですね。お客様が見えてからあわてないように、お湯を沸かし、食器やお盆、お菓子をすぐ出せるように用意しておきます。

お客様をお迎えするとき、テーブルの上に花を飾ってはいかがでしょう。ベランダや庭に咲いているフレッシュな花を摘み取って飾れば、わずか一輪でも、お客様のためにわざわざ活けたという心づかいが感じられます。

花は、テーブルの中央に置いたとき、相手の顔が隠れない高さに飾ります。ひじをテーブルについて腕を立て、握った指先より花の位置が低ければＯＫ。お客様に花の裏を見せないように向きにも注意します。

季節感を感じさせるものがよいですが、香りがきつかったり、花びらが落ちやすい花は避けたほうがよいですね。

椅子席の部屋にもお通しできるように準備をする。

おもてなしの3ステップ　整える・飾る・用意する

花は、お客様の顔が隠れない高さに飾る

部屋に花を飾ると、「お客様のために用意した」という心づかいを感じさせる。テーブルに飾るときは、向かい合って座ったときに、お客様の顔が隠れない高さにする。

ひじをテーブルについて、軽く握った指先より花の位置が低ければOK。

掃除、片付けは玄関・客間・トイレを集中的に

玄関、客間、トイレをつなぐ通路や照明カバー、目につく場所も掃き拭き掃除できれいに整える。空気の入れ替え、部屋の温度調節も怠りなく。

来客用のスリッパを玄関に用意

雨の日にはタオルと傘立て、上着やコートが必要な季節にはハンガーも用意する。高齢のお客様が見えるときは、履物を脱ぎ履きしやすいように椅子や靴べらを用意するなど、来客に合わせて準備をする。

お客様が見える20分前までに準備完了

訪問の約束の20分前までには、室内を整え、お茶やお菓子をすぐに出せるように用意し、服を着替えるなど自身の身支度も整えておく。
お客様が見えたら、玄関をもう一度チェックして、乱れたところがあれば整えてから ドアを開けて出迎える。

不意の来客には玄関先で応対してもよい

気軽にわが家を訪ねて来てくださるのは、とてもありがたいことです。それだけに、おもてなしはおろそかにできません。しかし、不意のお客様に対しては、十分な準備もできていませんし、家庭の事情というのもあります。「今、近くにいるんですけど」といった連絡があったときは、取り急ぎ、玄関、客間、トイレを見苦しくない程度に整え、あがっていただくときは「散らかっておりますが」とひと言添えます。

お客様が「ここで失礼します」と言ったら無理に家にあげないで、「時間が取れなくて申し訳ありません」と断り、玄関先で応対しても失礼ではありません。個人でもビジネスでも、やはり、アポイントメントはかかせませんね。

1行マナー講座 客間が和室でも、お客様の様子を見て、座位が大変そうならソファーや

お茶、お菓子、手料理・おもてなしの作法

お菓子は左、お茶は右に置く

「から茶で失礼」といって、お客様にお茶だけを出してはいけないものとされてきました。会社での商談のときはお茶だけということもありますが、自宅でのおもてなしのときには、お茶とお菓子はセットで。特別に贅沢なものでなくても、お客様を迎える側として、何かしらのお茶うけは用意しておきたいものです。

お茶とお菓子は、お客様がいらしたら、すぐに出せるように準備しておきます。部屋に通して、ひと通りのあいさつを交わし、お客様が席に落ち着いたら、お茶とお菓子をお出ししましょう。

そのとき、お客様から見て左側にお菓子を、右側にお茶を置くようにします。お茶を左側に置いてしまうと、湯飲み茶碗を手に取るときにお菓子に手がかかりやすく、粗相のもとになりかねないからです。

手みやげを出すときはひと言添える

いただいた手みやげは、床やテーブルの上に置きっぱなしにしないで、相手が帰るまでに別室に移します。その手みやげを、お客様に黙って出すと、「この家は、お客様が来るのにお茶菓子の一つも用意していない」と思われかねません。必ず、「お持たせで失礼ですが」とひと言添えましょう。

もし、お客様のために用意していたものと手みやげがダブってしまったら、いただいた手みやげのほうを出すようにします。

持参した人は、お持たせを期待して「さっき持ってきたあれ」などと催促してはいけません。手みやげは相手に差しあげるもので、いっしょに食べたり飲んだりしたいために持っていくものではありません。そこを勘違いしている方が多いようです。

おもてなしは「右からおしぼり、お茶、お菓子」

おしぼり、お茶、お菓子は必ず用意する

湯飲みもコーヒーや紅茶のカップも、フチに触れないように、茶托やソーサーの上にセットしてお盆にのせて運ぶ。
自宅でのおもてなしには、おしぼりを添えるとベスト。お客様から見て、右からおしぼり、お茶、お菓子の順に並べて置く。

ガチャガチャと音を立てるのはNG。鉛筆を立てるような気持ちで静かに置く。

湯飲み茶碗は茶托にのせて出す

お客様が口をつけるところに直接手で触れないようにするため、湯飲み茶碗は必ず茶托にのせて、茶托を持って出す。木目がはっきり見える茶托は、木目をお客様と平行に、木目の幅が粗いほうをお客様寄りに置いたらカンペキ！

模様が入っている湯飲み茶碗は、お客様から模様がはっきり見えるように置く。

コーヒーや紅茶のカップの持ち手は右側に。

ストローはグラスの手前に平行に置く。

泊まることをすすめられても遠慮する

楽しい時間を過ごしていて、気がついたら最終電車の時間が過ぎてしまいました。タクシーで帰るには遠いことを気づかって「今日は泊まっていってください」とすすめられても、まずは遠慮のひと言を。

泊めていただくことは、いろいろ面倒をかけてしまうものです。すすめられて、即座に好意に甘えられるようなことではないからです。

といって、固辞し続けて、せっかくの好意を無にしてしまうのもいかがかと思います。泊めてもらうと決めたら、食事の後片付けなど相手の負担を少しでも軽くする配慮は忘れずに。しかし、翌朝は、家の人が起きた気配がするまで、部屋から出ないでいるのが節度あるふるまいです。

1行マナー講座　オートロックのマンションでは、なるべく玄関を出て、エレベーターの

おもてなし

ご飯どきになったら食事を用意する

手のかかりすぎる料理は用意しない

お客様をきちんとおもてなししたいという気持ちはとても大切なことです。

しかし、そうした思いが募って手のかかる料理ばかり用意したのでは、ずっとキッチンにこもりっぱなしに。ゆっくりお話がしたかったのにというお客様にはかえって失礼になります。

事前に下ごしらえをすませてあとは調理するだけにしておく、何品かはつくりおくなどして、お客様のもとを離れる時間はできるだけ少なくするようにしましょう。

時間がなくて、できあいのお惣菜を使うときは、おもてなし用の器に、きれいに盛りつけます。野菜をゆでるだけのおひたしでも、器を選んで、盛りつけをきれいにすれば、立派なおもてなし料理になります。

店屋物を出すときは手料理を一品加える

突然のお客様や、何らかの事情で食事の準備ができないときは、店屋物ですませることは失礼にあたりません。

しかし、店屋物だけを出すのではなく、そこに手料理を一品加えてはいかがですか。

たとえば、お寿司やうな重を頼んだらお吸い物や香の物を、ピザなど洋食を頼んだらサラダを添えるといったように。時間がないといっても、そのくらいの手間はかけられるでしょう。

また、出前されてきたままではなく、自宅にある器に移し替え、来客用の箸と箸置きを添えてお出しすれば、おもてなしの心はきちんと伝わるはずです。

ナー。ただし、先方から断られたら、決して無理強いはしないこと。

おもてなしの総仕上げは「お見送り」

「またお越しください」「お気をつけてお帰りください」

出迎え以上に丁寧にお見送りする心がけが大事。お客様が玄関を出てすぐに、ドアをロックしたり玄関の照明を消すのはNG。お客様に楽しい訪問だったと思ってもらえるように、最後まで気を抜かない！

玄関の外まで出て見送る

なるべく玄関の外まで出て、相手の姿が見えなくなるまで見送ってから家の中に戻る。玄関の中で見送る際は「ここで失礼します」のひと言を。目上の人や遠方から来た人、はじめて訪問した人は、なるべく最寄りの駅やバス停までいっしょに行って見送るようにする。

Point 訪問した人はお礼状を書く

目上の人やあらたまった席に招待されたときは、封書で。ごく親しい間柄でも、おもてなしを受けたら、ハガキやメールでお礼の気持ちを伝えることを忘れずに！

お客様に泊まっていただくことになったら

お客様には一番風呂をすすめる

沸かしたて、まだ誰も入っていない「さら湯」のお風呂に入るのが「一番風呂」。さら湯は、からだに負担をかけるという説もあるが、家人が先に入ったお湯をすすめることにはためらいがあるので、お客様には一番風呂をすすめる。高齢のお客様には、浴室と脱衣所の温度差をなくし、入浴剤を入れるなど、万全の準備を。

客布団は「北枕」にならないように敷く

「北枕」は、亡くなった人を枕を北にして安置するという仏式のしきたり。今ではあまり気にする人は少なくなったとはいえ、お客様の布団を敷くときは、北枕にならないように注意する。

おもてなしのときは家族も白木の箸を使う

お客様が見えたとき、最高級の塗り箸でおもてなしをするのは、実は間違い。どんなに高級なものでも、塗り箸は何度も洗って使えるからというのが理由です。お箸にも格があって、「あなただけのためにつくった一回限りの箸」ということで、白木の箸がもっとも格上。ふだんのおもてなしでは、片側が細い片口箸、お祝いのときは神様といっしょに食事をするという意味で、両端が細い柳箸や利休箸を出します。

来客時は、お客様だけでなく、いっしょに食事をする家族も白木の箸を使います。自分たちはふだん使いの箸というのは、ふだん着で接するのと同じこと、してはいけないことです。

1行マナー講座 食事をごちそうになったときは、後片付けのお手伝いを申し出るのがマ

病気見舞いは相手の都合を第一に考える

まずは家族に連絡して了解を得る

親しい人が入院したと知って、すぐお見舞いに駆けつけたい気持ちはわかりますが、実はあまり感心できることではありません。

入院や手術の直後であわただしかったり、病状を他人に知られたくない、ベッドに横たわっている姿を見られたくないという思いもあるでしょう。そんなときに強引に押しかけられたら相手は迷惑でしょうし、いっそう落ち込んでしまうことだってあり得ます。

病気のお見舞いに行く前には、必ず家族に連絡をして病状や様子を聞き、行ってもかまわないか了解を得てからにします。

病気見舞いの時間は15分、長くて30分

入院しているとさぞかし退屈しているだろうとの思いから、ついつい長居をしてしまいがちです。

病状などによってケース・バイ・ケースではありますが、病人を疲れさせないよう、また病室には、個室でない限りほかの患者さんもいるわけですから、お見舞いの時間は15分、長くても30分くらいを目安にします。

病院によっては、面会時間が決まっていたり、面会には病室ではなく専用のスペースを設けているところもあります。仕事や家庭の事情で、決められた面会時間には行けないこともあると思いますが、ほかの患者さんの迷惑にもなりますので、病院の規則は必ず守りましょう。

また、たとえ規則にはなくても、世間一般の常識としてしてはいけないことがあります。大人数で一度にどっと押しかけないこと。同室のほかの患者さんにも、「お大事に」などのあいさつを忘れないこと。病室のドアの開閉や、履物の音が床に響かないかにも気をつかいましょう。

るので個室であっても控えたほうがよい。

病気見舞い　入院したことを知らされたら

友人知人が入院したとき

面会の可否は
家族の判断
に任せる

家族から知らせがあった場合は、面会できるかどうかは家族の判断に任せる。人づてに聞いたときも、連絡してきた人や家族に様子を聞いて、面会できる場合は、あらかじめ日時を知らせる。

面会できないときは
お見舞いの品
を家族に預ける

病気の状態によっては面会を遠慮することが「お見舞い」になる場合もある。やつれていたり痛みをともなうようなときは、花を贈ったり、家族に伝言を頼むだけにする。

面会に行くときは
病院の規則
を守る

面会に行く場合は、病院の面会時間は必ず守る。お見舞品に制限を設けている病院もあるので、気になるときは家族や病院に聞くこと。同室や同じ病棟の患者への配慮も忘れずに。

上司や同僚が入院したとき

職場のみんなで
相談して
お見舞いの仕方を決める

部下や同僚として面会にいったり、お見舞いを贈る場合、一人で判断せずに、部署全員で相談して決める。個人的なつきあいがあるときは、別途にお見舞いの品やお見舞金を贈ってもよい。

短期入院
ならお見舞いは控える

1週間前後の短期入院で病状も軽い場合は、家族を通してお見舞いの言葉を伝える程度で十分。金品を贈るとかえって気をつかわせてしまうことに。面会は、本人や家族から頼まれた場合だけにする。

「面会謝絶」は「お見舞いお断り」にあらず

私がこの仕事をはじめたころ、何かにつけて面倒を見てくださった方が入院されました。「面会謝絶と聞いていたので、お見舞いは控えたほうがよい」と勝手に決めつけて病院に伺わなかったところ、しばらくして亡くなったという知らせが届いたことが、今でも悔やまれてなりません。

ケース・バイ・ケースではありますが、「面会謝絶」は、イコール「お見舞いお断り」とは限りません。本人に面会できなくても、付き添っている家族を慰め、励まして、一日も早い回復を祈っていることを伝えることもお見舞いのうちです。メッセージ・カードを添えて花をナース・ステーションに届けるだけでも、お見舞いの気持ちを伝えることはできるでしょう。

1行マナー講座　色のどぎつい花は、本人の好みでも、病人を刺激して、安静の妨げにな

お見舞い

お見舞いに行くとき、やってはならないこと

鉢植えや香りの強い花は持参しない

病気のお見舞いに花はつきものですが、どんな花でもOKというわけにはいきません。

香りの強いユリ、花が首から落ちて不吉な椿、「死」と「苦」を連想させるシクラメン、葬式のイメージが強い菊、色があせやすいアジサイ、血の色に似ている真紅の花、「寝付く」につながる鉢植えは、昔も今もお見舞いに不向きな花に変わりありません。アレルギーや衛生上の関係で、花はお断りという病院もありますので注意しましょう。

小さなかごにオアシス（生花用のスポンジ）を入れて切り花をアレンジしたものがおすすめ。すぐに飾れますし、毎日水を替える手間が省け、置く場所もとりません。

ほかの患者さんへの気づかいを忘れずに

病気見舞いについては、してはいけないことをする人、けっこういます。

お見舞いに行きさえすればとりあえず義理は果たせる、ということだけで出向く「義理見舞い」。心のこもらないお見舞いをされては、患者さんはいっそう落ち込んでしまうだけです。

病院での無神経な会話にも気をつけたいものです。病状を根掘り葉掘り聞いたり、「顔色が悪いわね」とか「ちょっとやせたんじゃない」と正直に言ってしまっては、お見舞いも何もあったものではありません。

話題は、明るく明るく、を心がけて。「父親が危篤というときに、喪服を着た人がいてとてもショックだった」という話を友人から聞いたことがあります。葬式のあとだったのか、受付で何かの手続きをするために来ていたのかもしれません。病院という場をわきまえていたら、ちょっと色物をはおるといった配慮があってもよかったのではと思います。

お見舞いの品は、安静にできることを優先して選ぶ

花

病気見舞いといえば「花」だが、どんな花でもOKというわけではない。花店で「お見舞いに持っていく」と伝えて花束やフラワーアレンジメントをつくってもらうと安心。

かご入りのフラワーアレンジメントのように、すぐに飾れるものがおすすめ。花束にするなら花びんも用意していく。入院直後は邪魔になることもあるので、病状が快方に向かいかけたころを見計らって贈るとよい。

「寝付く」につながる鉢植え、シクラメンは、「死」と「苦」を連想させる。

○	×
かご入りのフラワーアレンジメント、やさしい色合いの花束	鉢植えの花、香りの強い花、シクラメン、椿、菊、アジサイ、真紅の花

食べ物

本人が好きなものでも、食事療法や服用している薬によって飲食を制限されている場合がある。とくに制限のないときは、お菓子や果物、ミネラルウォーターやジュースなどはお見舞いの品として人気がある。しかし、消化の悪いもの、日持ちがしないお菓子や果物などは不向き。また、ミネラルウォーターやジュースのように重いものは、多量だと病院に直接持ってこられても困ることが。いずれにしても、食べ物を贈る場合は、慎重に選ぶことが大切。

○	×
ミネラルウォーター ジュース	日持ちのしないもの 消化の悪いもの 食事制限がある場合は、食べ物全般

衣料品

親しい間柄で、本人の好みがわかっていれば、パジャマや、その上からはおるものやガウンなどを贈ると喜ばれることが多い。派手な色や模様、洗濯機で洗えない素材のものは不向き。いくら親しくても、下着を贈るのはやめたほうがよい。

○	×
パジャマ 肩かけ、ガウン	下着 洗濯機で洗えない素材のもの 派手な色、模様のもの

本・雑誌、AVソフト

退屈をまぎらわす本や雑誌、AVソフトを、病気見舞いとして贈るときは、その内容を十分に吟味する。一番よいのは、本人に聞いてみること。ただ、本人が希望しても、病室で楽しむにはふさわしくない内容のものは避けるようにする。また手術直後の人には、大笑いするようなマンガや本、AVソフトなどは、傷口によくないので控えたほうがよい。

×
興奮や恐怖を呼び起こす内容のもの 手術直後は爆笑するような内容のものは不向き

Point 安静にできることを優先した品物を選ぶ

1行マナー講座 花を贈るときは、大きな花束や、4・9・13などの本数は不吉なので、

お見舞いにはふさわしい言葉づかいがある

病人に会って、最初に何と声をかける?

弱気になったりいらついたりと、人は病気になると、健康なときよりもずっとデリケートになりがちです。病室での不用意な言葉には注意しましょう。

お見舞いに行って、本人に会ったときの第一印象をストレートに言ってしまったり、病状をしつこく聞いたり、病気の知識をひけらかすのは、してはいけないことです。

入院していると聞いて、お見舞いにきているのですから、病気の話題は、できるだけ避けるように。

病気で会社を休んでいても、病人は仕事のことで迷惑をかけていやしないかと気になって仕方がないはずです。同僚や上司など仕事関係の人のお見舞いに行ったとき、励ますつもりで「会社のほうは何の問題もないですよ」と言うのは禁句。「私なんかいなくたって、代わりはいくらでもいるんだ」と本人は受け取って、励ますどころかますます気落ちさせてしまいます。

お見舞いの品には励ましの言葉を添えて

お見舞いの品は、お宅を訪問するときの手みやげとは違います。病室を訪ね、お見舞いの品物を渡すとき、「つまらないものですが」という手みやげの〝常套句〟は、もっともふさわしくありません。早く元気になってほしいために、さまざまな思いを込めて持参するものですから、ここまで遠慮気味に言うことはないでしょう。

「気晴らしになるのでは」「○○さんの本が好きだと伺っていたので」というように、お見舞いの品に込めた思いをさりげなく伝えることが、励ましにもなり、病人はそれを見たり触れたりするたびに、お見舞いにきてくれた人の気持ちに触れることができると思うのです。

いので、先方に配送日時を連絡しておくようにする。

病状や心情を思いやり、言葉づかいに気をつける

「気分はどうですか」
「もう落ち着かれましたか」

病人に会って最初にかける言葉は、心配していたことをさりげなく伝える程度に。病状をしつこく聞いたり、病気の知識をひけらかすようなことはしてはいけない。どうしても病状が知りたい場合は、本人ではなく、家族に聞くこと。

NGワード

× 「ちょっとやせたね」「手術の結果はどうだったんですか」
「やっぱり顔色が悪いね」「原因は何だったんですか」

「仕事のことは忘れて、
治療に専念してください」

病気で休んでいても、病人は仕事のことが気にかかっているはず。励ましのつもりでも「仕事は大丈夫」などといった不用意な言葉をかけてしまうと、「私なんかいなくてもいいのか」と変に勘ぐられてしまうおそれが。

NGワード

× 「仕事は大丈夫、万事順調ですよ」
「何とかなりますから心配しないでください」

「お疲れでしょう。
お手伝いできることが
ありましたら
おっしゃってください」

家族へのねぎらいの言葉は、病人がいる前で他人から言われたら、本人にとっては、つらさの上塗りになってしまうので注意。お見舞いを終えて、病室の外であいさつをするときに、同情や慰めだけでなく、「力になりますよ」という思いを具体的に伝えるほうがよい。

NGワード

× 「看病、お疲れではないですか」「看病大変ですね」

「気晴らしになるのでは
ないかと思って」

お見舞いの品は、手みやげではなく、相手を元気づけるためのもので「つまらないものですが」は厳禁！　選んだ品物に込めた思いをさりげなく伝えることが励ましになる。

NGワード

× 「つまらないものですが」「ささやかなものですが」

1行マナー講座 重いもの、大きなものを、相手の自宅に送る場合は、電話かメールでよ

ちょっとした贈り物で感謝の気持ちを表す

表書きは「寸志」より「松の葉」

「粗品」は、相手方にものを贈るとき、贈る品物についてへりくだった、謙譲の意味を表す言葉です。簡単でちょっとした品物をお礼で差しあげる場合に、「粗品」という表書きがよく使われますが、最近では、何かを買ったときの「おまけ」の品として使われることが多くなりました。同じように現金や商品券を贈るときには「寸志」という表書きをよく使います。

「粗品」も「寸志」も、「ほんのわずかな気持ち」という意味ですが、目下の人が目上の人に贈り物をするのに使うにはとても尊大な気がします。

代わりに「松の葉」を使ってみてはいかがでしょう。「松の葉ほどのわずかな志です」という意味です。

この表書きは、ほかにも、渡すタイミングを逃してしまった結婚祝いや、上司が部下たちの集いに足す会費など、名目が立ちづらいお金を贈るときにも役立ちます。

贈り物を託送するときは送り状を出す

贈り物は、風呂敷に包んで先方に持参するのが正式とされていますが、今では託送するのが一般的です。お祝い、お悔やみ、お中元やお歳暮だけでなくちょっとした贈り物でも、別便でハガキや一筆箋を使って送り状を出して、品物を贈ったことを伝えておくとよいでしょう。

送り状は、品物よりも2～3日前に届くようにするのがポイント。突然品物が届いて相手をとまどわせてしまうこともありませんし、何かの間違いで到着予定日に届かなかったなどのトラブルも早く処理することができます。

「志」はとくに東日本で仏事のお返しの表書きに用いられることが多い。

送り状の例文・贈り物が届く日時を明記する

出張の際に歓待を受けたお礼に贈り物をした場合

拝啓　時下ますますご清祥のこととお喜び申し上げます。
先日の出張の際は、結構なお食事、たいへんありがとうございました。
また、お土産までいただき、重ねてお礼申し上げます。
心ばかりですが、○○名産の○○を送りました。
明後日には、ご自宅にお届けできる予定です。
ご家族の皆様でお召しあがりください。
末筆ながら、皆様のご健康をお祈り申し上げます。
まずはお礼申し上げます。
敬具
○月○日
音羽　太郎
山田　様

お礼をする理由
仕事関係の人には、誤解を招かないように、何に対する贈り物なのかをはっきりと書くこと。

贈った品物と届く日時
相手が対処しやすいように、どんなものが、いつごろ届くのかを明記しておく。

贈り物の意図を示す
会社としてでなく、個人として歓待のお礼に贈り物をする場合は、「ご家族の皆様で」といったひと言を添える。

日付、署名
日付と署名を忘れずに。つきあいが浅い場合は、社名も書き添える。

立場上受け取れないものは送り返してよい

ある日、贈り物が届きました。送り状を見て、贈り主に心あたりがなかったり、立場上この人からの品物を受け取ってはいけないと判断したら、そのまま上から包装して、すぐに送り返したほうが無難でしょう。

贈っていただいたことのお礼と、なぜ受け取れないのかその理由に、「今後は、どうぞお気づかいなく」のひと言を添えた手紙を同封するか、送り返したあとに別途投函することを忘れずに。

黙って送り返してしまったら、相手の心証を悪くするばかりでなく、争いごとに発展しかねません。お互いに、あとあと気まずい思いを残さないように、面倒でも、返送したことは相手に必ず伝えるようにしましょう。

1行マナー講座　「寸志」「志」は、ともに「心ばかりの贈り物」という意味で使われるが、

贈り物

品物か現金か、相手が喜ぶのはどちら？

目上の人にお金を贈るのは失礼にあたる

感謝の気持ちを込めたり、何かの記念日にお金を贈るのはストレートすぎるということで昔は敬遠され、何かしら品物を探して贈ったものでした。

しかし今では、現金そのものでなくても商品券やギフト券が普及し、贈られた人が好きなものを選べるというメリットもあって喜ばれる贈り物になっています。

ただ、現金を贈るのは失礼にあたることがあります。相手が目上の人と、いただきもののお返しの場合です。お香典と病気見舞いを除き、目上の人には、現金でなく品物を贈るのが礼儀。注意しましょう。

あらたまった贈り物の水引は、結び切り

祝儀袋や香典袋、贈り物の箱の上に結ばれているのが水引です。水引の結び方をよく見ると、結び切りと蝶結びがあり、どう使い分けたらよいのかわかりにくいものです。

そこで単純に、人生に一度しかない贈り物「結婚、葬式、病気見舞い」のときは結び切り、それ以外「出産祝い、新築祝い、お中元、お歳暮」は蝶結びにすると覚えておくとわかりやすいでしょう。

結び切りは、一度結んだらほどけないというところから、「一生に一度だけ、これっきり」という意味で、蝶結びは、すぐほどけるというところから、「何度あってもよい」という意味で使われるようになっています。

どちらにしたらよいのかわからないときは、品物を買ったお店で何のために贈るかを言えば、ふさわしい水引をかけてくれるでしょう。現金を贈る際も、市販の金封には、この表書きは何に使うのかが書いてあり、水引もふさわしいものになっています。購入前に必ず確認して、贈る目的に合ったものを選んでください。

できれば礼状を出して感謝の気持ちを必ず伝える。

一生一度は「結び切り」、何度あってもいい「蝶結び」

結び切り

のしつき
結婚

のしなし
葬式・法要
お見舞い

蝶結び

出産、新築
などのお祝い
お中元、
お歳暮

贈り物には「水引」をかける

人生に一度しかない贈り物にかける水引は「結び切り」。結婚やお祝い事に贈る品物には、水引とのしのついたのし紙、現金なら水引とのしがついた祝儀袋を使う。弔事、お見舞いには、どちらも水引だけでのしがついていないものを使う。本来、お見舞いは「のし」はつけるものだが、現代ではつけない風潮になっている。

礼状の例文・現金や商品券を贈られた場合

〈例〉親戚からの入園祝い

寒さの中にも春の気配を感じるころとなりました。
❶ このたびは一郎の入園祝いに図書券をありがとうございました。
お二人のお心づかいに一郎もたいへん喜んでおります。
❷ 早速大好きな「てつどうずかん」を買い求めました。
叔父様、叔母様へのお礼にと一郎が新幹線の絵を描きましたので、
つたないものですが同封いたします。
季節の変わり目です。お二人ともどうぞご自愛くださいませ。
取り急ぎお礼まで。

音羽太郎
花子
❸ 一郎

❶お礼の気持ちを述べる。家族へのお祝いに対しての場合は、本人の感謝と喜びの様子も伝える。

現金を贈られた場合は……

「お祝い金」というストレートな表現ではなく、「このたびは過分のお祝いをいただき～」「このたびは過分なお心づかいをいただき～」などとする。

❷お祝い金や商品券の使い道を伝える。

❸贈られた本人と面識がない場合でも、差出人の名前に必ず入れる。

礼状だけなく、受け取ったらなるべく早く電話でもお礼を述べる。子どもの進学・就職祝いの場合は、本人から直接お礼を伝えるとベスト。

1行マナー講座 親しい間柄であっても、お祝いや贈り物をいただいたら、まずは電話、

お中元・お歳暮

意外と知らないお中元・お歳暮の贈り方

お中元・お歳暮には贈る時期がある

お中元は、親や兄弟、親類、結婚式の仲人や恩師、会社の上司や仕事の取引先など、日ごろお世話になっている人へのお礼やあいさつとして、夏に贈るもの。6月の下旬から7月15日までに先方に届くようにします。また、地域によっては、1ヵ月遅れて贈る場合があります。

いっぽうお歳暮は、お世話になった人への年末のお礼やあいさつ。正月の準備にかかる「事始め」にあたる12月13日（今は12月1日）から20日ぐらいの間に届くように送ります。お正月用の食品は、30日ぐらいまでに届いてもかまいません。

お中元・お歳暮、贈る時期を逃したら

贈ったつもりが贈っていなかったことに気づいたりして、つい贈る時期を逃してしまったらどうすればよいのでしょうか。「御中元」や「御歳暮」という表書きはもう使えませんから、名目をかえて贈るしかありません。

そこで、お中元は「暑中御見舞」、目上の方に対しては「暑中御伺」とし、立秋（8月8日ごろ）が過ぎたら「残暑御見舞」、目上の方に贈るのであれば「残暑御伺」とします。

お歳暮の場合は、「御年賀」にかえて、松の内（元旦から1月7日まで）に相手に届くように贈るとよいでしょう。

基本的に、お中元とお歳暮は両方贈るもの。お中元を贈ったのに、お歳暮は贈らないというのは、本来はおかしなことです。もしどちらかいっぽうにしたい場合は、一年のお礼として、お歳暮だけにするとよいでしょう。

きは、礼状に「お気づかいなく」のひと言を添える。

贈る人も贈られる人も知っておきたい季節の贈答マナー

お中元とお歳暮は両方贈るもの

日ごろお世話になっている人に、季節のあいさつとして、お中元を贈った場合は、必ずお歳暮も贈るのが基本。もしどちらかいっぽうにしたい場合は、お中元は贈らず、一年間の感謝として重要なあいさつとなるお歳暮だけを贈る。

一度贈ったら贈り続ける

本来、お中元・お歳暮は、一度贈ったら贈り続けるもの。疎遠になっても、いきなり贈るのをやめてしまうのは、なるべく避けたい。まずはお中元をやめて、以後も疎遠な状態が続くようであればお歳暮もやめる、というように段階を経てやめるようにする。

時期を逃したら表書きをかえる

お中元・お歳暮には、それぞれ贈る時期がある。タイミングを逃したからといって、贈るのをやめたり、その年はどちらかいっぽうだけにするというのはNG。時期をずらし、「表書き」をかえて贈る。
自分や相手が喪中であっても、お中元・お歳暮は贈ってかまわない。ただし、相手が身内を亡くした直後の場合は、赤白の水引がついたのし紙でなく、お中元やお歳暮と書いた短冊をつける、あるいは、時期をずらして「暑中御伺」「寒中御伺」として贈るなどの配慮を。
お中元　6月下旬～7月15日まで、月遅れで行う地域では7月下旬～8月15日までに。この時期を逃した場合は、「暑中御見舞」、目上の人には「暑中御伺」、8月8日以降は、「残暑御見舞」、目上の人には「残暑御伺」とする。
お歳暮　12月初旬から12月20日ぐらいまで。お正月用の生鮮食品を贈る場合は、12月30日ぐらいまで。年内に届けられない場合、新年1月7日までなら「御年賀」、それ以降は、節分（2月3日ごろ）までに「寒中御見舞」、目上の人には「寒中御伺」とする。

お中元・お歳暮にお返しは不要

お中元・お歳暮に、お返しはいらない。いただきっぱなしのままで気になるときや、疎遠になっている人からのお中元・お歳暮が心苦しいとき、いただきすぎが気になるようなときは、お中元、お歳暮の名目は避け、先方が気軽に受け取れるような品物を「松の葉」の表書きなどで贈る。

贈り物の品が壊れていたら

　贈り物が届いたので開けてみたら、中身が壊れていたりいたんでいました。まさか贈ってくれた人に返すわけにもいきません。

　そのときはもちろん、そのまま黙っている必要はありません。デパートなど商品を発送した業者か、配送した業者にすぐに連絡しましょう。

　こうしたトラブルに対応するために損害賠償などの制度が設けられていることが多く、ほとんどのケースで、購入先か配送業者が取り替えてくれたり、贈ってくれた人へ代金を返金してくれます。

　ただ、トラブルがあったことは、贈ってくれた人には関係ありません。いっさいふれずにお礼状を出しましょう。

1行マナー講座　長期にわたって疎遠になっている人からのお中元、お歳暮が心苦しいと

お中元・お歳暮

「季節のあいさつ」として贈り続けるもの

お中元・お歳暮をやめる際にも気配りを

お中元やお歳暮は、一度贈ったら、毎年贈り続けるのが基本です。

しかし、おつきあいが疎遠になってしまった人に贈り続けることは、お互いに気がねが生じがちです。もうすでに、お礼の気持ちは十分に伝えたという思いがあったら、思い切ってやめてしまってかまわないでしょう。

とはいえ、これまで毎年欠かさずお中元やお歳暮を贈っていた人に対して、突然贈るのをやめてしまうのは勇気がいることです。まずは、お中元をやめて、しばらくはお歳暮だけにして、次にお歳暮もやめるというように、段階的にやめるのも一つの方法です。

唐突にやめてしまったという印象をどうしても与えたくなかったら、お中元やお歳暮という名目にはしないまでも、お年賀にしたり、旅行したときのおみやげを贈るなどして引き続き感謝の気持ちを伝えることはできるでしょう。

お中元・お歳暮にお返しはいらない

お中元やお歳暮を、いただきっぱなしのままで何もしなくてよいのかどうかも気になるところです。

しかし、どちらも日ごろお世話になっていることへの感謝の気持ちを伝えるものですから、感謝に感謝のやりとりを重ねていては、いつまでたってもキリがありません。お中元とお歳暮については、お返しをする必要はありません。

もし、目上の人から届いたり、お世話の度合いがお互い様というときや、いただきすぎが気になるといったときは、半返し、あるいは三分返しをすることがありますが、お中元やお歳暮という名目は避けます。

届いたら3日以内に。お中元・お歳暮の礼状の書き方

〈例〉お中元の礼状（親しい間柄の場合）

山田　様
① 暑中お見舞い申し上げます
猛暑の折、お元気でお過ごしのことと存じます。
② さて、このたびお中元のごあいさつをいただきました。
お心づかい、誠にありがとうございました。
さっそく家族皆でおいしくいただきました、とくに主人は、
ことのほか大好物で、たいへん喜んでおりました。
③ 時節柄、くれぐれもご自愛のほど、お祈りいたしております。
略儀ながら書面にて御礼と暑さお見舞い申し上げます。

7月15日
音羽　花子

〈例〉お歳暮の礼状（あらたまった間柄の場合）

山田　様
① 拝啓　寒冷の候、おすこやかにお過ごしのことと存じます。
お陰様で、私どもも元気にしております。
② さて、このたびは誠にけっこうなお品を頂戴いたしまして、
たいへん恐縮しております。さすがに名品なだけあって味も格別で、
たいへんありがたく賞味させていただきました。
日ごろからお世話になっているばかりでなく、
このようなお心づかいをいただいたことに心より感謝いたします。
③ 何かとあわただしい年の瀬ではございますが、
ご家族の皆様のご健康をお祈り申しあげております。　敬具

12月20日
音羽　太郎
④ 内

①前文　拝啓などの「頭語」、時候のあいさつ。相手の安否を気づかい、自分の安否を伝える。
②主文　「さて」「つきまして」など起こしの言葉のあとに、感謝の気持ちやいただいた品物の感想など、主な目的や用件を簡潔に書く。
③末文　相手やその家族の健康、繁栄を祈っているむねを書く。結語（敬具など）、日付、署名でしめくくる。頭語が「拝啓」なら「敬具」というように、頭語と結語は必ず組になっているので間違えないように。
④夫の代わりに妻が書く場合は、夫の署名の下（縦書きなら左横）に「内」と書き添える。

1行マナー講座　つきあいの浅い人には、いきなりお中元・お歳暮ではなく、何かしらの

親戚、近所とのおつきあい

快適な関係を築くためのおつきあいの心得

冠婚葬祭は、親戚の家風やしきたりに従う

それぞれの家には、家風やしきたりがあります。独自の気風、習慣、慣例、流儀、作法というものは、昔から長年にわたって慣れ親しんできたもの。それだけに、そう簡単に変えられるものでも、やめられるものでもありません。

「郷に入っては郷に従え」です。親戚での冠婚葬祭のときは、親戚の住む土地の風俗・習慣、家風・しきたりをおろそかにしないのが礼儀です。よくわからなかったら、出席するほかの親戚に尋ねてみるとよいでしょう。

近所づきあいは「ほどよい距離」が大切

ご近所づきあいは、むしろ親戚よりも気をつかうものかもしれません。親しくなりすぎても、疎遠でも困ります。自分の家のまわりの4～5軒くらいの人、マンションだったら同じ階の人や通用口でよく顔を合わせる人とは、「おはようございます」「こんばんは」のあいさつぐらいは欠かさないようにしたいものです。

また、引っ越すときのあいさつまわりは、とくに親しい人以外は前日か当日に。引っ越し先では、当日か遅くても翌日にはすませましょう。

快適なおつきあい・6つの金言

1. 夫と妻の実家、おつきあいは公平に
2. 実家では、自慢話・噂話・悪口は言わない
3. 顔見知り程度でもあいさつはきちんと
4. おすそ分けはほどほどにする
5. トラブルは自治会や町内会を通じて解決
6. ご近所の噂話にはできるだけ加わらない

6章

食事の席で

ビジネスからプライベートまで、
食事の席で恥をかかないための
テーブルマナーや食事の作法をわかりやすく解説。

作法はみんなが楽しく過ごすためにある

まわりの人に、不快な思いをさせない

食事の席でのふるまいについて、守らなければならないことがいろいろ決められています。なぜかといえば、いっしょに食事をしている人たちがお互い不快な思いをしないで、なごやかなひとときを過ごしたいからです。それに、「あの人、お行儀が悪い」とか「親の顔が見たい」などと言われたくありませんね。

決まり事にばかり気をとられすぎては、たしかに食事はおいしくも楽しくもありませんが、せめて最低限のことだけは面倒がらずに守って、さりげなく心配りすることが大切ではないでしょうか。

ゲーム感覚で楽しんで身につける食事作法

右手にナイフ、左手にフォークを持つことはどなたも知っていることですが、ナイフとフォークの置き方には意外なほど無頓着のようです。「まだ食べている途中ですよ」のサインになる、ナイフとフォークの置き方にも、それぞれの先をお皿の真ん中あたりに置く日本式、お皿の奥に置くヨーロッパ式、ナイフだけを奥に置くアメリカ式、私がおすすめするナイフとフォークの先をクロスさせるティファニー式があります。

さらに、ニの字の置き方にも、お皿の上に水平に置くフランス式、先が斜め左上を指すように置く日本式、垂直に置くイギリス式があります。

細かいことを言うとキリがありませんし、あまり堅苦しく考えないで、「今日は○○式でいきましょうか」と、ゲームをするような感覚で、食事作法を身につけることを楽しんでしまうのがよいのでは？

しぐさには、その人の考え方や教養が表れます。感じのよいしぐさは頭で考えてもできないもの。食事作法も、知っているだけではなく、身につけることが大切です。

コース料理の基本的な献立例

日本料理

前菜
「先付け」「お通し」「突き出し」とも呼ばれる。

↓

お椀もの（汁）

↓

お造り 季節の刺身。

↓

焼き物
旬の魚、エビなどの焼き物。肉料理の場合も。

↓

箸洗い
小さな椀に入れて出す、ごく薄味の口直しの吸い物。

↓

揚げもの

↓

煮もの

↓

酢のもの
または和えもの。ご飯を食べる前の口直しとして。

↓

ご飯・止め椀・香の物
止め椀は、味噌汁の場合が多い。香の物は漬物。

お酒を楽しむ会席料理の献立の例で、日本の伝統的な「一汁三菜」が基本になっている。

西洋料理

オードブル
前菜。食欲増進のために塩味や酸味をきかせたものが多い。

↓

スープ
ここからがメインコース。

↓

パン
スープの口直しの意味が。

↓

魚料理
消化しやすい魚料理を先に。

↓

ソルベ
口直しのシャーベット。

↓

肉料理
フルコースのメイン料理。

↓

サラダ
肉、魚料理の前に出る場合も。

↓

デザート・コーヒー

フランス料理のフルコースの場合。このほか、肉料理のあとにチーズ、デザートの最後に一口サイズの洋菓子が出てくることもある。

中国料理

前菜
（冷盆・熱盆）
「冷盆」は冷たい前菜、「熱盆」は、温かい前菜。

↓

湯菜
スープや鍋物。

↓

大菜（メイン料理）
宴席の代表になる料理が最初に出され、その後、各料理が続いて出される。

頭菜…主要料理
炒菜…炒め物
炸菜…揚げ物
焼菜…煮込み料理
蒸菜…蒸し物
溜菜…あんかけ料理
烤菜…直火焼き料理

↓

主食
ご飯や麺類。漬物やスープなども。

↓

点心・水菓
デザートとして、点心や果物で締めくくる。

主食の前に、口直しの甘い料理が出ることも。

1行マナー講座 一つの動作を終えてから次の動作に移るのが和食の作法。ご飯をお代わ

「癖」ではすまない「恥」になる

まわりを不快にさせる食事中の音は禁物

ズルズルとスープをすすったり、クチャクチャ音をさせて噛んだり、食べ物を口に入れたままでおしゃべりしたり、突然大きな声で笑ったり、ゲップをしたり、くしゃみをしたり。それにガチャガチャ音を立ててナイフやフォークを使ったり、音を立ててグラスを置いたり、ギーギーと音をさせて椅子を引いたり……。

食事中の音は、実にさまざまで、相手にもっとも不快な思いをさせてしまいます。食事中に音を立てないように十分気をつかいましょう。

食事中は背筋を伸ばす。だらしない姿勢はNG

食事中のだらしない姿勢を気にする人は、とくに年配の方に多いように思います。テーブルの上にひじをつくことも、椅子に斜めに座ることも、足を組むことも、器に覆いかぶさるように「犬食い」をすることも、してはいけません。気持ちはあくまでもリラックス、でも姿勢はできるだけ背筋を伸ばすようにしたほうが相手には好印象をもたれるでしょう。

お店によっては、男性はジャケットの着用を求められる場合があります。女性の濃いお化粧やきつい香水の香りも、食事の席にはふさわしくありませんね。食事の場の雰囲気にそぐわない服装や身だしなみは避けます。

食事中の喫煙は、せっかくの料理の味や香りを損ねてしまいます。タバコを吸う人どうしではなかなか気づきにくいことですが、タバコを吸わない人は、遠く離れた席にいても、とても敏感です。お酒を飲むとタバコを吸いたくなるようですが、自宅での食事ならそれもよいでしょう。外での食事は、ほかのテーブルにいる人のことも考えて、喫煙は我慢していただきたいと思います。

すぐにあらためたい、食事中に「やってはいけないこと」

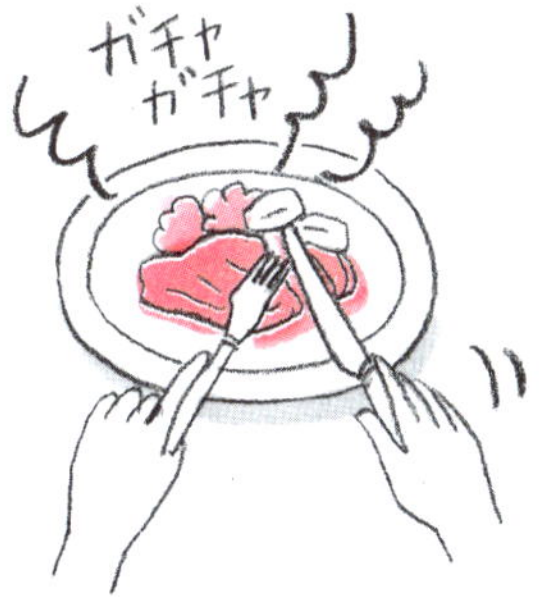

食器の音を立てる

器やお箸、カトラリーは丁寧にあつかうようにふだんから心がけること。

音を立ててものを噛む

熱いものを食べるときに、フーフーと息を吹きかけるのもNG。

口にものを入れたまま話す

食事中に会話を楽しむのはよいこと。ただし、話すのは食べ物を飲み込んでからに。

髪の毛を触る

髪をかきあげる、濃いお化粧やきつい香水の香り……。自分が「嫌だな」と思うことはしないこと。

食事中にタバコを吸う

タバコの煙が料理の味と香りを台無しに。周囲への配慮を忘れないこと。

ゲップをする

我慢できずにやってしまったら、いっしょに食事している相手やまわりの人に「失礼しました」のひと言を。

1行マナー講座 お店で通された席が気に入らないときは、満席でない限り席を替えてほ

毎日使うからこそ正しいお箸の使い方を

割り箸は扇を開くように割る

自分では気がついていないかもしれませんが、お店で見ていると、割り箸を水平（横）に割るのが癖の人と、垂直（縦）に割るのが癖の人がいるようです。

割り箸の割り方にとくに決まりはないので、好きなように割ってかまいませんが、できれば、割り箸の手前を持って箸先を開くように水平に割るほうが優雅に見えます。日本舞踊で、扇を手前からゆっくりと開くのと同じです。前に置いてある器にぶつからないように、割り箸をひざ元にもってくれば粗相をしてしまう心配はありません。

割り箸を口にくわえて「パチン！」、これはいただけませんね。

箸袋を箸置きに。使った箸は箸袋に戻す

食事中、使いかけの箸は、さて、どこに置いたらよいものやら、です。

箸置きがなく、箸袋に入った箸だけが置かれているお店では、箸袋を千代結びにしたり折りたたんで山形をつくり、箸置きの代わりにするとよいでしょう。そうしている人をけっこう見かけますが問題はありません。箸袋もないというときは、取り皿の器のフチなどに箸先を立てかけて置くのがよいでしょう。

食事が終わってから、使った箸の始末にも気をつけているでしょうか。器の上に渡すように置いたり、お皿の上に投げ出すように無造作に置いてはいませんか。

箸袋に入っていた箸は、結んだ箸袋の端に箸先を差し込むか、箸袋を広げてその中に戻すようにします。結ばずにしておいた箸袋に戻すときは、袋の端を折っておくと、使った箸ということがわかるので、お店の人にとっては親切です。使った爪楊枝も、いっしょに入れておきます。

のは厳禁。テーブルが汚れたときは、店の人に頼んできれいにしてもらう。

気軽に入れるお店でも箸は正しく使う

割り箸は扇を開くように割る

テーブルの上にある器などにぶつからないように、割り箸はひざ元で割るとよい。

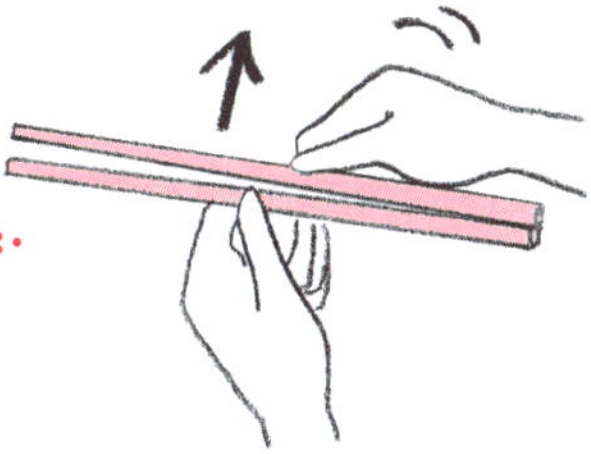

扇をゆっくりと開くようなつもりで、割り箸の手前を持って、箸先を開くように水平に割る。
左手で箸を固定、右手でゆっくりと水平に引く。

箸置きがないときは箸袋を代わりに使う

箸はテーブルに直接置かないで箸置きに戻すもの。箸置きがないときは、箸袋を折って箸置きの代わりに使う。箸袋がない場合は、手前にある小皿のフチに箸先を立てかけて置く。

簡単な折り方

縦四つ折りにした箸袋を、幅半分に折り、左右の角を中に折り込む。

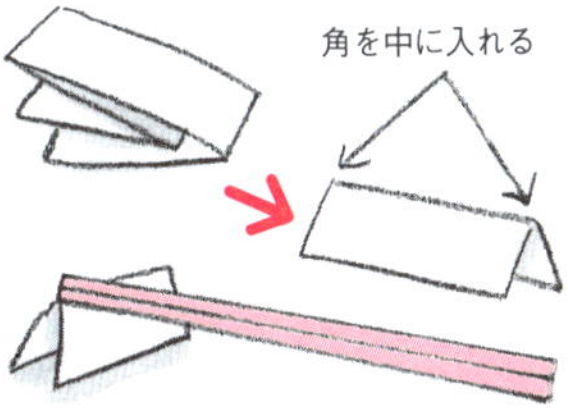

千代結び

箸袋の口を右にして、三つ折りに重ね、下側を輪の中に通す。

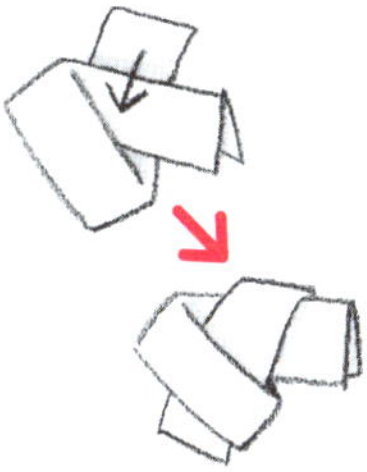

食事が終わったら箸は箸袋に戻す

食べ終わったあとは、汚れた箸先を見せないのがマナー。

箸袋に戻したときは、袋の端を折っておく。

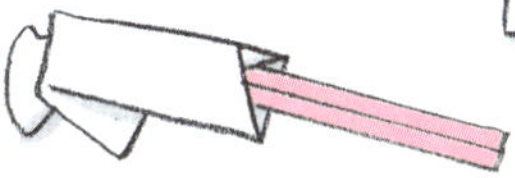

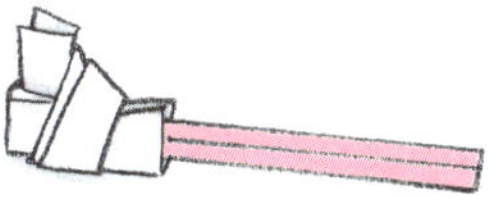

結んだ箸袋の端に箸先を差し込む。

ご飯は盛らずお茶碗に「粧（装）う」もの

ご飯は、お茶碗に「よそう」のです。「よそう」は「粧う（装う）」と書き、「装う」は「表を飾る、整える」という意味。しゃもじで2～3回に分けて、ご飯はお茶碗の七、八分目ほどにするのが美しい装い方です。

日本人が毎日のように食べているご飯や、お箸の使い方にも、いろいろな決まり事があり、それにはどれもきちんとした意味があります。日本人は幼いときから毎日箸を手にしてきて、それがよくない使い方だとは知らずに、いつもの癖が出てしまうということもあるでしょう。食事作法は毎日の積み重ねです。家族とのふだんの食事で、お互いに気がついたら教えあったりして癖を直していくのがよいかもしれません。

1行マナー講座 おしぼりは手を拭くためのもの。口元や、暑い日に顔や襟元の汗を拭く

日本料理店にて

接待や宴会で「できる」と思わせる食べ方

食べにくい料理の上手ないただき方

串物

熱いうちに串からはずして箸で食べる

焼き鳥、田楽、つくね団子などの串物は、熱いうちに串からはずして、箸で食べる。ブロシェット（洋食の串焼き）も、串の片方をナプキンの上から持ち、フォークで具を先にはずしていただく。

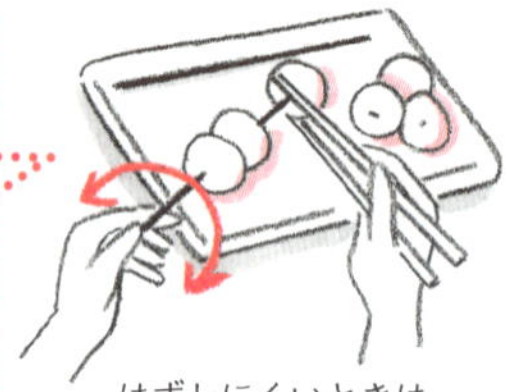

はずしにくいときは串を回す。

鮎の塩焼き

骨を抜いてから食べる

焼きたての熱いうちのほうが、骨をはずしやすい。

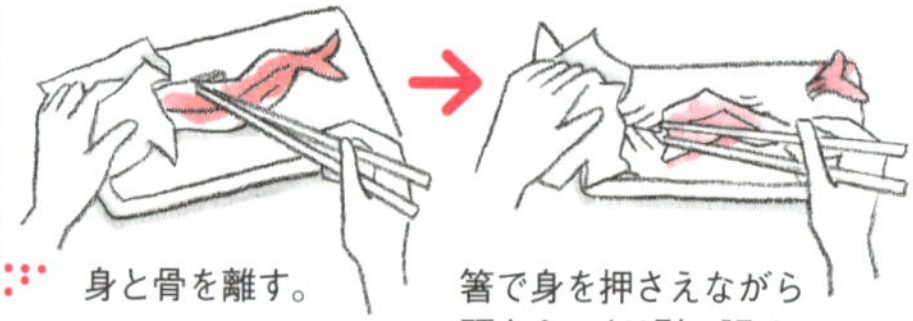

身と骨を離す。

箸で身を押さえながら頭をゆっくり引っ張る。

天ぷら

盛りつけの手前から順に食べる

天ぷらは、食べてほしい順番に、手前に味の淡白なもの、奥に味の濃いものが盛りつけられている。この盛りつけをくずさないように、手前から箸をつけていく。

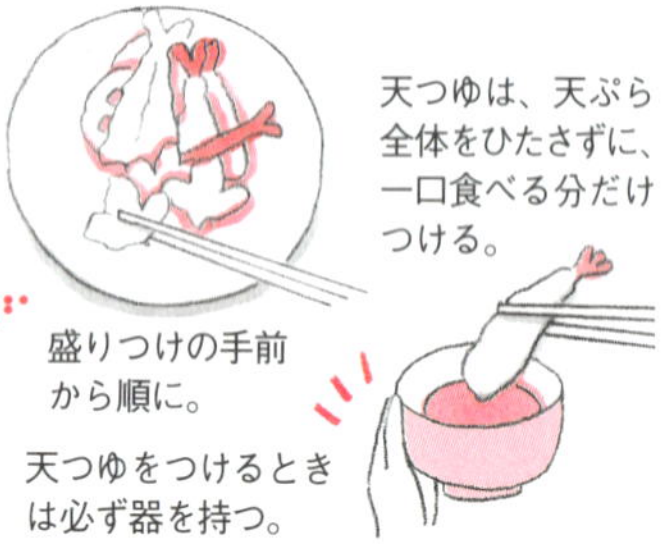

盛りつけの手前から順に。

天つゆは、天ぷら全体をひたさずに、一口食べる分だけつける。

天つゆをつけるときは必ず器を持つ。

串物は、食べる前に具を串からはずす

大衆的なお店でしたら、焼き鳥も田楽もつくね団子も気軽に串を持ってかじりつけますが、接待のときなど、お座敷ではそうはいきません。全部でも、一つずつでもかまいませんが、はじめに必ず串からはずしてから、箸でいただきます。

串は、熱いうちのほうがはずしやすいでしょう。はずしにくかったら、串を回してみます。洋食の串料理も、お皿の上で串を寝かせ、串の片方をナプキンの上から持ったままフォークを使って具を先にはずします。

歩くと、小骨を出すときに口元を隠す、汁やつゆを受けるなど重宝する。

和食のマナーをおさらい・お箸と器の正しい使い方

器は丁寧にあつかう

和食の器は、瀬戸物や塗り物が多く、手荒にあつかうとひび割れや傷の原因に。食卓やお膳に乱暴に置いたりするのは厳禁。

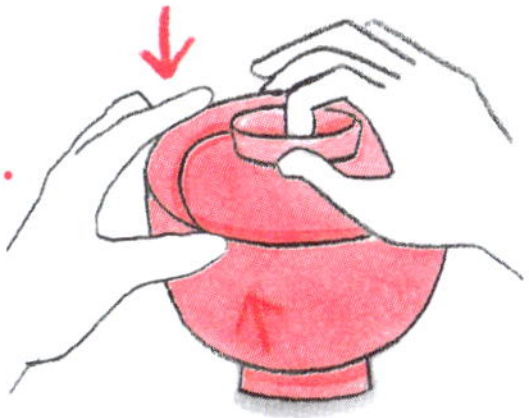

フタが開かないときは……

塗り椀は、無理矢理引っ張ると、表面が傷ついたり、中身をこぼしてしまうので注意。お椀のフチに左手の指先を添え、軽く握ると、フタが浮いて、簡単に開けることができる。

器やフタは重ねない

器は、繊細で傷つきやすいため、食べ終わっても重ねずそのままに。フタ付きの器だけは、元通りにフタをしておく。

食事中は……

茶碗とお椀のフタはそれぞれ両脇に置いておく。

器を持って食べる

大きな器以外は、きちんと手に持って食べる。置いてある器に口を近づけて食べたり、手を受け皿のようにして料理を口に運ぶのはNG。

こんな食べ方は……

「手皿《てざら》」はNG。器が大きくて持ちあげられないときは、フタなどを使って。

器を持って食べれば「犬食い」にならない！

鮎の塩焼きは骨を抜いてからいただく

鮎の塩焼きは、焼きたてを両手で持って丸ごとがぶりといきたいところです。しかし、外での食事でそれができない席のときには、食べやすい方法があります。

①懐紙を使って頭を軽く押さえ、箸で背びれと腹びれを取ります。

②頭から尾に向けて、箸で押していき、身を骨から離れやすくします。

③箸で尾を切り、箸で身を押さえながら頭を引っ張ってゆっくり骨を抜いていきます。

熱いうちにします。あとは、一口分ずつほぐして口に運びます。

1行マナー講座 日本料理店によく行く人は、茶席で使う懐紙（和紙のナプキン）を持ち

気楽な集まりでも、きれいな食べ方で

みんなで囲む鍋料理、箸はひっくり返さない

「鍋料理は好きだけど、家族以外の人と囲むのはどうも」という人がけっこういます。親しくない人たちの口に触れた箸先が、一つの鍋の中に入ることが耐えられないというのが理由のようです。

では、鍋を突っつくたびに、箸をひっくり返したほうがよいのかというと、それこそ不潔ですし、食べにくいことこのうえありません。鍋や、大皿料理を取り分けるときも、直箸のままでかまいません。

直箸はイヤだという人は、取り分け専用の取り箸やお玉を用意してもらうこともできるでしょう。

そもそも、直箸が耐えられない相手とは鍋を囲んでもおいしくありませんから、はなから避けたほうがよいに決まっています。

握り寿司はネタとご飯を挟んで持つ

手でつまむにしても箸を使うにしても、握り寿司はいったん倒してから、ネタとご飯を挟むようにして持つのが食べやすさのコツです。

そうしたほうがご飯がくずれにくく、ネタを醤油につけやすく、とくに箸を使うときはなおさらです。ご飯を醤油につけてしまうと、小皿にご飯粒がボロボロに落ちてみっともないですからね。

がり（生姜）に醤油をつけて、ネタに塗ってから、そのまま口に運ぶ食べ方もあります。

握り寿司は、一口で食べきるものです。ご飯が大きく一口で食べきれないからといって、一貫を噛みちぎりながら食べるものではありません。

そんなときは、ネタをそっとめくり、ご飯だけ半分ほど先に食べてから、残った半分のご飯をネタにくるんで口に運ぶようにします。

ら申し訳ありません」という気持ちから使われるようになったといわれる。

美しい食べ方で、好きなものをもっとおいしく

握り寿司はネタに醤油をつける

握り寿司は、ご飯に醤油をつけてしまうと、ご飯粒がボロボロ落ちてしまいがち。ネタに醤油をつけたほうが食べやすく、ネタもご飯もおいしく食べられる。

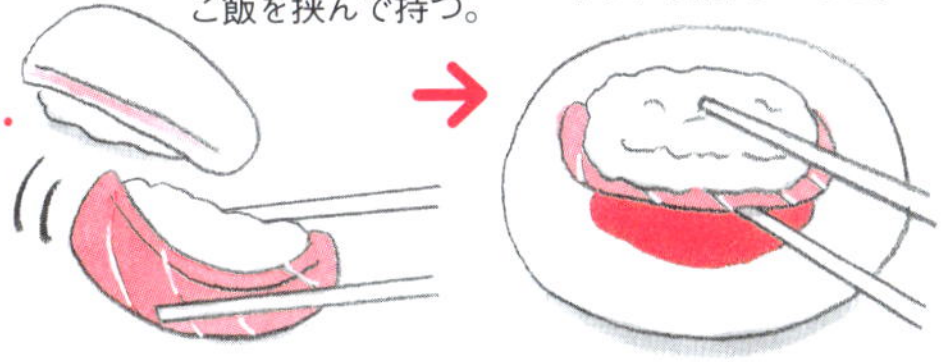

倒してから、ネタとご飯を挟んで持つ。

ネタに醤油をつける。

大きな握り寿司は先にご飯を半分食べる

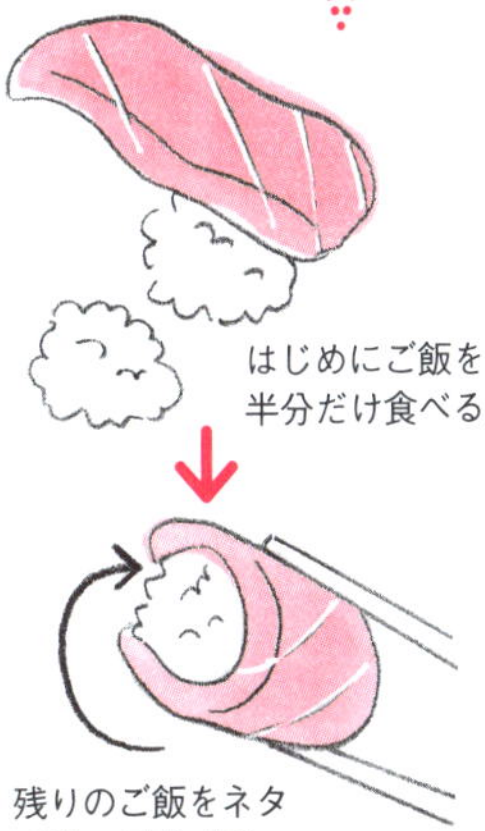

はじめにご飯を半分だけ食べる。

残りのご飯をネタで巻いて食べる。

お茶漬けはかき回さずサラサラと

お茶漬けは、口をつける前にかき混ぜてしまうと風味が落ちる。器を手に持ち、サラサラと流し込むという感覚で、手前から少しずつくずすように食べる。

フーフーと吹きながら食べるのもダメ。せっかくの風味をなくしてしまう。

漬物には、なるべく歯形をつけない。口の中で小さく分けて噛むのがポイント。はじめに中心を、次に左右に少しずらして噛むように（「しのび食い」という）する。

寿司店で無理して隠語を使わない

特定の会社や集団、仲間うちだけで通用する、いわば業界用語といえるのが隠語です。たとえば寿司店では、醤油を「むらさき」、お茶を「あがり」、ご飯を「しゃり」、玉子を「ぎょく」、お勘定を「おあいそ（お愛想）」とよく言いますね。

こうした隠語は、その当事者、寿司店でしたら職人さんをはじめお店の人どうしが使うもの。お客様が無理をして、通を気取る必要はありませんし、隠語を知らなくても恥ずかしいことはまったくありません。

食事が終わって会計するときも、お客様が「お愛想」と言うのはおかしなことで、「お勘定をお願いします」と言うのが自然です。

1行マナー講座 「お愛想」は、店側の「いたらない（愛想がない）ところがありました

日本料理店にて

これだけある「やってはいけない箸使い」

あげ箸
口より上に箸をあげること。料理を落としやすい。

移し箸
拾い箸ともいう。箸から箸へ料理を受け渡すこと。火葬後のお骨拾いの箸使い。

移り箸
おかずからおかずへ連続して箸をすすめること。ご飯を一口挟むと、前のおかずの味が残らない。

刺し（突き）箸
料理を突き刺すこと。

すかし箸
魚の骨の間から下身をかき出すこと。

そら箸
器まで箸を近づけておいて、料理を取らないこと。

竹木箸
ふぞろいの箸で食べること。弔事のお骨拾いでは、竹と木の箸を使う。

握り箸
器を持っている手で箸を握るように持つこと。

ねぶり箸
箸の先をなめること。

振り箸
箸の先についた汁などを振って落とすこと。

迷い箸
どれを食べようかとお膳の上で箸をウロウロさせること。

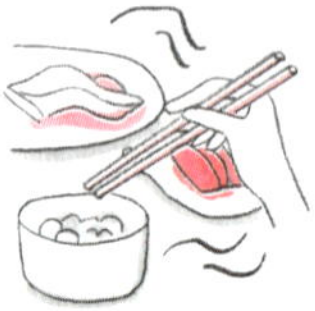

やってはいけない箸使い「忌み箸」は24もある

どれから食べようかとお膳の上で箸をウロウロさせたり、箸の先についたご飯粒をなめて取ったり……。このような箸の使い方に心当たりはありませんか。

実はどれも「忌《い》み箸」といって、昔からやってはいけない箸の使い方。どう見ても、おいしそうに食べているようには思えませんし、奇妙な箸の使い方をしている人が一人でもいると、食事の席を台無しにされてしまいます。箸使いの決まりは、人を不快にさせないためでもあります。

こすり箸
割り箸を割ったときにできたササクレをこすって落とすこと。引っ張れば取れる。

込み箸
箸で料理を口の中にいっぱいつめ込んでほおばること。

逆さ箸
箸を逆さにして、手が触れるところで食べ物を取ること。

探り箸
かき回して器の中身を探すこと。

指し箸
箸で人や料理を指し示すこと。

たたき箸
箸で器をたたくこと。

立て箸
箸をご飯に差して箸休めをすること。弔事の枕飯を連想させる。

ちぎり箸
箸を1本ずつ両手に持って料理をちぎること。

涙箸
料理の汁や醤油をポタポタ垂らしながら口に運ぶこと。

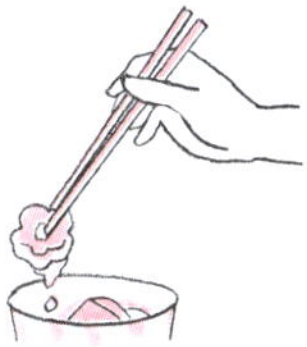

もぎ箸
箸の先についたご飯粒を口で取ること。

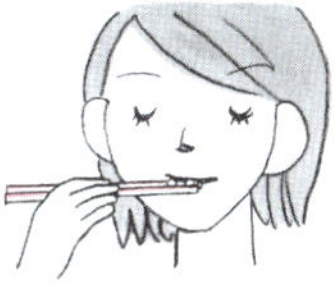

楊枝箸
箸を爪楊枝の代わりに使って歯をほじること。

寄せ箸
箸で器を引き寄せること。

渡し箸
箸を器の上に渡して置くこと。

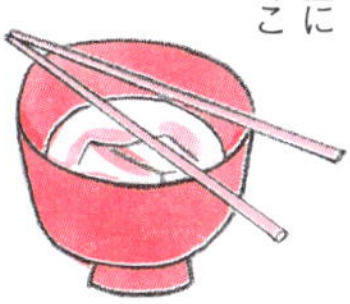

ふだんの食事で少しずつ直していく

忌み箸が気にならないという人が大半かもしれません。しかし、まわりはそういう人ばかりとは限りません。仕事上のおつきあいが増えたり、しかるべき地位につくようになれば、忌み箸に無頓着なままではすまないことがあるだけに、「しないように」と私は言いたいのです。

長い間の習慣で、箸の使い方は癖になっていますから、そう簡単に直せるものではありません。いっぺんにあらためることは無理ですし、自分ではなかなか気づかないものです。ふだんの食事のときから、家族どうしで指摘しあって直すように気をつけてみてはいかがですか。

1行マナー講座 箸は頭から⅓ぐらいの位置で持つようにして使うときれいな持ち方に。

レストランにて

大人のふるまいで食事のおいしさもアップ

食事を楽しみたいなら予約時間に遅れない

お店としては、多くのお客様それぞれに対して、最高においしいものをベストのタイミングでお出しするように段取りを調えてお待ちしているはずです。それなのに、予約した時間に遅れてしまっては、その段取りがすべてくずれてしまうことになります。お店には、予約した時間より少し早めに到着するようにします。やむを得ず遅れてしまいそうなときは、必ず連絡を。

それなりに名の知れたお店であれば、当日、突然に行くことが決まっても、いきなり行かないようにしましょう。電話を一本入れてくれたほうが、準備するお店にとってはありがたいことです。

食事の予約は、遅くても2〜3日前までに入れるのがふつうです。

熱いものは熱いうちに、料理はすぐにいただく

鉄板の上でジュウジュウ音を立てているお肉、おいしそうですね。お店は、熱いうちにおいしく召しあがっていただきたいという気持ちを込めて、熱した鉄板に焼きたてのお肉をのせてくれるのです。

熱いものは熱いうちに、冷たいものは冷たいうちにが、料理をおいしくいただく鉄則です。話に夢中になって出された料理に手をつけないのは、手間をかけた人への心づかいを欠いたふるまいといえるでしょう。

料理といっしょに楽しむワイン。ソムリエが好みの味を選んでくれるまで、テイスティングは何度でもできると思うのは、大きな間違いです。テイスティングとは、ワインの味や香り、冷え加減をチェックする程度で、ほとんど儀礼的なものです。もちろん味が気にいらなかったら、別のワインに交換してもらえます。しかし、いったん栓を開けてしまった以上、代金は請求されます。

はNG。どちらにしても、正式な席では、避けるべきこととしている。

西洋料理のマナー・こんなときはどうすればいい?

ナイフレストがあるときは → 「食事中は同じナイフとフォークを使ってください」というサイン

略式のコース料理では、ナイフレストにナイフとフォークが1組だけ置かれていることが多い。この場合は、一皿食べ終えるたびに、ナイフレストに、ナイフとフォークを戻す。
ナイフは刃を内側に向けて右側に、フォークは背を上にして左に置く。これが「お皿を下げてください」というサインになる。お皿に「二の字」に置くと、ナイフとフォークも下げられてしまうが、次の料理といっしょに新しいものを出してくれる。

ナイフレストは和食の「箸置き」のようなもの。

食べ終わったら、ナイフは刃を内側にして右に、フォークは背を上にして左に置く。

ソースがお皿に残ったら → フォークを「盾」にしてソース・スプーンですくう

格式の高い席やパーティー以外なら、お皿に残ったソースはパンにつけて食べてもOK。パンは手で持ってもよいし、フォークに刺して口に運べばより美しい。
ソースがたっぷりかかった料理には、ソース・スプーンが添えられているので、これを使ってソースをすくってよいし、フォークに刺したパンにつけて食べてもよい。

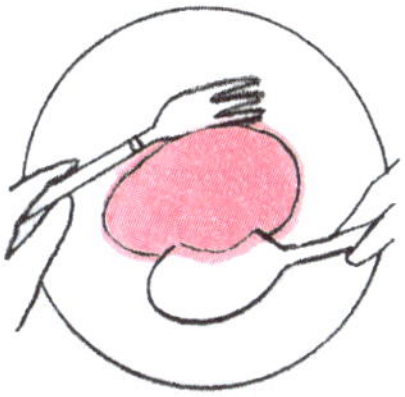

フォークをお皿の向こう側に立て、手前からソース・スプーンですくう。

ワインを注いでもらうときは → グラスはテーブルに置いたままにする

ワインを注いでもらうときは、グラスはテーブルに置いておくのが鉄則。手を添える必要もない。これは、ワインをこぼさないようにするため、また、グラスに手の温もりが伝わってワインの味を損ねないようにするための大切なルール。

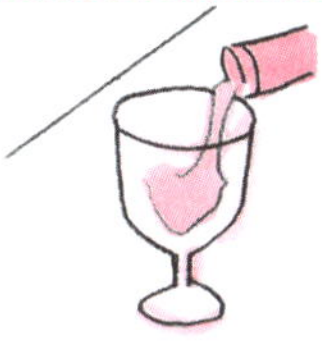

注ぎ終わったら、「ありがとう」のひと言を。

アイスクリームのウエハースは → スプーン代わりにしない

本来は、口の中が冷たくなりすぎないように、アイスクリームと交互に食べるもの。食べかけのウエハースを器に戻すときは、かじった部分が見えないようにする。

ウエハースをスプーン代わりに使わない。

デザートにもマナーあり!

メロンは、ナイフとフォークで皮をはがし、一口大に切り分ける。

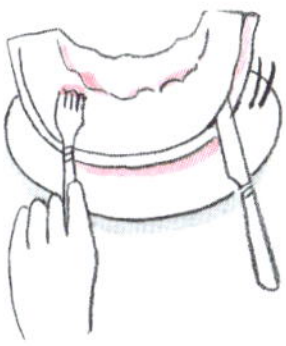

1行マナー講座 パンでソースをぬぐうのはフランス式、イギリス式テーブル・マナーで

お店の品格にふさわしくふるまう

ナプキンはたたんでひざの上に置く

レストランで用意されているナプキンは、パッと広げてひざの上に置いたり、首から垂らして使うものではありません。二つ折りにして、折り目を手前にしてひざの上に置くのがもっとも一般的です。

口元や指先の汚れは、ひざに近いほうを持ちあげて、その内側でぬぐいます。外側を使うとナプキンの汚れが目立つし、汚れが衣服につくおそれもあるからです。

会食のときにナプキンを広げるべストのタイミングは、その日の主客（あるいはもっとも目上の人）が広げたのを確認してから。席に着いてすぐにナプキンを広げると、卑しい人と見られてしまいます。

ナプキンを使わないのはお店に失礼

お店できちんとナプキンが用意されているのに、自分のハンカチやティッシュを使っている人がいます。ナプキンを汚してしまったら申し訳ないという思いがあってのことなのでしょう。

しかし、この行為は「この店のナプキンは、汚くて使えない」ということを示しているのと同じで、お店に対してとても失礼にあたります。

ひざの上に置いたナプキンの内側は、汚してしまってもかまいません。

お化粧をする女性にとっては、ワイングラスのフチについてしまった口紅はとても気になるものですね。これは直接ナプキンで拭き取らないようにしましょう。まずは、指先でぬぐい、指先についた口紅をそっとナプキンの内側で落とします。

できれば、席に着く前にティッシュで唇を押さえて余分な口紅をとっておくと、ワインを飲むたびに口紅のことを気にする必要はなくなります。

ワインを飲む前にナプキンで口を拭くとよい。

ナプキンの使い方・席に着いて食事を終えるまで

二つ折りにしてひざの上に置く

ナプキンを広げるタイミングは、注文をすませて、その日の主客や、もっとも目上の人が広げたのを確認してから。自分がメインゲストであるときは、注文を終えたら、ナプキンを広げることを忘れないようにしたい。

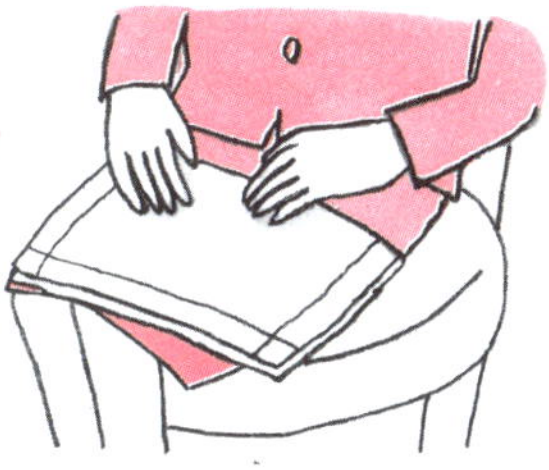

折り目を手前に！

ナプキンを二つ折りにして、折り目が手前になるようにひざの上に置く。
ひざ側に折り目がくるように置くと、いちいちナプキンを広げては、たたむことになる。

汚れは内側でぬぐう

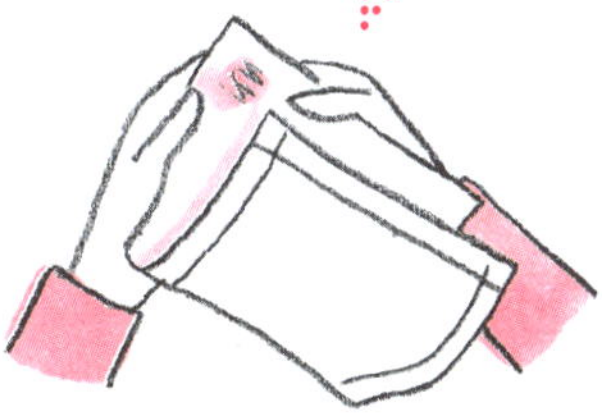

ナプキンのひざに近いほうを持ちあげて、その内側でそっとぬぐう。

グラスについた口紅は……

指先でぬぐい、指先についた汚れをナプキンの内側で落とす。

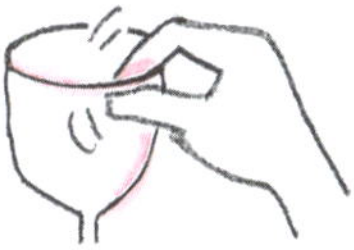

退席するときはテーブルの上に

食事が終わって、お店を出るときは、ナプキンを軽くたたんでテーブルの上に置く。

軽くたたんで、デザート皿の左上に、デザート皿が下げられていたら、テーブルの左側に置く。

Point

中座するときは椅子の上に

食事中の中座はマナー違反。やむを得ず席を離れるときは、椅子の背もたれにかけるか、座面に置く。

お店の人を呼ぶときは軽く手をあげる

　レストランで食事中に、サービスの人を呼びたい場合は「スミマセ～ン！」と大声を出したり、指先をパチンと鳴らしたりしないこと。食事をしているほかのテーブルの人に迷惑です。軽く手をあげるか、目線を送って合図すれば、すぐに気づいて来てくれます。
　また、食事中にナイフやフォークを床に落としたり、グラスを倒したりした場合は、後始末は必ずお店の人にお願いしましょう。
　和食のお店でも、部屋係を大声で呼ぶのは不作法。手を２回たたくか、気づいてくれないときは、ふすまや障子を開けて「お願いします」と言って、２回手をたたくとよいでしょう。

1行マナー講座 口に料理の油分などが残っているとワインの風味が落ちてしまうため、

洋食のマナーをおさらい　ふだんよく口にするもの

ライス（ご飯）　フォークの腹にのせて食べる

　そもそも丸くなっているフォークの背にご飯をのせること自体に無理がある。食べにくいのに我慢する必要はなく、ご飯はフォークの腹にのせて食べてかまわない。

　フォークを左手で持つときはそのまますくうか、ナイフを使ってご飯をのせる。右手でフォークを持つときは、ふつうにご飯をすくう。ご飯が盛られたお皿を手に持って食べることはしてはいけない。

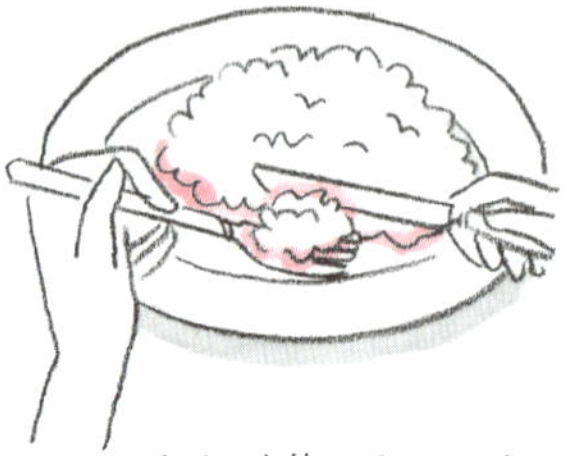

ナイフを使ってフォークの腹にご飯をのせる。

ピラフ　フォークとスプーンですくう

　お皿に最後に残った一口分を指先をあててスプーンにのせたり、極端な人はお皿を持って口の中にかきこんでしまったり……。どちらもやってはいけないこと。

　フォークを立てて「壁」のようにすることで上手にすくうことができる。フォークもなく、どうしてもすくうことができなかったら、もったいないけれどあきらめて、残った一口分は、お皿の手前にまとめておく。

フォークを壁にするとすくいやすい。

スプーンは手前から？　それとも向こう側から？

　スープをいただくとき、スプーンをどのように使っていますか。

　実は、スプーンにも表裏があります。イギリスではスプーンの腹が表、フランスでは背が表で、背を上にセッティングされていることがよくあります。日本は、イギリス海軍のテーブルマナーの影響が強く、手前から向こうに動かしてすくう人が多いようです。本来なら、フランス式セッティングのときは、向こう側から手前に動かすのですが、すくいやすい方法でかまいません。

パン　両手に持って食べてはいけない

どんな小さなパンでも、丸かじりはNG。必ず小さくちぎってから口に運ぶ。そのとき、もう片方のパンは手に持たず、パン皿やテーブルの上に置いておく。

西洋料理のコースでは、パンはスープを食べ終わったころから食べはじめる。お代わりは自由だが、メインディッシュが終わったところで、残っているパンは下げられるのが一般的。無駄にならないように、取りすぎには注意する。

パン皿がないときは、自分の左側のテーブル・クロスの上に直接置いてOK。クロスの上にパンくずが散らかっても、あとでお店の人がきれいにしてくれるので気にしなくてよい。

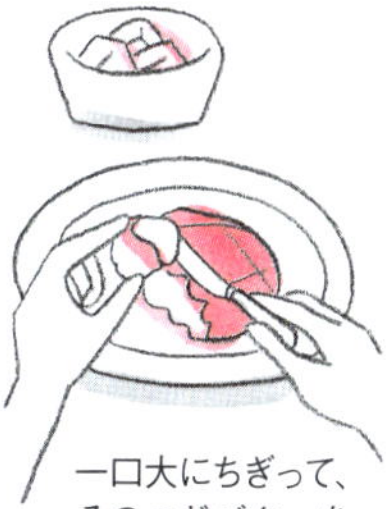

一口大にちぎって、そのつどバターをつける。

スープ　スプーンは手前から、すすらずに流し込む

イギリス式テーブルマナーでは、スープは、スプーンを奥へ動かす。スープの量が少なくなってきたら、お皿の手前を少し持ちあげて奥のほうにためてすくう。

間違っても、お皿を持って飲み干すことのないように！　ただし、持ち手のついたスープ・カップであれば、カップを持って飲み干してもかまわない。

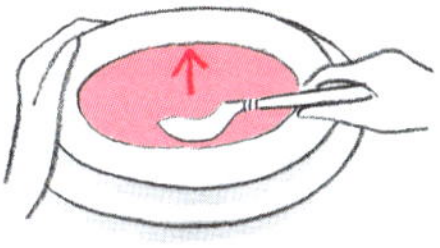

手前からすくう。

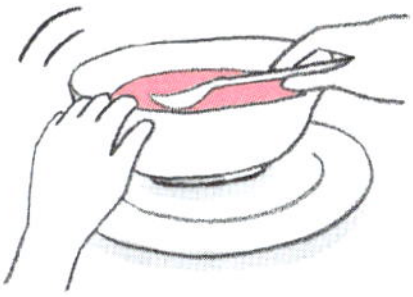

少なくなったらお皿の手前を少し持ちあげる。

楕円のスプーン…先を口に直角に向ける。
丸いスプーン…45度の角度で下唇に軽くのせる。

スープはすすらずに流し込むもの

スープは熱いせいもあって、ついズズッと音を立ててすすりがち。来日した外国人は、スープをすする日本人の多さにビックリするそうです。

スープは、すするものではなく食べるものです。楕円のスプーンは口に直角（細いところが手前）に、丸いスプーンは45度の角度で下唇に軽くのせ、スープを流し込むようにすると、音を立てずにすみます。

以前は、フォークの背にご飯をのせて、ボロボロ落としながら口に運んでいる姿をよく見かけました。

ご飯はフォークの腹にのせて食べてかまいません。ただ、お皿を手に持って食べることはしてはいけません。

レストランにて

メイン料理を堪能できる美しい食べ方

いまさら人に聞けないメイン料理の食べ方

魚のムニエル　骨はナイフとフォークではずす

1 頭のほうから中骨に沿ってナイフを入れ、上身を骨からはずす。

2 上身の上半分を左から一口大に切りながら食べる。

3 中骨と下身の間にナイフを入れて頭と骨をはずし、皿の向こう側に置いてから下身を食べる。

ステーキ　一口大に切りながら食べる

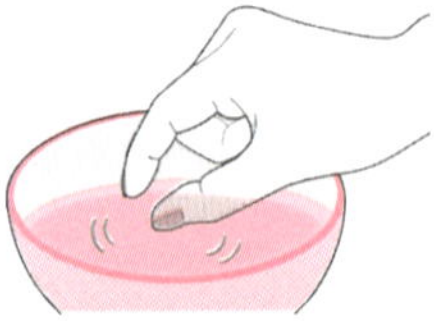

小さな骨付き肉を手で食べたときは、フィンガーボウルで指先を洗い、ナプキンでぬぐう。

ステーキをおいしくいただくなら、肉の左側からそのつど一口大に切り、ナイフでソースをからませながら食べるとよい。

魚料理は、骨をはずしてからいただく

一尾の魚を調理した料理は、食べ方に迷うものの一つです。ムニエルなどの魚の骨は、ナイフとフォークで上手に取り除いてからいただくとよいでしょう。魚は、ナイフとフォークを使ってひっくり返そうとしないこと。身がくずれて、粗相のもとです。

料理に添えられたくし形切りのレモンは、フォークで刺し、右手で覆うようにして絞りかけます。いっぽう輪切りのレモンは、料理の上にのせ、ナイフとフォークで押してレモ

なボウルで出されたら、フォークを右手に持ち替えて食べてもよい。

エビのグリル　最初にナイフで身を切り離す

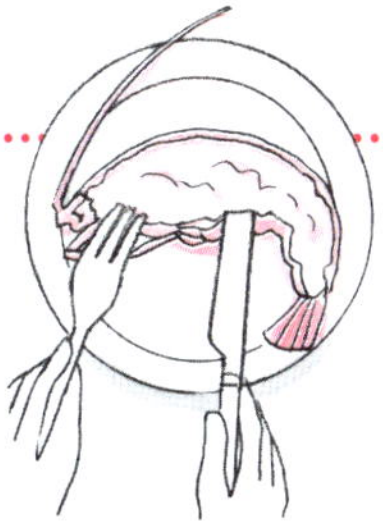

1 左端の身と殻をフォークでしっかり押さえる。

2 フォークで押さえながら、ナイフを殻に沿って動かし、身と殻の間に切り込みを入れて、殻から身を浮かせる。

3 身を殻からはずして取り出し、お皿の手前に置いて、一口大に切り分けながら食べる。

カレー　別添えのルウははじめに全部かけない

レストランでは、カレーのルウは別の器に入れて出されることが多い。このルウをはじめに全部かけてはいけない。
何度もかけるのは面倒でも、お皿をあまり汚さずに、美しく食べるということでは理にかなっている。

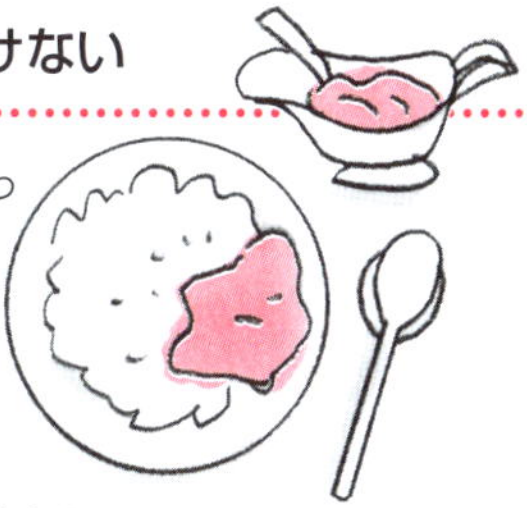

2〜3口分ずつかける。

料理に添えられた レモン　かたちで絞り方が違う

くし形切りのレモン

フォークで刺して、右手で覆うようにして料理に絞りかける。

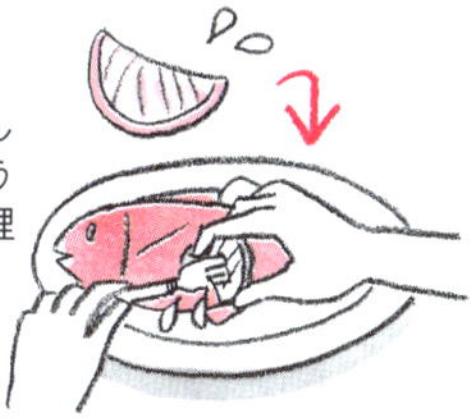

輪切りのレモン

料理の上にのせて、ナイフとフォークで押しながらレモンの風味をなじませる。

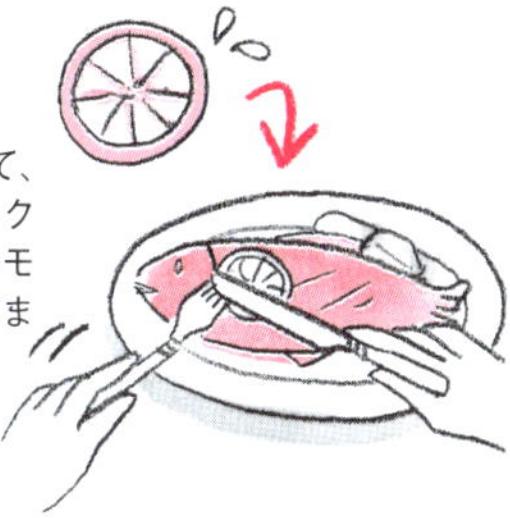

ンの風味を料理になじませます。

ステーキは、一口大に切りながら食べる

ステーキを、はじめに全部食べやすい大きさに切ってしまって、あとはフォークを右手に持ち替えて口に運んだほうが、たしかに面倒臭くないかもしれません。

しかし、これでは肉汁が出てうまみが逃げてしまい、せっかくの焼きたてもすぐに冷めてしまいます。やはり、おいしくいただくなら、肉の左からそのつど一口大に切り、ナイフでソースをからませながらフォークで口に運ぶのがベストです。

骨付き肉は、バーベキューならかぶりつくところですが、レストランでは、ナイフで骨と肉を切り離し、ステーキと同じように食べます。

1行マナー講座　サラダは、皿に盛りつけられていたらナイフとフォークで食べる。小さ

中国料理店にて

なごやかに食事を楽しむことが一番のマナー

回転卓は時計回りに回す

中国では食卓を囲んで食事をすることを大切にしています。欧米に見られる厳格なテーブル・マナーはありませんが、食事を楽しむために守りたいマナーはあります。

円卓を囲むことの多い中国料理ですが、その真ん中にある回転卓を回すときは、時計（右）回りに。

決まりというわけではありませんが、席に着いた人が好き勝手な方向に回しては収拾がつきませんので、時計回りとしたほうが都合がよいからです。ただ、取りたい料理がすぐ左にあるときは、融通をきかせて逆回りでもかまいません。

ほかの人が料理を取り分けている途中ではないか、回転卓の上のお皿などが円卓のグラスや食器とぶつからないかに注意をはらいながら、ゆっくり回します。

立ちあがって料理を取りにいかない

円卓では、必ず座ったままで料理を取り分けるようにします。回転卓にのっている料理が、自分のところになかなか回ってこないからといって、立ちあがってまで取りにいっては、何のために円卓に座っているのかわかりません。

また、ほかの人の分まで料理を取り分けてあげるのは、余計なおせっかいというものです。食べるペースは人それぞれですからね。ほかの人に取り分けてよいのは、その食事の席を設けたホストが、主客に取り分けるときだけです。

最初に料理を取り分けるのも、その日の主客や目上の人。右回りで順番に取り分け、自分の分を取ったら左隣の人のほうに回転卓を回してあげます。

ない。料理は盛りつけのかたちをなるべくくずさないように取り分ける。

中国料理のテーブルセッティングと回転式円卓

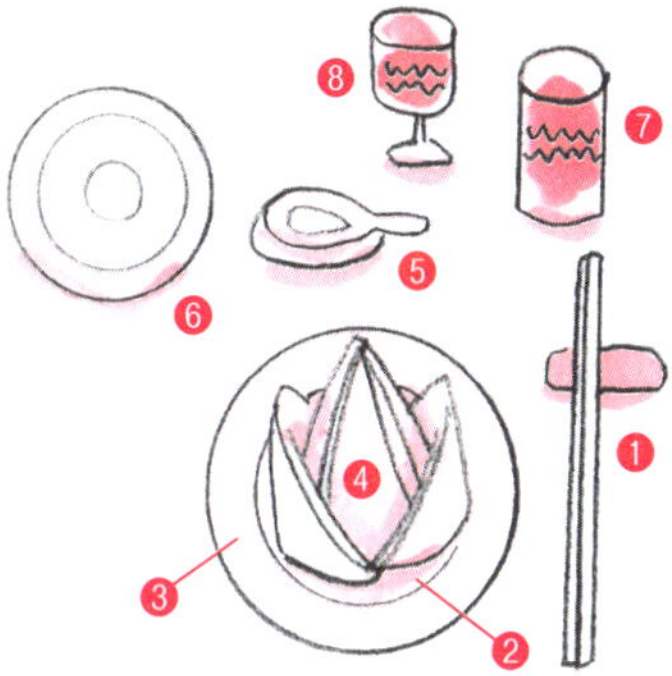

❶箸、箸置き ❷取り皿 ❸飾り皿
❹ナプキン ❺ちりれんげ ❻薬味皿
❼グラス ❽酒杯

中国料理のテーブルセッティングには厳密な決まり事はなく、箸やちりれんげの位置は店によってまちまち。日本の中国料理店では、箸が日本式に横向きに置かれているところもある。

料理は大皿に盛られて出てくるのが一般的で、取り皿に各々が取り分け、卓上に出ている調味料は、薬味皿に取って使う。

回転卓は一方通行

原則として、回転卓は時計（右）回りに回す。すぐ近くの料理を取るときは逆回しでもかまわないが、大きく左に回したり、回転卓の上に、自分の取り皿やグラスを置くのもNG。

取り皿は手に持たず、テーブルに置いたまま、料理皿を寄せてから取り分ける。

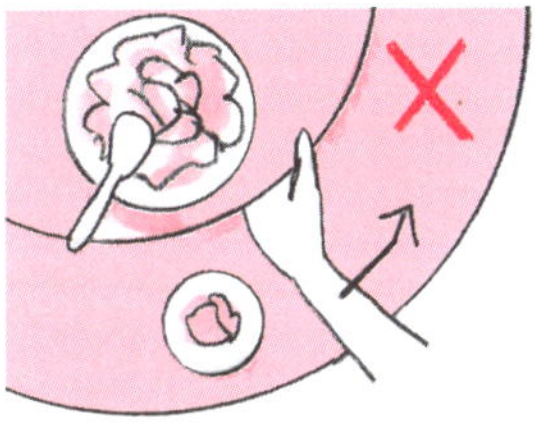

料理を取り分けたら、サーバーは伏せて、柄が回転卓からはみ出さないように大皿に戻しておく。

調味料は自由に使ってよい

テーブルには、食器や箸といっしょに調味料がセットされている。日本料理や西洋料理では、料理に自分で調味料を加えるのはマナー違反だが、中国料理は、自由に使ってよい。

また、脂っこい料理が多い中国料理では、食事の最初からポットに入ったお茶が出る。このお茶は、料理とは違って、自分が注いだときには、隣の人にも注いであげるとよい。

円卓にも席次がある

出入り口から一番遠い席が上座で、下座まで図のような順番で座る。外国人を交えたときなど、国際儀礼（プロトコル）では、「客2」と「客3」、「客4」と「客5」が入れ替わる。

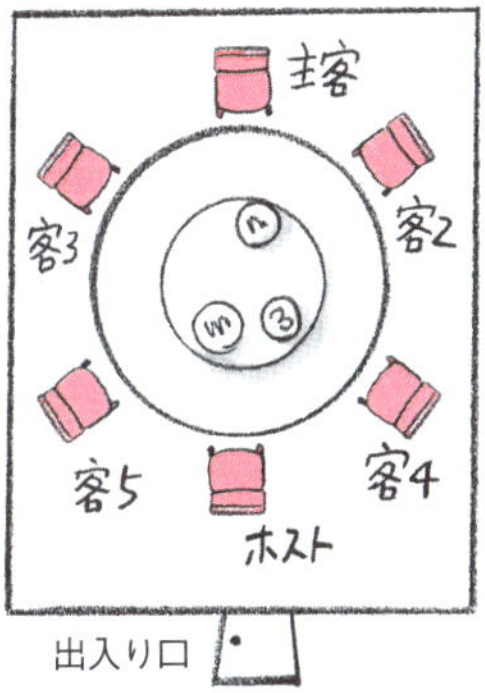

中国料理の円卓の席次
「席次は出入り口が基準」という基本は同じ。

1行マナー講座 回転卓の1周目だけは、全員が料理を取り分けるまで手をつけてはいけ

中国料理店にて

取り皿とちりれんげを使いこなす

本場中国式の食べ方、ちりれんげの使い方

ちりれんげを使いこなす

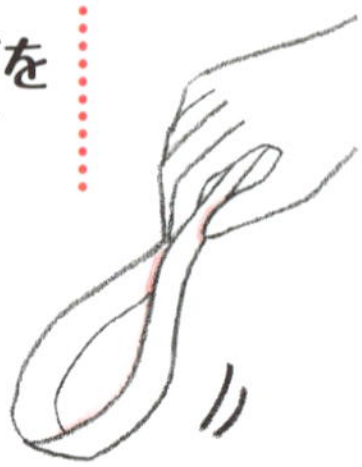

親指、人差し指、中指で柄をつまむように持つ。

ちりれんげの持ち方

柄のくぼみに人差し指を入れ、親指と中指でつまむように持つ。この持ち方は、ちりれんげを使うすべての料理に共通。実際、ふつうのスプーンのように持つと厚みのあるちりれんげは使いづらく食べにくいので、正しい持ち方をぜひ覚えておきたい。

「小さな器」に見立てて使う

麺類やスープ、汁気の多い料理は、大きな器から小鉢に取り分け、右手に箸、左手にちりれんげを持ち、ちりれんげを「受け皿」のように使って食べる。
遠くのものを取りやすくするため日本のものより長めにできている箸は、頭のほうから持ちあげて、真ん中より少し上を持つのがポイント。こうすると使いやすく、動きも自然と優雅になる。

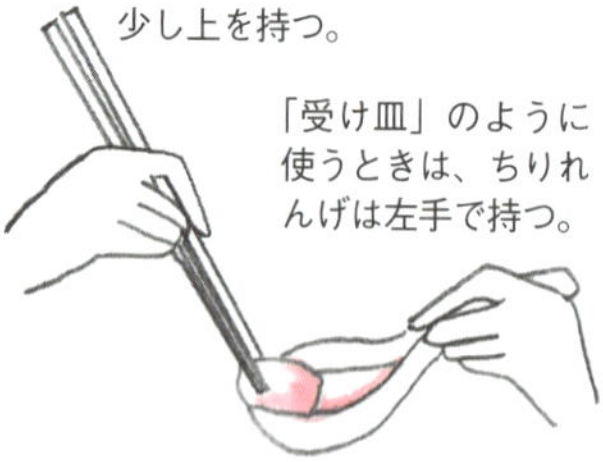

少し上を持つ。

「受け皿」のように使うときは、ちりれんげは左手で持つ。

ちりれんげは、スプーンのように横向きに口にあてると食べにくい。ちりれんげの先を、口に対してほぼ垂直にあて、ちりれんげの柄を少し上にあげて、料理を口に運ぶ。

取り皿は料理が替わるたびに新しいものに

面倒臭いのでしょうか。何でもかんでも、1枚の取り皿に料理を取り分けている人がいます。そんなことをしたら味が混ざってしまっておいしくありませんよね。

円卓に積まれている取り皿は、何枚使ってもかまわないものなのです。

サービスが行き届いたお店では、接客係はどのテーブルに対してもきちんと目配りをしていて、使い終わった取り皿はこまめに片付け、新しい取り皿を持ってきてくれます。もし、足りなくなったら、遠慮なく注

くトントンとたたくと「ありがとう」のサインになる。

食事中は箸を縦に置く

食事中、箸は、取り皿の右側に縦にして置く。横向きに置くと「食事が終わりました」のサインととられて、皿を下げられてしまうことも。ただし、日本式に最初から横向きにセットされていた場合は、食事中でも箸置きに戻してかまわない。

Point 器は持ちあげない

お皿や小鉢は、料理を取り分けるときも、食べるときも、持ちあげてはいけない。器を持って食べることに慣れていると、つい口を器に近づけがちだが、「犬食い」は中国料理でも食事マナー違反。

箸で一口大に割る

一口で食べられない大きさのものは、かじらずに、箸で食べやすい大きさに割ったり、切ったりしてから口に運ぶ。

ちりれんげ、小鉢、取り皿をセットで使う

スープや麺、ご飯類を入れる小鉢は、取り皿の上にのせて、料理を取り分けるのに使ってもよい。ソースや汁気の多い料理は、小鉢に取り、さらにちりれんげを左手に持って受け皿のようにして使うと食べやすい。

小骨やエビの殻などは、取り皿のすみにまとめておく。

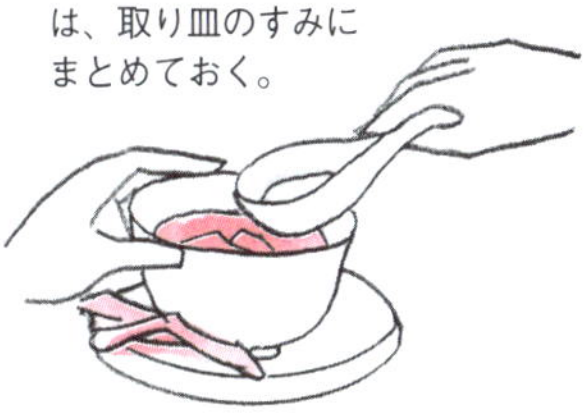

お茶のポットが空になったら……

ポットのフタを少しずらしておくと「お湯を注ぎ足してください」というサインになり、接客係がお湯を足したり、新しいお茶に替えたりしてくれる。

文しましょう。

そして、この取り皿も小鉢も、いっさい手に持たずに食べるというのが本場中国流のいただき方です。料理を取り分けるときも、口に運ぶときも、取り皿や小鉢は卓上に置いたままにしておきます。

ちりれんげは口にほぼ垂直にあてる

中国料理につきもののちりれんげは、自由に使ってかまわないと思われているようですが、実は正式な使い方があるのです。

口にあてるのは、ちりれんげの真横からでなく斜め先、口に対してほぼ垂直に。ご飯やスープのときは右手、受け皿のように使うときは左手で、柄をつまむようにして持ちます。

1行マナー講座 飲茶《ヤムチャ》が盛んな地域では、食事中に人差し指と中指の指先でテーブルを軽

中国料理店にて

食べにくい料理の上手ないただき方

大きな包子は丸ごとかじらない

肉まんやあんまんなど、小麦粉をこねた皮で肉や野菜、あんなどを包んだまんじゅうのことを包子《パオズ》といいます。

お店でいただくときは、大きさにもよりますが、箸を使って最初に半分に割り、さらに一口大に切りながら食べ進めます。

直接手で持っていただくときは、半分に割った片方はお皿の上に戻し、具や汁をこぼさないように、もう片方の割った面を上にして口に運びます。

熱々の包子、小籠包《ショウロンポウ》の上手な食べ方

小籠包はちりれんげにのせて

肉汁がたっぷり入った小籠包は、熱々のうちにいただきたいもの。皮が破けて中の肉汁が出ないように気をつけながら、箸とちりれんげを使う食べ方がおすすめ。

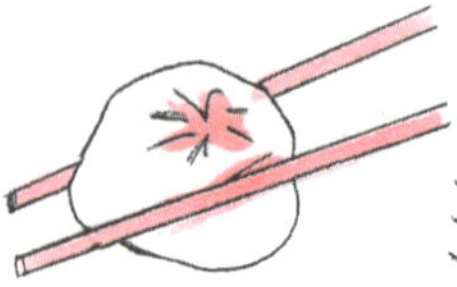

箸の先端をなるべく使わないようにして挟み、小籠包をいったん皿に取る。

蒸籠《せいろ》から取り分けるのは、お店の人に頼んでもOK。

小籠包をちりれんげに移し、タレをからめた針生姜を添え、箸で皮を破ってから一口ずつ口に運び、肉汁はちりれんげからそのまま飲む。

大きな包子は一口大に

小麦粉をこねた皮で具を包んで蒸す包子は、日本でも人気のある点心の一つ。蒸したての包子も、一口大に分けて食べるようにすれば口の中を火傷したり、具や汁をこぼす心配も少なくなる。

直接手で持って食べるときは……

半分ぐらいに割って、片方は皿に戻し、もう片方は、具や汁がこぼれないように割った面を上にして口に運ぶ。

大きいものは、半分に割ってからさらに一口大に。

のフォークで落として、自分の皿に取るか、料理の皿のすみに寄せておく。

中国料理のマナーをおさらい・おいしくきれいに食べる

食べやすい大きさにして口に運ぶ

大きめの具材や点心は、箸で一口大に割ってから食べる。ちりれんげにたくさんのせて、大口を開けて食べるのもNG。

春巻きも一口大に割る

端は皮が重なって割りにくいので、真ん中あたりを箸を使って割る。大きいものは、さらに一口で食べられる大きさに割ってから口に運ぶ。

一口分ずつ、好みの調味料をつけていただく。

ちりれんげをうまく使う

麺類は、器から直接食べないで、ちりれんげに少量を移して胸の前くらいで持ち、箸で口に運ぶ。麺類の汁やスープは、ちりれんげからそのまま飲んでOK。

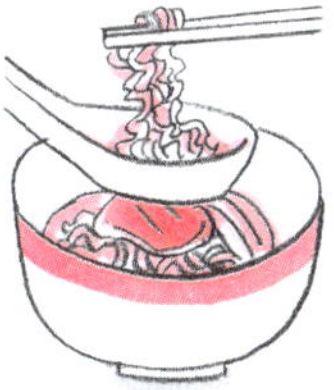

使った取り皿のあつかいは？

自分の左側に置いておけば、接客係が下げてくれる。回転卓の上に置くのは厳禁！

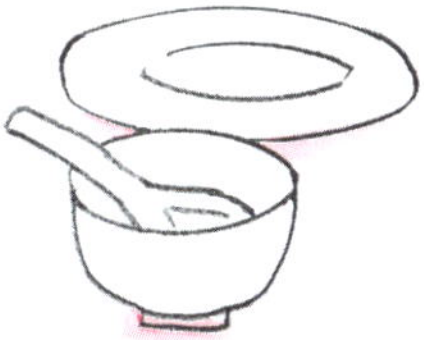

料理といっしょにお茶を楽しむ

油を使うことが多い中国料理では、食事をしながらの中国茶が欠かせない。香りのよいお茶は、フタつきの茶碗で茶葉を入れたまま出されることがある。これは、「蓋碗《がいわん》」という中国茶の入れ方の一つで、蓋碗で出されたお茶は、まずフタを開けて香りを楽しむ。

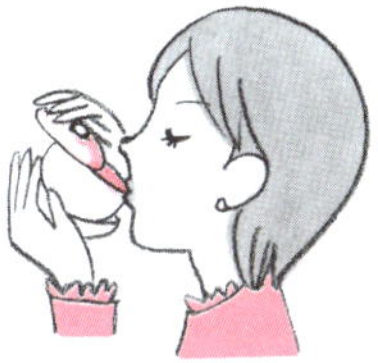

蓋碗の飲み方

茶碗を茶托ごと左手で持ち、右手でフタをずらして茶葉が口に入らないようにして飲む。

できたての熱々をおいしくいただきたいものですが、くれぐれも火傷をしないように注意しましょう。

春巻きは一口大に箸で割って食べる

春巻きは、丸ごとを縦にして持ち、かじったほうが具がこぼれないので食べやすいかもしれませんが、見た目には美しいとはいえません。真ん中あたりに箸を入れて、一口大に割ってから口に運びましょう。こぼれてしまった具や汁は、割れた皮とからめて箸でつまみます。

サクサクとした皮の触感を味わうためにも、出されたらすぐにいただきたいもの。シュウマイも、箸で刺さないで挟んで持ちます。一口では無理なときは、かじらないで真ん中を箸で割ってから食べます。

1行マナー講座 使ったあとのサーバー用スプーンに料理がこびりついていたら、セット

おつきあいをなめらかにするお酒の席のマナー

お酌をするとき、されるときも両手で

お酌をするときも、されるときも、片手だけでなく、両手を使うのが美しいふるまいです。

ビールやワインは、ラベルを上にして右手で持ち、左手で注ぎ口の近くを下から支えます。泡が立ちすぎないように、静かに注ぎましょう。

日本酒は、お銚子の真ん中あたりを上から持ち、注ぎ口の近くを下から左手で支え、その左手をテコのように使って注ぎます。

盃にはなみなみと注がず、八分目が目安です。お銚子の首をつまんで

楽しく飲んで親睦を深める酒席の作法

お酌をするとき、されるとき

日本酒の場合

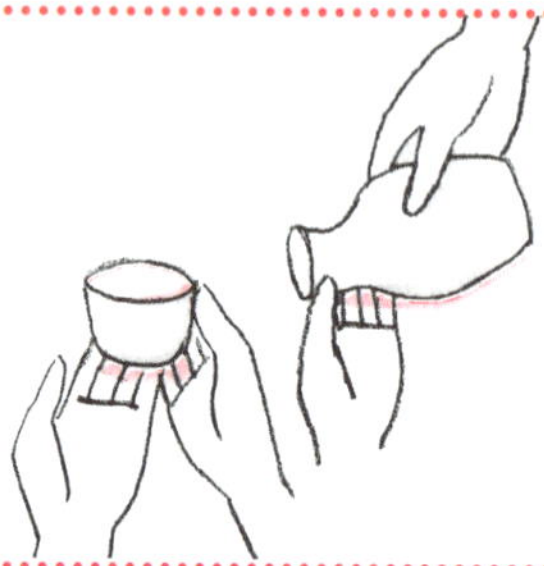

お酌を受ける

盃を右手で持ち、左手を添える。日本酒の場合、盃を置いたままでお酌を受けるのは失礼にあたるので、必ず盃を持つこと。

お酌をする

お銚子の中央を右手で持ち、左手を添える。注ぎはじめは少量ずつ、だんだんと多くしていき、最後はまた少量に。目安は盃の八分目ぐらい。

ビールの場合

お酌を受ける

グラスの中央を右手で持ち、左手を底に添える。

注いでくれる人へ軽くグラスを傾け、ビールが注がれていくとともに徐々に起こしていく。

お酌をする

ラベルを上にして、右手で瓶の底部近くを持ち、左手で注ぎ口の近くを下から支える。泡が立ちすぎないように静かに注ぐ。

Point　ワインはグラスを持たないで

ワインやシャンパンは、グラスをテーブルの上に置いたまま注いでもらう。

らゆっくり、3回ぐらいに分ける感じで注いでいく。

お酌のタイミング	お酌をされたときは、お酌してくれた人のグラスが空になっていることが多い。もしグラスが空だったら、「いかがですか」とすすめれば相手のペースを乱す心配なし！
お酌を断りたいとき	グラスを手で覆うのではなく、「もう結構です」とひと言添えて、フチに人差し指と中指を軽くあてるだけでOK。盃の場合は伏せておくのは、お酒が飲めないというサイン。
お酌の気配り	気をきかせたつもりで、遠い席までお酌をしてまわるのは、ほかの人にとって迷惑。会合に居合わせた初対面の相手でも、隣席の人にはすすめるのが気配りというもの。

酒席のマナーQ&A　こんなときはどうする?

Q 接待の席で、取引先の人にすすめられたら断るのは失礼?

A 接待では、相手を不快にさせないことが最大のポイントだが、無理に飲んで酔いつぶれるのはNG。正直に、「不調法でして……」と断るのは失礼ではない。

Q 社内の宴会。自分が一番格下の場合、役職者だけでなく全員にお酌してまわるべき?

A 社内の宴会は周囲の人に日頃の感謝の気持ちを伝えるいい機会と考えて。「いつもありがとうございます」と率先してお酌をして回ろう。

Q お酌を断るには、飲んでいるような「ふり」をすればよい?

A 「お酒に弱い体質で……」と正直に断ればOK。強引にすすめられても、「アレルギーで、飲むと苦しくなってしまうんです」と伝えれば、相手も無理強いできないはず。

Q 社内の宴会や接待での2次会、3次会は断ってもよい?

A その場で断るのではなく、一次会の前などにあらかじめ「用事があるので、一次会で失礼する」と伝えておくのがベスト。スッといなくなってしまうよりも好感をもってもらえる。

Q すすめられるとつい飲んでしまう。自分の「適量」を守るコツは?

A お酒の適量は人それぞれで、「適量」は自分で見つけるしかないもの。「気分がいい」くらいの量で終えられるのが大人の飲み方。いずれにしても、酒席では会話や食事を楽しみながら、ゆっくりペースを心がけることが大切。

片手で注ぐのは、絶対にしてはいけません。

お酌してもらうときは、ビールグラスも日本酒の盃も、テーブルに置いたままでなく、必ず右手で持って左手で下から支えます。

注いでいただいたグラスや盃を、そのまま口に運んではいけません。いったんテーブルの上に置くか、手元に引き寄せてから飲むようにしましょう。

ワインやシャンパンは、テーブルにグラスを置いたままで注いでいただきます。手に持つ必要はありません。

お酌をするタイミングは、相手のグラスや盃が空になったことを確認してからがベストです。まだ残っているところに注ぎ足されてもおいしくありませんし、相手の飲むペースを乱してしまいがちです。

1行マナー講座　ビールは、泡3：液体7ぐらいが理想的。最初はやや勢いよく、途中か

お酒を飲むとき

「無礼講」にご用心。酒量も節度もわきまえて

「手酌で」と言われたら あとは無理強いしない

酒席をともにするからといって、同席した人がすべてお酒に強いとは限りません。飲むペースは人それぞれ、お酒を無理強いされるのはとてもつらいことです。

それに、相手のグラスの中が気になってお酌しあうことばかりに気を取られていては、料理もお酒もおいしくありません。

たしかに、お酌のやりとりによって場はなごむものですが、「あとは手酌でいきましょう」と言われたら、その気持ちを尊重したほうがよいですね。気をきかせすぎるのは、かえって相手の負担になります。

「今日は無礼講」と言われても節度を保つ

「今夜は無礼講《ぶれいこう》だ。トコトン飲んで楽しくやろう」という上司のかけ声で始まる宴会、サラリーマンでしたらどなたにも経験があるでしょう。

そもそも無礼講とは、戦国時代に殿様が家来の本心を探るために考えだしたはかりごと。時代が変わっても、身分や地位を気にして堅苦しい席にならないように、あくまでも身分や地位の上の人が下の人に対して開く宴会や集まりのことです。

そこを「何をやってもかまわない」と勘違いしてハメをはずしている人がいるようですが、許されることではありません。上司や同僚には下品で粗雑な人というマイナスの印象を与え、仕事もやりにくくなるでしょう。

無礼講は社交辞令と心得て、お酒の席ではいつも節度を保ちます。

ちなみに、無礼講とは反対に、出席した人が礼儀正しさをくずさない席のことを「慇懃講《いんぎんこう》」といいます。お酒の席で、あまり堅苦しいと敬遠されますが、節度のないふるまいも好ましくありません。その場の「空気を読む」力を養っていきましょう。

ナプキンの上などに置く。グラスに入れたまま飲むのはNG。

お酒の席でも「だらしない」はNG！

カウンターにバッグを置かない

小さいバッグは、椅子に浅く腰かけて背中と背もたれの間へ。隣の席が空いていれば、お店の人に断って置かせてもらってもかまわない。大きなバッグが預けられないときは、隣の人の邪魔にならないように足元に置く。

口に入れるものが置かれる場所に、底が汚れたものをのせるのは無神経。

料理も品よく食べる

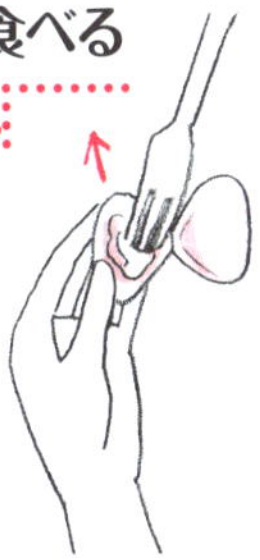

殻付きの貝は指でつまんでも

殻を指でつまみ、フォークで身を刺して取る。エビは、尾をフォークで押さえ、ナイフで身を切り離す。

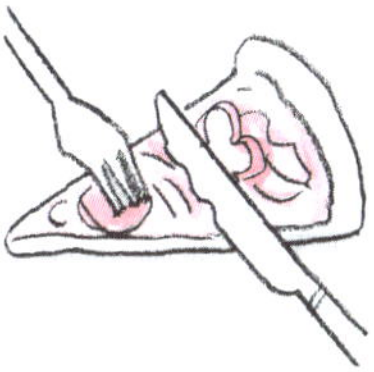

ピザはナイフとフォークで

カットしたピザの細いほうを左に向けて、左から一口大に切って食べる。

カクテルは粋に飲む

マティーニやマンハッタン、ギムレットなど氷の入っていないショートカクテルは、冷たいうちに短時間で飲むもの。氷の入っているロングカクテルは、色や香りを楽しみながら少し時間をかけて飲むものとされている。オリーブやチェリーを刺したピックは、飲んでいるときにはコースターの上に置き、飲み干したらグラスの中に戻すこと。

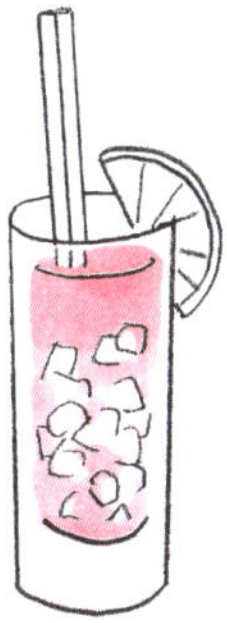

氷入りのカクテルは、少し時間をかけて飲む。

バーでは食事よりお酒をメインにする

静かな雰囲気の中でお酒を味わいたいと、ホテルのラウンジ・バーを行きつけにしている方はけっこういらっしゃいます。バーとは酒場のことですから、お酒をメインにして、あとはおつまみ程度に。バーでお腹をいっぱいにしようと思わないほうがよいでしょう。

バーテンダーはお酒の知識や調合のプロであり、おもてなしのプロでもあります。一人でバーに入ったら、カウンターに座ってバーテンダーと会話するのも楽しみの一つです。しかし、はじめてのバーで「お任せします」と言われてもバーテンダーは困ってしまいます。お酒の種類や味の好みくらいは伝えるようにしましょう。

1行マナー講座 グラスに添えられたマドラーは、飲み物をかき混ぜたら取り出して、紙

ソムリエがいる店ではおいしさを堪能

お酒を飲むとき

ワインのテイスティング6つのステップ

1 親指・人差し指・中指の指先でグラスの脚を持ち、向こう側に倒してワインの色を見る。

2 グラスのフチに鼻を近づけて香りをかぐ。

3 テーブルの上で、グラスの脚を人差し指と中指で挟んで回し、ワインと空気を混ぜる。

4 もう一度香りの変化を確かめる。

5 ワインを口にふくみ、ゆっくり息を吸い込みながら味を確かめる。

6 ソムリエに「けっこうです」「どうぞ皆さんにお願いします」と伝える。

ワインを注ぐのもソムリエに任せる

ソムリエがワインを注ぐと、テイスティング(利き味)を求められます。上に紹介した簡単な手順を覚えておけば、緊張してほかの人に頼んだりしないですみます。

気心が知れた仲間どうしでは、ビールや日本酒のときのように、ワインも同席した人たちで注ぎ合いながら楽しく飲みたいでしょう。気軽に入れるレストランだったらそれもOK。しかし、ソムリエがいるお店では、ワインを選ぶのも、注いでもらうのもすべてお任せしましょう。

1行マナー講座 ワインを注いでもらうとき、グラスはテーブルに置いたままに。

7章

コミュニケーション

言葉づかいに自信がありますか？
会話、手紙、電話、メール。
人と人をつなぐ「言葉」のマナーのあれこれ。

会話

「目は心の窓」、会話中の視線はやわらかく

まったく見ないのも、見つめすぎてもいけない

話をするとき、相手の目をまったく見ないと、「この人、話をきちんと聞いていてない。相手に好意をもっていない」という印象を与えます。

では、相手の目をじっと見つめたまま話をしたらどうでしょう。女性に多いようです。そうされて「この人、自分に気があるかも」と勘違いする男性が現れかねませんが、往々にして、お互いが何となく気詰まりになりがちです。同時に、相手に威圧感を与え、疲れさせてしまいます。心理学の研究でも、相手の目を10秒以上見つめると敵対的な雰囲気が生まれることもあるそうです。

アイ・コンタクトは3対7のバランスで

恋人どうしならともかく、ふだん人と話をするときに、ずっと見つめ合うようなことはふつうはありません。

二人で話しているときは、二人が同時に目線を離したり合わせたりしているのではなく、一方が目を見ると他方がひと呼吸おいて目をそらすことがくり返されています。

アイ・コンタクト（相手の目を見ること）と目をそらすことの割合は、おおよそ3対7にするともっともバランスがよいでしょう。3秒見つめたら、7秒そらす、というわけです。

問題なのは、相手からそらした目線をどこへもっていくかです。

額を横に通る線を「額通り」、両肩を結んだ線を「肩通り」といいます。この2つの通りを縦に結んだ四角形の範囲内を、やわらかくゆっくり動かしながら見て、重要な話題のときには相手の目を見るようにします。

この範囲からはずれてキョロキョロすると、「この人は上の空。私の話を全然聞いていていない」と思われても仕方ありません。

会話中は「目」が重要な役目をする

会話中のアイ・コンタクトゾーン

目は一点を見すえるのではなく、ゆっくり適当に動かすことがポイント。目をそらすときは、額を横切るラインと両肩を横切るラインを結ぶ四角形の範囲内に視線を向ける。この範囲からはずれると、相手の話を聞いていないように見えるので注意を。

額通り
両眉の少し上、額を横切るライン
←視線はこの範囲内で動かす
肩通り
両肩を結ぶライン

視線は3秒合わせて7秒そらす

実際にやってみると「3秒」は意外と長い。生真面目にやろうとすると、かえって目の動きがおかしくなるので、目を合わせた時間の倍ぐらいの割合で目をそらすように意識して。視線を合わせたときの相手の気持ちを知るためにも、鏡に向かって練習してみるとよい。

Point アイ・コンタクトが苦手な人は……

相手の目を見ようと思わず、「まばたきの数を数えてみる」という意識で。まず、家族や友人など、気心の知れた人との会話で練習をして、少しずつ慣れていくことも大切。

口元は「い」がニュートラル

相手が目をそらしているとき、こちらの口元を見ていることが多い。口元は、口角を上げる「い」のかたちが基本。ぜひ、ふだんから心がけて。

口元は、あいうえおの「い」が基本。

お辞儀の角度は指先が目安

会釈と敬礼と最敬礼。「この3つを、どのように使い分けたらよいですか」という質問をよく受けますが、私はいつも、「あいさつの言葉と関係づけるとよいでしょう」とお答えしています。「おはようございます」は会釈、「いらっしゃいませ」のときは敬礼、「ありがとうございました」のときは最敬礼。「申し訳ございません」のときは、上体をもっと深く倒します。

この角度に上体を倒すと、会釈のときの指先は自然にハの字のかたちになって太ももの付け根ぐらいに、敬礼は太ももの付け根とひざ頭のちょうど間に、最敬礼ではひざ頭の上、さらに深くなればひざ頭を包む位置になります。

会議、商談、交渉は座る位置も要チェック

お互い斜めに向き合って座ると目線がラク

テーブルを挟んでどのように座っているかで、その男女の親密度がわかるのだそうです。斜めの位置で向き合っているのは初対面か知り合ってまだ間もない仲、真正面に向き合うのはケンカの最中、直角に座るのは仲良し、並んで座るのはごく親密な仲なのだそうです。

では、カップルでない場合は、お互いどのような位置で座るのが心地よいでしょうか。

テーブルの大きさや椅子の配置によって違いますが、私は斜めの位置か角越しに座ることをおすすめします。真正面に座るより圧迫感がなく、視線が疲れないと思いますが、いかがでしょう。お互い真正面に向き合って座らなければ失礼、ということはありません。

聞き上手な態度は相手を心地よくさせる

一対一ではもちろん、講演で人の話を聞くときにも、目の表情や姿勢といった「態度」が会話のマナーのポイントになります。

私が講義をしている最中、会場には腕組みをして目をつぶって聞いている人がいます。年配の方に多く、そのほうが耳に神経が集中するからというのですが、私にしたら、「話がつまらなくて寝ているのかなあ」「好意をもたれていないのかなあ」とマイナスのことばかりが気になってしまいます。

話をしている人を見ながらうなずいたり、笑ったり、細かく反応してくれたほうが、調子に乗りやすい私としてはうれしいのですが。同じ時間そこにいるのでしたら、講演者を調子に乗せてしまったほうがお得だと思うのですが、いかがでしょう?

会話をする相手との座る位置、距離の関係

リラックスできる「角越し」協力しあえる「隣り合わせ」

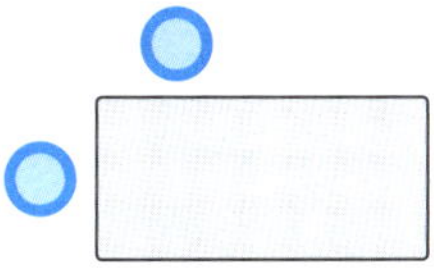

正面
緊張感が生じやすいが、商談や面接などあらたまった話には向く。

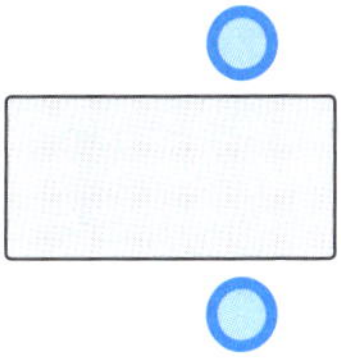

角越し
リラックスして話し合える。同性、異性を問わずに親しみが増す。

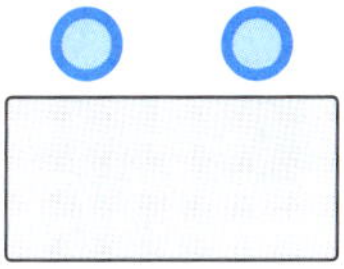

隣り合わせ
会話には集中できないが、相談や共同作業には向いている。

会話は「輪」、会議は3m、家族団らんは1.5m

グループで意見を交わしたり、話をするには、丸いテーブルを囲み、参加者が「円」に近いかたちで座ることが理想的。お互いの位置の上下関係をあまり意識しなくてすむため、発言しやすくなるのが、その理由。人数にもよるが、参加者がおおよそ直径3m以内の「輪」の中に収まると、なごやかかつ活発に意見交換できるといわれる。

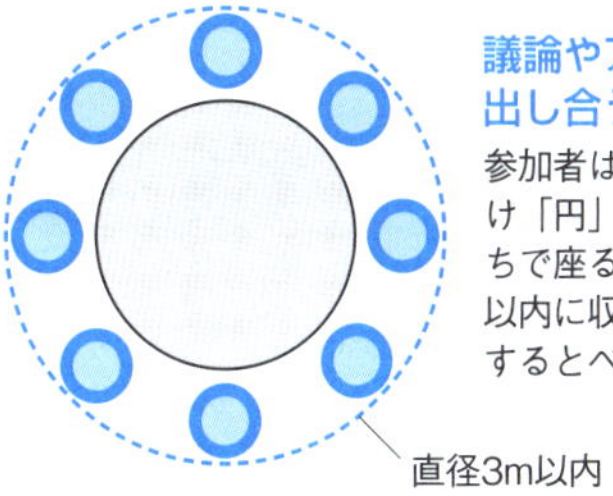

議論やアイデアを出し合うとき
参加者は、できるだけ「円」に近いかたちで座る。直径3m以内に収まるようにするとベスト。

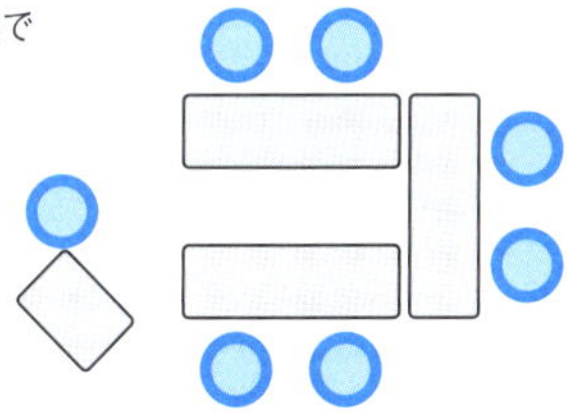

聞き手の意識を集中させたいとき
プレゼンテーションや講演などでは、聞き手を「U字」や「V字」の配置にして、話し手に視線が集まりやすくすると効果的。

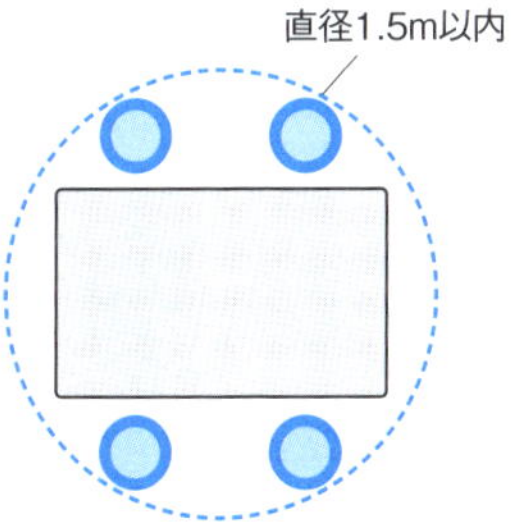

親密な関係を築くなら直径1.5m以内に
この距離は、ちょうど食卓を囲んで座ったときの距離に相当。さらに、相手の利き手と反対側に座ると親密度がさらに深まる。

発言はしにくいが、序列が明確で「決定権者」の存在感が増す。

決定・判断が目的のとき
一般的な会議室の「ロの字」の座席配置は、活発に意見を交わすことが目的の会議には向かないが、判断や決定が目的の会議、序列を明らかにしたい役員会議などには向いている。

出典／ロバート・ソマー著『人間の空間』（鹿島出版会）

言葉づかい

ちょっとした物言いで印象は変わる

「は」と「も」の違いで伝わり方は大きく違う

「今日のお洋服は、素敵ですね」と「今日のお洋服も、素敵ですね」では、「は」と「も」の一字違い。「今日のお洋服は」と言われると「じゃあ、ふだん着ている洋服はよくないの」と気にしてしまうデリケートな人だっています。

「今日の朝食、コーヒーと紅茶、どっちにする」と聞いて、「コーヒーでいいです」と「コーヒーがいいです」では、言われたほうとしてはどちらが気分がよいかは言うまでもありません。

本人ははっきり意識していなくても、言い方の違いはわずかでも、相手への伝わり方が大きく違ってしまうことってよくありますね。

要は、相手の立場、相手の気持ちになって考えられるセンスがどのくらいあるかということなのでしょう。こちらが温かい言葉を使えば温かい言葉が返ってきますし、冷たい言葉を使えば、冷たい言葉が返ってきます。

言葉に込めた思いもきちんと伝えよう

私たちの会話は、「伝達の言葉」と「心の言葉」で成り立っています。

心の言葉は「愛語」のことで、相手の立場、相手の気持ちになって発した言葉をいいます。伝達の言葉は、相手の立場に立つよりはただ伝わればよい、伝えればよいという言葉です。

古来、言葉には呪力があると信じられています。言葉に宿る魂、それが「言霊《ことだま》」です。言葉の魂を大切にして、心の言葉でお話ししたいものですね。まわりから伝達の言葉しか返ってこないと思ったら、あなたが伝達の言葉だけで話をしているからかもしれません。

「和《わ》顔《がん》愛《あい》語《ご》」の精神で心の言葉を伝える

和顔愛語とは……

仏教の経典の言葉で、ある菩薩が心がけた生活態度として伝わる。「和顔」はやさしげな顔つき、「愛語」は、菩薩が他者に対してかける心のこもったやさしい言葉。ほほ笑みとやさしい言葉で人に接しなさいという教え。

一字一句に心を込める

× 「今日のお洋服は素敵ですね」

○ 「今日のお洋服も素敵ですね」

たった一字の違いで、相手に伝わるニュアンスが変わってしまう。その一字に、心の中で思っていることが無意識のうちに出てしまうことも。もし自分に向けられた言葉だったらどう受け取るか、人と話すときは、一字一句に相手への気づかいを。

命令よりも「お願い」に

× 「お茶出して」　○ 「お茶をお願いします」

× 「コピーとって」　○ 「コピーをお願いします」

同じことでも、命令口調で指示されるよりも「お願い」されたほうが相手は受け入れやすい。「お手伝いしましょうか」という申し出も「手伝わせてください」と言われたほうがうれしい。

否定形より肯定形

× 「できません」　○ 「むずかしいかもしれません」

× 「わかりません」「知りません」　○ 「教えてください」

やさしい言葉をかければ、やさしい言葉が返ってくるもの。否定するにもやわらかい表現で。

「聞かせてもらう」態度で聞く

どんなに丁寧な言葉を使っても、いい加減に聞いていると、それが態度に表れるもの。相手の話は、「聞かせてもらう」態度で聞く。受け取る側に「聞かせてもらう」という気持ちがあれば、「うるさい小言」も「貴重なアドバイス」になる。

礼儀の最高の姿は「愛」と変わりない

教育者の新渡戸稲造は、その著書にこう書いています。

「体裁を気にしておこなうのならば、礼儀とはあさましい行為である。真の礼儀とは、相手に対する思いやりの気持ちが外に表れたもの。礼儀の最高の姿は、愛と変わりない」

マナーの「心」と「かたち」は、セットです。問題は、マナーの「心」を忘れて「かたち」にばかりとらわれてしまうことです。本に書いてあることをただ丸覚えして、その場その場で実践すればすむというものではありません。

大切なのは、「かたち」を支える「心」が「相手に対する思いやり」であることを、きちんと理解することです。

1行マナー講座　「が」「を」などほかの語とどんな関係にあるかを示す助詞を省略する

言葉づかい

過剰な「敬語」はときには嫌味になる

「二重敬語」は誤解を招きやすい

専門学校で教えていたとき、生徒たちは「あっ、先生が来た」でした。講演などに伺うと「岩下先生がお見えになられました」「岩下先生がおっしゃられたように」と敬語を重ねて言うほどに丁寧な対応でした。どちらも極端で、ちょっととまどいます。

「お見えになられました」は、「お～になる」の尊敬の表現と、「れる、られる」をつけるだけで簡単に尊敬語になる「られ敬語」が重なっています。正しくは、「お見えになりました」です。「おっしゃられたように」も、「言う」の尊敬語「おっしゃる」に「られ敬語」が重なっています。「おっしゃったように」で敬意は伝わります。

話し言葉では同じ意味の語が重複しがち

「申し受けさせていただきます」というのも変ですね。「受ける」の謙譲語「申し受ける」と、謙譲の意味の「させていただきます」を重ねては、へりくだりすぎです。「お受けします」で問題はありません。このように、敬語が重なっていることを「二重敬語」といって、これを多用すると、過剰な表現におちいりやすいのでご用心。

「重ねる」という視点でいうと、「大豆豆」「馬から落馬」「捺印を押す」「各位殿」など、同じ意味の語を重ねる「重言」にも注意。「人々」「知らず知らず」などのように、同じ語を反復してつくられた単語は「畳語」といって、複数を表したり、ある単語を強調する表現です。重言は畳語とも異なり、言葉の使い方としておかしなものになってしまいます。

「被害をこうむる」「射程距離に入る」などは、文章でもよく使われていますが、これも重言。正しくは「被害を受ける」「射程に入る」です。

物を贈るときは「ご賞味ください」ではなく「お召しあがりください」に。

間違っていることに気づかない「二重敬語」「重言」

過剰な表現 二重敬語

おもに話し言葉で一つの動詞について、同じ種類の敬語を二重に使うこと。過剰な表現は、かえって印象を悪くすることがあり、相手によっては嫌味に受け取られかねない。

× 社長がおっしゃられていました　○ 社長がおっしゃっていました

× 先生がお越しになられました　○ 先生がお越しになりました

× 部長がお帰りになられました　○ 部長がお帰りになりました（帰られました）

× 面会をご希望になられています　○ 面会を希望されています

× 部長がご覧になられました　○ 部長がご覧になりました

× ご注文をお承りしました　○ ご注文を承りました、ご注文をお受けしました

× ご依頼を申し受けさせていただきます　○ ご依頼をお受けします

●役職名はそれ自体がすでに敬語であり、「殿」「様」をつけ加えるのは二重敬語になる。

●「各位」は、集団の中のひとりひとりを指す敬称で、「△△会員各位様」「保護者各位殿」なども二重敬語にあたる。正しくは「△△会員各位」「保護者各位」または「会員の皆様」「保護者の皆様」。

●慣例として定着しているため使われている「二重敬語」もある。

〈例〉お召しあがりになる、お伺いする

無駄にくり返す 重言

同じ意味の言葉を重ねること。話し言葉では聞き流されることも多いが、文章では、意味の重複が表現をまわりくどく、滑稽なものにする。

× 新年明けましておめでとうございます　○ 明けましておめでとうございます

× 元旦の朝　○ 元旦　× みぞれまじり　○ みぞれ

「明ける」は、旧年が終わる＝新年になる、という意。「元旦」は1月1日の朝のこと。
「みぞれ（霙）」は、雨と雪がまじって降る現象。

× かねてからの懸案　○ 懸案　× あとで後悔する　○ 後悔する、あとで悔やむ

× はっきり断言する　○ 断言する　× 断トツの1位　○ 断トツ

「懸案」とは、かねてから問題になっていて解決のつかない事柄。「断トツ」は「断然トップ（1位）」の略。

× 慎重に熟慮する　○ 熟慮する　× 尽力を尽くす　○ 尽力する、力を尽くす

× 雪辱を晴らす　○ 雪辱する、雪辱を果たす　× 存亡の危機　○ 存亡の機

「熟慮」は「念入りに検討する」こと。「雪辱」は「恥をそそぐ、晴らす」の意。「存亡」は、生き残るか滅亡するかの重大な危機に瀕すること。

× おからだご自愛ください　○ ご自愛ください

× 一番最初（最後）　○ 最初（最後）

× まず最初に　○ 最初に

× 内定が決まる　○ 内定する（した）

× 製造メーカー　○ 製造業者

「自愛」とは、自分のからだを大切にすること。
「最」は一番の意。

Point
重言は、一般に避けたほうがよいとされるが、文中で外来語を使う際、わかりやすくするために同じ意味の日本語を重ねるなど意図的に用いられることがある。
〈例〉サイエンスの科学、ケミストリーの化学

1行マナー講座　「おいしく味わう」という意味の「賞味」は食べる人が使う言葉。食べ

言葉づかい

丁寧・尊敬・謙譲、正しい言葉の使い方

「になる」は尊敬、「する」は謙譲

「お休みになる」「お調べになる」というように、「お～になる」に相手の動作を入れると尊敬の表現になります。

「お待ちする」「お調べする」というように、「お～する」に自分の動作を入れると謙譲の表現、自分がへりくだることによって相手を立てることができます。

このどちらかにあてはまらない言葉はごくわずか。これだけは、しっかり覚えておくしかありません。クイズ形式にして、家族でお互いあてっこしてみてはいかがですか。

お客様に対してよく使われる「受付で伺ってください（お聞きしてください）」は、「受付でお尋ねください」。食事の席の「どうぞ、いただいてください」は「どうぞ、お召しあがりください」。尊敬語と謙譲語は混同しないように気をつけましょう。

気持ちがこもらない敬語は〝敬遠〟になる

慇懃無礼という言葉があります。表面的にはとても丁寧なのに、内心では相手を軽く見ているようで、どこか冷たさを感じさせる態度や物言いのことです。敬語は相手を〝敬う〟言葉ですが、ハートがこもっていなければ相手を〝敬遠する〟言葉にもなってしまいます。気をつけましょう。

尊敬語、謙譲語を正しく使い分けることは、たしかにむずかしいことです。私は、敬語表をつくって家の中とオフィスに1枚ずつ置いて、自分で自分の耳に言い聞かせていました。自分のものにするには、そのくり返しと場数を踏むのが一番です。

尊敬表現は「ご覧になる」「お読みになる」「お聴（聞）きになる」。

毎日口に出して覚える「尊敬・謙譲語表」

尊敬の表現 「お」＋相手の動作＋になる　「お待ちになる」「お調べになる」

謙譲の表現 「お」＋自分の動作＋する　「お待ちする」「お調べする」

	尊敬語	謙譲語
言う	おっしゃる、言われる	申す、申しあげる
見る	ご覧になる	拝見する
聞く	お聞きになる、お尋ねになる	伺う、拝聴する
行く	いらっしゃる	伺う、参る
来る	おいでになる、お越しになる、お見えになる	参る
帰る	お帰りになる	失礼する
いる	いらっしゃる	おる
する	なさる、される	いたす
もらう	お受け取りになる	いただく、頂戴する
与える・やる	くださる	差しあげる、あげる
食べる	召しあがる	いただく、頂戴する
知る	ご存じです	存じる、存じあげる
話す	お話しになる	お話しする
待つ	お待ちになる	お待ちする
書く	お書きになる	お書きする

Point

一つの文章の中に、尊敬語と謙譲語を混同させない

主語が相手であれば「尊敬語」、自分であれば「謙譲語」を使う。

✕	○
✕ 受付で伺ってください	○ 受付でお尋ねください
✕ どうぞ、いただいてください	○ どうぞ、お召しあがりください
✕ ご拝見願います	○ ご覧になってください
✕ 社長がお目にかかられた	○ 社長がお会いになった
✕ お名前をお申し出になってください	○ お名前をおっしゃってください

1行マナー講座 「拝見」「拝読」「拝聴（拝聞）」は、見る、読む、聴（聞）くの謙譲語。

言葉づかい
「お」「ご」「み」のつけ方には決まりがある

「御」を頭につけると言葉が美化される

「お」「ご」「み」「おみ」は、漢字で書くと、すべて「御」という字。敬意、丁寧さ、美しさを表すことができますが、間違った使い方をされると気になってしまうのです。

自分の車は「車」ですが、相手の車は「お車」。相手に関するものの上につけると、敬意の表現になります。「お茶」「お汁粉」「お値段」「おみおつけ」は丁寧な表現。味噌汁や吸い物は、室町時代から続くもっとも格式の高いおもてなしの形式「本膳」でご飯につけて並べられたことから「おつけ」といわれ、さらに「おみ」をつけたのが「おみおつけ」です。「み」は「深」と書くこともあり、「深山」「深雪」「深草」は、美しさをほめたたえる表現。

「お」は、「早くお入り」「そうおし」「お黙り」のように命令をやわらげる表現にも使われます。

カタカナ言葉に「お」はつけない

同じ丁寧な表現でも、「ご父君」「ご無沙汰」のように漢語につく「御」は、「み」や「お」ではなく「ご」と読むのが一般的です。ところが、「お料理」「お勉強」「お返事」など、家事、教育といった家庭内のことについては、漢語でも「ご」ではなく「お」をつけることがあります。「女性が使うのでより和語的なあつかいになったのでしょう」と、言語学者の野元菊雄さんはおっしゃっていました。

しかし、ふだん、「お家」とは言いますが、「おビルディング」とは言いませんね。「おビール」「おコーヒー」「おズボン」という言い方、よく耳にしますが、これは間違い。慣例として使われることはありますが、好ましいとは思えません。和語や漢語にはつけても、カタカナで書く外来語に「お」はつけるものではないのです。

「ご」になる。また、美化語を多用すると、かえって全体の品位が落ちることがある。

「御」をつけて敬意、丁寧、美しさを表現する「美化語」

美化語とは

敬語5分類の一つ。誰かへの敬意を直接表すのではなく、敬語部分とのバランスを取る言葉をやわらかく表現するうえで、表現の上品さ、美しさの水準を上げるために用いる。結果として、美化語を用いて所有、利用、行う人への尊敬を表すことにもなる。

美化語の法則

1 ものや事柄の頭に「御」をつける場合と言葉自体を言い替える場合がある

〈例〉**「御」をつける**　結婚→ご結婚、ご祝儀、ご挨拶、お酒、お料理、おけいこ、お天気、お庭、など。

〈例〉**言葉自体を言い替える**　めし（飯）→ごはん（御飯）　髪→おぐし（御髪）　水→おひや　うまい→おいしい　腹→おなか　つけ（汁物）→おみおつけ（御御御付け）、など。

2 「御」は、付加する言葉によって読み方が変わる

和語＝漢字を訓読みにする言葉→**「お」「み」「おみ」**〈例〉お金、み心、おみ足、など。

漢語＝漢字を音読みにする言葉→**「ご」**〈例〉ご無沙汰、ご意見、ご無事、など。

3 漢語には、「お」と読むもの、「お」「ご」の両方を用いるものがある

和語同様に慣れ親しんだ言葉→「お」〈例〉お電話、お料理、お弁当、など。

「お」「ご」の両方を用いる場合　〈例〉お返事・ご返事、お誕生・ご誕生、お勉強・ご勉強、など。この場合、「お～」は美化語として、「ご～」は尊敬語または謙譲語として使われる傾向がある。

4 次の語句には美化語は用いない

動物、自然現象〈例〉犬、猫、雨、地震、など。※「雪」「空」など例外もある。

外来語、外国語〈例〉コーヒー、ズボン、ビルディング、など。

敬称などすでに敬語で表現している言葉〈例〉社長、先輩、先生、皆様、など。

よい意味でない言葉〈例〉汚い、悪い、貧乏、など。

上記以外にも、美化語によって不自然になる言葉や、ニュアンスが変わる場合は用いない。
〈例〉お応接室、お学校、お役所、など。

尊敬と謙譲、使い方を間違えると……

「○○様、改札口で△△様がお待ちしていらっしゃいます」

駅構内や車内のアナウンスに「あれっ、ちょっと変」と思うことがよくあります。「お待ちする」はへりくだった表現ですが、鉄道会社にとってはどちらも同じお客様なのに、改札口で待っている人だけを低めることになります。

「無理な駆け込み乗車はおやめください」には、「無理じゃない駆け込み乗車ってあるの」と言いたくなります。「ドアを閉めさせていただきます」、そこまで乗客に遠慮することはないのでは。「ご乗車の方はお急ぎください」と言うのであわてて乗ると、電車が走りだしてからアナウンスで駆け込み乗車を注意されるのです。

1行マナー講座　「ごゆっくり」「ごもっとも」のように、ごく少数の和語は、例外的に

言葉づかい

「とんでもございません」はとんでもない

言葉の乱れは癖にならないうちに直す！

「ご注文のほうは、お決まりですか」といった「ほう弁」、「お酒とか、飲みますか」といった「とか弁」、「1万円から、お預かりします」といった「から弁」、どれも曖昧な表現のオンパレードで、「また言っている」という印象を受けます。

「わたし的には」「っていうか」「全然オッケー」「昨日送ったヤツ」「ぶっちゃけた話」「ビミョ〜」と、ほかにも数えあげたらキリがない言葉の乱れを直してほしいと、このところ研修での指導の依頼が増えています。

ある大手ファミリーレストラン・チェーンでは、〝五大接客禁止用語〟を指定しているそうです。ふだんでしたら、「こう言いましょう」と教育しなければならないところを「これは言ってはいけません」というのですから、言葉の乱れの蔓延ぶりはかなり深刻です。

言葉の意味を知らずに使うと恥をかく

「とんでもない意見」「とんでもない計画」というように、「とんでもない」は「常識では考えられない、途方もない」といった意味でふだんからよく使われます。

「会社の業績、とてもよさそうじゃないですか」「とんでもない、まだまだ赤字が続いているんですよ」

この場合の「とんでもない」は、相手の言うことを強く否定する語ですが、立場が上の人とこのようなやりとりをするとき、とくに女性は「とんでもありません」「とんでもございません」をよく使います。

「とんでもない」は、「とんでも」が「ない」のではなく、「とんでもない」でひとつの言葉。丁寧に言うとしたら、「とんでもないことです」「とんでもないことでございます」になります。

「接客禁止用語」に学ぶ正しい言葉の使い方

× こちら、ケチャップになります → **○ ケチャップでございます**

ソースとケチャップが並んでいたら、「こちらがケチャップになる」という説明は間違っていない。しかし、ケチャップしかなければ一目瞭然。それが「ケチャップになる」は、意味不明な説明。ただ「ケチャップでございます」という言い方が正しい。

× 1000円から、お預かりします → **○ 1000円、お預かりします**

コンビニエンスストアやファストフード店でよく耳にする言葉。代金ぴったりに出した人に、「ちょうどからお預かりします」と言うケースも少なくない。何でも「から」をつけるのが癖になると、代金を受け取った側が「失笑を買う」ことに。

× おタバコのほう、お吸いになりますか → **○ タバコ、お吸いになりますか**

「ほう」をつけると言い方がやわらかく、丁寧になるという勘違いから生まれた「ほう弁」。ストレートに「タバコ、お吸いになりますか」と言えば、十分に丁寧な言葉づかいになる。

× 山田様でございますね → **○ 山田様でいらっしゃいますね**

「ございます」は「ある」の丁寧語。自分のことを「山田でございます」とは言っても、相手に対しては使えない。「山田様でいらっしゃいますね」という言い方に。

× ご注文、以上でよろしかったでしょうか → **○ ご注文、以上でよろしいですか**

「よろしい」は「よい」の丁寧な言い方。「〜してさしつかえない」という意味で、正しくは「ご注文、以上でよろしいですか」となる。「よろしかった」と過去形にする意味もわからず、最近の「乱れ言葉」のヒットといえる。

簡単に尊敬語になる「られ敬語」にご用心

動詞に「れる、られる」をつけると、尊敬だけでなく、可能、自発、受け身といった意味にもなります。たとえば「行かれる」は、尊敬の「お行きになる」にも、可能の「行くことができる」にもとれます。上司に「週末、温泉には一人で行かれるのですか」と尋ねたら、「年寄りだと思ってバカにするな。温泉ぐらい一人で行けるよ」と叱られたという私の友人の例もあります。

友人が、「行かれる」ではなくて「行く」の尊敬語「いらっしゃる」を使っていたら、誤解をされずにすんだのかもしれません。それから、「ゴルフ、おやりになるのですか」というのもおかしな尋ね方で、ゴルフは「やる」のではなく、「する」ものですから、「ゴルフ、なさるのですか」になります。

1行マナー講座 「ご注文、おそろいでしょうか」というのも気になる言い方。「皆様、お

言葉づかい

「クッション言葉」でやわらかに表現する

状況や相手によって言葉を選ぶ

あるホテルの支配人から聞いた話です。

宿泊予約の電話が入り、フロント係が「あいにく、本日は満室になっております」と伝えたところ、そのお客様から「『おあいにくさま』みたいな言い方をするな」とひどく叱られたというのです。

フロント係は、満室で申し訳ないという気持ちから表現をやわらげる〝クッション〟として「あいにく」を使ったのでしょう。しかし、相手には「おあいにくさま」といったやや皮肉を込めたニュアンスにとられてしまったようです。

私の想像ですが、フロント係は無意識のうちに、ビジネスライクな心のこもっていない言い方になったのかもしれません。以来、そのホテルでは誤解を招きやすい「あいにく」は使用禁止となったそうです。

クッション言葉の前に心ありき

私は、クッション言葉も言い方次第だと思います。無愛想であったり、ビジネスライクであったりすれば、せっかくの気持ちが伝わらず裏目に出てしまうことを知っていなければなりません。聞いていると、気持ちがこもらずにただマニュアル通りとしか思えない言い方が多くてヒヤヒヤさせられます。

「恐れ入りますが」「申し訳ありませんが」など、会話をやわらかくするクッション言葉は、会話のはじめに使われるものです。

ただし、「すみませんが」は、「お願いします」「ありがとう」「ごめんなさい」といったさまざまな使い方をされるので誤解を招きやすく、ビジネスの場でクッション言葉として使うにはふさわしくありません。

いできませんでしょうか」と、語尾の表現を変えるとより丁寧な表現に。

クッション言葉はこんなときに使う

クッション言葉は上にのせる、上下で挟む

言いにくいことを言わなくてはならないときに、状況や相手によって、ふさわしい言葉を選んで、表現をやわらかくする「クッション言葉」として使う。

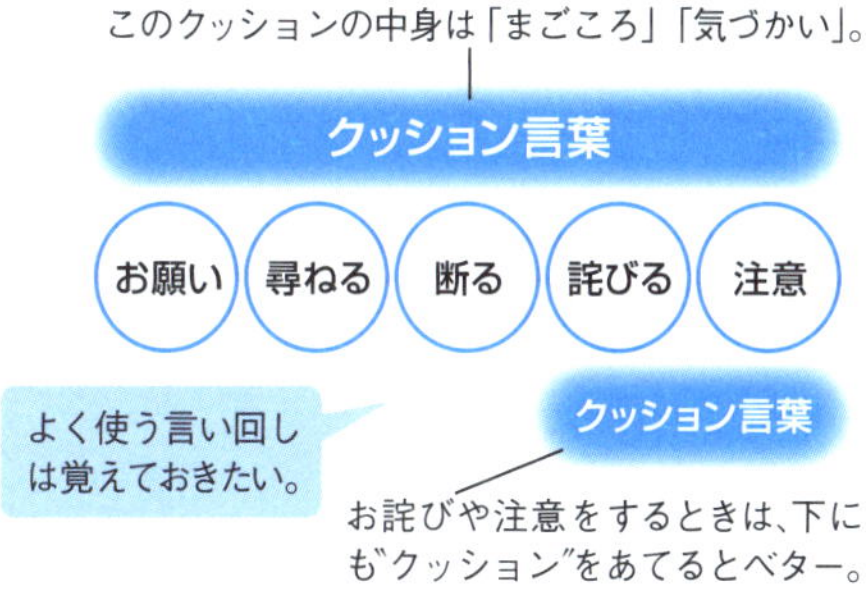

このクッションの中身は「まごころ」「気づかい」。
クッション言葉
お願い
尋ねる
断る
詫びる
注意
よく使う言い回しは覚えておきたい。
クッション言葉
お詫びや注意をするときは、下にも"クッション"をあてるとベター。

クッション言葉でよく使う言い回し

お願い

- ●恐れ入りますが、
- ●大変恐縮でございますが、
- ●お手数ですが、
- ●さしつかえなければ、
- ●申し訳ございませんが、
- ●ご面倒をおかけしますが、
- ●ご迷惑をおかけしますが、
- ●よろしければ、
- ●ご都合がよろしければ、

尋ねる

- ●さしつかえなければ、
- ●お尋ねしてもよろしいですか、
- ●伺いたいことがあるのですが、
- ●失礼ですが、

断る・詫びる

- ●せっかくでございますが、
- ●あいにく（ですが）、
- ●大変残念でございますが、
- ●失礼ですが、
- ●失礼とは存じますが、
- ●身に余るお言葉ですが、
- ●申し訳ございませんが、

下につけるクッション言葉

注意・警告

- ●ご遠慮ください
- ●ご容赦ください、お許しください
- ●無理を言って申し訳ありません
- ●お聞き届けいただき助かります
- ●ご理解いただきまして、ありがとうございます

マニュアルだけでは人は感動させられない

滋賀県大津市の「叶匠壽庵」は全国的にも知られた和菓子舗。点心（軽い昼食）をいただくために予約の電話をした際、新幹線の時間からしてむずかしいとのことで半ばあきらめかけていたところ、「よろしゅうございます。お待ちしております」との返事でした。心のこもった対応にまず感動しました。

ところが、私が到着したのはお目当ての本社ではなく本店。私が予約をしていることを知ると、本店の社員の女性は、場所が違うことを説明しなかった同僚社員の非礼を詫びたうえ、すぐに本社への車を手配してくださいました。本社に着いても、私が名乗る前に、「岩下様ですね」と声をかけてくださって、あの日は、接客とは何かを教えられた一日でもありました。

1行マナー講座 「してください」は「していただけますか」、「お願いします」は「お願

手紙

ハガキは略式、封書は正式

目上の人宛やあらたまった書簡は封書で

メールや携帯電話が普及し、若者にとって手紙を書く機会は少なくなりましたが、私の世代にはまだ筆まめの人は多く、最近も、1週間で20通の返事を書いたほどです。

そこで、基本的に覚えておいていただきたいこと。ハガキは、漢字で書くと「端書」「葉書」。端書は、着物などの切れ端に筆で書いたもの、葉書は多羅葉《たらよう》という肉厚の葉の表に楊枝などで書いたことに由来し、要するにメモ書きのようなものでした。

ですから、年賀状、暑中見舞い、同窓会のお知らせは別として、目上の人に対してや、正式のお礼状としてハガキを使うのは失礼とされてきました。やむを得ない場合には、書き出しに「ハガキにて失礼します」のひと言を忘れずに。

見ただけで気持ちが伝わる手紙の書き方

意外と知られていないことですが、便箋やハガキに縦書きをするとき、自分に関係する主語は、上3分の1のスペースに書かないようにします。やむを得ないときは、主語だけを行（文字のライン）から右横に少しずらして小さく書きます。

反対に、相手に関係する主語は下3分の1のスペースには書かないようにします。一度お試しください。自分に関係する主語より相手に関係する主語を上に書くことで配慮が感じられ、きっと受け取った方はビックリされると思います。

用件を書き足すための「追伸」「二伸」は、目上の人や弔事の手紙には使いません。安易な書き方で失礼にあたる、弔事に関する手紙では、悲しみ事をくり返して書いてしまうことになりかねないという理由がありますので、面倒でも書き直しましょう。

係や社会秩序をよりよく保つための手法が取り入れられている。

ワープロでは書けない、美しい手紙の書き方

〈例〉恩師に結婚を知らせる

拝啓❷　❸吹き抜ける風に初夏の気配が感じられ、❶
子どものころより慣れ親しんだ
裏山の緑も一段と濃くなってきました。
❹山田先生におかれましては、
ますますお健やかにお過ごしのことと存じます。
さて❺私こと音羽太郎は、このたび結婚を
致しますことに相成りました。
❻いろいろご心配をおかけしましたが、
縁を得まして講談花子さんと婚約ととのい、
❼○年○月○日に結婚の運びとなりました次第です。
ぜひ山田先生に私の晴れ姿をお見せしたく、
御多忙中のところ恐縮ですが
御来臨賜りますようお願い申しあげます。
正式には別途ご案内申しあげますが、
まずは書面にて、お知らせいたします。
敬具❷
平成○年○月○日
音羽太郎
山田一郎先生

❶自分に関する主語は上３分の１、相手に関する主語は下３分の１のスペースには書かない。
❷宛先が目上の人のときや、あらたまった手紙には、必ず「頭語」と「結語」を入れる。
❸個人が書く手紙では、定形の時候のあいさつは事務的な印象になるので、自分らしさを感じさせるひと言を添える。
❹用件に入る前に、相手への気づかいを表す。
❺上３分の１に、自分に関する主語が入ってしまう場合は、少し右横にずらして文字を小さく書く。
❻日ごろから何かと相談をしていたときは、感謝の気持ちを伝えるひと言を。
❼あとで招待状を送る場合、結婚相手と挙式の日時程度で用件は簡潔に。

知人から届いた〝ハガキの連番〟

わが家にある日、知人から不思議なハガキが届きました。どう読んでも、文面は中途半端で、ハガキの端には「その２」と書いてあったのです。「その１があるのだな」と思いましたが、同日に着いたほかの手紙には見あたらず、結局、その翌日に「その１」「その３」までがいっしょに配達されてきました。

おそらく知人は、書きはじめたもののハガキ１枚では足らなくなり〝ハガキの連番〟にしてしまったのでしょう。しかも内容は他人に読まれたら差し障りがあるのではと思えるもの。３枚いっしょに届くとも限りません。どうして便箋に書き直さなかったのか、せめてハガキ３枚を封筒に入れて出さなかったのか、不思議でした。

1行マナー講座　手紙の礼儀作法を、とくに「書札礼」といい、その決まり事には人間関

季節のあいさつ

暮らしにメリハリをつける季節のあいさつ状

季節のあいさつ状は決まった期間内に

立秋までの土用に出すのが「暑中見舞い」、それを過ぎると「残暑見舞い」。立春までの土用に出すのが「寒中見舞い」、立春後の寒さを「余寒」といい、寒が過ぎてもまだ寒さが残るこのときに出すのが「余寒見舞い」。

季節のあいさつは、それぞれに期間が決まっているのです。

最近は、こうした季節の線引きが曖昧になってきました。年中行事を大切にすることは、暮らしにメリハリをつけること。それがなくなっては寂しい気がします。

ところで、目下の人が目上の人に対して「見舞い」という言葉を使うのは尊大ではないか、と教えられたことがありました。以来、とくに目上の人には意識して「暑中見舞い」は「暑中お伺い申しあげます」、「寒中見舞い」は「寒中お伺い申しあげます」と書くようにしています。

あいさつは〝季節はずれ〟に注意する

私は、季節のあいさつ言葉を工夫することが好きなんです。年賀状も寒中見舞いもうっかり出しそびれてしまったとき、余寒見舞いでは味気ない気がしますので「立春大吉」としています。筆ペンで書いて、まわりを赤い線で囲んだり脇に波線をつけて飾ります。もちろん、日頃のご無沙汰や近況、相手の自愛を祈る言葉を添えて。縁起のよい便りをいただいたと、喜ばれているようです。

5月5日の端午の節句を一日過ぎた菖蒲、9月9日の重陽の節句を一日過ぎた菊は、いずれも時季が遅れて役に立たないことのたとえ。カレンダーをよく見ると、あいさつの期間はほんのわずかですから、タイミングを逸して「六日の菖蒲、十日の菊」になりませんように。

で書く場合は、変換ミスにとくに注意が必要。

送るタイミングが一目瞭然、季節のあいさつ暦

季節	あいさつ状	月	時期・行事
冬（土用）	年賀状・寒中見舞い	**1月 睦月（むつき）**	5日頃 小寒 しょうかん 7日 人日（七草） じんじつ 15日 小正月 こしょうがつ 20日頃 大寒 だいかん
春	余寒見舞い	**2月 如月（きさらぎ）**	3日頃 節分 せつぶん 4日頃 立春 りっしゅん 9日頃 初午 はつうま 18日頃 雨水 うすい
春		**3月 弥生（やよい）**	3日 桃の節句 もものせっく 5日頃 啓蟄 けいちつ 20日頃 春分 しゅんぶん
春（土用）		**4月 卯月（うづき）**	5日頃 清明 せいめい 20日頃 穀雨 こくう
夏		**5月 皐月（さつき）**	2日頃 八十八夜 はちじゅうはちや 5日 端午の節句 たんごのせっく 6日頃 立夏 りっか 21日頃 小満 しょうまん
夏		**6月 水無月（みなづき）**	6日頃 芒種 ぼうしゅ 11日頃 入梅 にゅうばい 21日頃 夏至 げし
夏（土用）	暑中見舞い	**7月 文月（ふみづき）**	2日頃 半夏生 はんげしょう 7日頃 小暑 しょうしょ 七夕 たなばた 15日 お盆 おぼん 23日頃 大暑 たいしょ
秋	残暑見舞い	**8月 葉月（はづき）**	8日頃 立秋 りっしゅう 15日 お盆（月遅れ） 23日頃 処暑 しょしょ
秋		**9月 長月（ながつき）**	1日頃 二百十日 にひゃくとおか 7日頃 白露 はくろ 9日 重陽の節句 ちょうようのせっく 19日頃 十五夜 じゅうごや 23日頃 秋分 しゅうぶん
秋（土用）		**10月 神無月（かんなづき）**	6日頃 寒露 かんろ 17日頃 十三夜 じゅうさんや 23日頃 霜降 そうこう
冬		**11月 霜月（しもつき）**	7日頃 立冬 りっとう 15日 七五三 しちごさん 22日頃 小雪 しょうせつ
冬		**12月 師走（しわす）**	7日頃 大雪 たいせつ 8日 事始め（今は12月1日） 22日頃 冬至 とうじ

年賀状　1月1日～1月7日
寒中見舞い　松の内明け（1月8日）～節分（2月3日頃）
余寒見舞い　立春（2月4日頃）過ぎ～2月末日
暑中見舞い　梅雨明け～立秋（8月8日頃）の前日
残暑見舞い　立秋（8月8日頃）～白露（9月7日頃）の前日

1行マナー講座 手紙における一番の不作法は「相手の名前」を間違えること。ワープロ

手紙

お礼状は「かたち」より「気持ち」が大事

むずかしく考えず話し言葉で書いてみる

お礼状の第一のポイントは、どなたかの家におよばれしたり贈り物をいただいたら「すぐに」書くということです。時間が経つと、相手に伝わる感謝の気持ちは半減してしまいます。どんなに遅くても3日以内には投函したいところです。

といっても、親しい人には気軽に書けても、目上の人に差しあげるお礼状は、そうはいきません。いくらお礼状といっても、「時下《じか》益々《ますます》御清《ごせい》祥《しょう》のこととお慶《よろこ》び申しあげます」というような書き出しでは、ちょっと冷たい感じがしませんか。きちんと書かなければという思いが先走り、手紙の書き方の本から多々引用しているのは、圧倒的に若者からの手紙で、メールで使っている人もいます。

ワープロ書きでも「自分の言葉」で温もりを

頭語（拝啓、前略など）や結語（敬具、草々など）を間違えてはいけませんが、かたちにとらわれず、自分で感じた季節感を込めた言葉で丁寧に書きはじめたらよいのにといつも思います。たとえば、「春とは名ばかりで寒い日が続きますが」「風薫る候となりました」「残暑ことのほか厳しく」「日増しに秋も深まってまいりました」「歳末ご多忙の折から」などなど。書き出しの言葉は、手紙の第一印象を決めるのです。

お礼状は、便箋に直筆で書き、封筒に入れて出すのがよいのですが、何といっても大切なのは〝時機〟です。字を書くことよりワープロに慣れている人は、お礼状をワープロで書いてもかまいません。ただ、ワープロの文面は冷たい印象になりがちですから、直筆のときよりも〝自分の言葉〟で書くことを意識しましょう。直筆でも、ワープロを使っても、素直な話し言葉で丁寧に書けば、きっと感謝の気持ちは伝わります。

「机下《きか》」などの脇付を書き添えるとより丁寧になる。

自分の言葉で書くために　手紙の書き方の基本

前文　頭語・時候のあいさつ　相手の安否を気づかい、自分の安否を伝える。

		頭語	結語
ふつうの手紙	発信	拝啓　拝呈　啓上 （一筆啓上申しあげます）	敬具　拝具　敬白 （かしこ）
	返信	拝復　復啓　敬復 （お手紙ありがとうございます）	拝答　敬具　敬答 （かしこ）
あらたまった手紙	発信	謹啓　謹呈　恭啓 （謹んで申しあげます）	謹白　謹言 （かしこ）
	返信	謹復　謹答 （お手紙謹んで拝見いたしました）	謹言　敬答 （かしこ）

前文省略（目上の人には使わない）

頭語	結語
前略　冠省　冠略 略啓 （前略ごめんください）	草々　不一 不備 （かしこ）

返事を待たずに再信する場合

頭語	結語
再啓　再呈 （重ねて申しあげます）	敬具　拝具 （かしこ）

※（　）内は女性用

主文　起こし言葉・本文　ここから用件に入る、手紙の骨格になる部分。

あいさつに引き続き、「さて」「このたび」「ところで」などの「起こし言葉」で用件を切り出すかたちで主文に入る。伝えたいことがいくつかあるときは、優先順位をつけて、要領よくまとめること。相手に関する主語が行の後半にきてしまうとき、数字や金額が２行にわたってしまうときは、キリのよいところで改行する。

末文　結びの言葉・結語　最後に、頭語に対する結語を間違えないように。

「結びの言葉」は、先方の健康や繁栄を祈る文でしめくくるのが一般的だが、用件に合わせてお礼やお詫び、返事を求める言葉を書くことも。結語は、文の末尾に、必ず頭語と組になっている語を書く。

あと付け　日付・署名・宛名　いつ、誰が、誰宛に書いたものかを示す。

あらたまった手紙には、年月日を入れる。慶事の知らせなどは「〇月吉日」とすることも。ワープロを使ったときも署名は手書きで。連名で署名する場合は、上位者が宛名に近いほうになるよう、下位の者から書く。宛名は、あらたまった手紙には、相手の姓のみを書く。

添え文　追伸　やむを得ず主文を補足したいときは、添え文に書き足す。

「追伸」「二伸」は、目上の人への手紙では失礼にあたる。また、弔事では「くり返し」、慶事でも「返し書き」を意味し、避けるべきもの。親しい人への手紙で、どうしても補足を書き添えたいときは、本文よりも少し小さめに書く。

Point

手紙は、基本を踏まえて、自分の言葉で丁寧に書く

文字は上手下手より丁寧に書くことが大切。頭語と結語を間違えないようにすれば、あとは形式よりも気持ちを伝えることを大切にして、できるだけ自分の言葉で書くこと。

1行マナー講座　宛名の左下に、相手に対するへりくだった気持ちと敬意を表す「侍史《じし》」

ごちそうする・ごちそうになる

お互い気持ちよく、支払いはスマートに

目上の人に〝おごる〟という言葉は使わない

「おごる」というのは、自分のお金で相手にごちそうをすることです。そうなると、どうしてもお金を出すほうが上で、おごられるほうが下という関係になりがちです。

目上の人が下の人におごるということはよくあることですが、立場が逆転することは、目上の人のプライドを傷つけることにもなります。

目上の人に対して、「おごる」や「ごちそうする」という言い方をするのはふさわしくありません。たとえば、感謝の気持ちとして食事にお誘いするときは、「ご招待する」としたらいかがですか。

割り勘でもレジ前で個々に支払うのはNG

レジの前で「今日は、ごちそうしますから」「いえ、私も払いますので」といったやりとりをしている姿は、あまりスマートとはいえませんね。ごちそうされる側には、相手に下心が感じられて借りをつくりたくない、散財させるのは申し訳ないなど、断る理由はいろいろあるでしょう。

しかし、おいしく食事をしたら、お互い気分よくお別れしたいですからね。そんなにごちそうになるのがイヤというのでしたら、そういう人とははじめから食事をしないことです。

割り勘にするとしても、レジに並んで一人ずつお金を払ったり、レジの前でお金を集めるのはとても見苦しいものです。

ごちそうする、ごちそうされる、割り勘にする、どんな場合でも、支払いのときはスマートにふるまうことが大切。それは、いっしょに食事をした相手に対してだけでなく、お店への心づかいにもなるのです。

性や招待客に配るメニューには、料理の値段を記載していない。

スマートにごちそうして、気持ちよくおごってもらう

ごちそうするとき　相手に気がねさせない〝もてなし上手〟になろう

安い料理ばかりを注文しない

「今日はごちそうします」と言った本人が、メニューの中から安い料理ばかりを選んでいたら、他の人は注文しづらくなってしまう。たとえば会社の後輩と会食するときは、ど～んと太っ腹なところを見せて、「遠慮しなくていいよ。君たちが先輩になったら後輩に同じようにしてあげてよ」と言ってあげたら、おごられる後輩の気持ちもずっとラクになり、おごる側の株は急上昇。

相手の前での支払いは避ける

ごちそうをする相手には、支払いをする姿を見せないように、食事が終わるタイミングを見計らってさりげなく席を立ち、支払いをすませる。テーブルで支払いをする場合は、クレジットカードを使うと金額を相手に知られることがなくてスマート。お店の人に、支払いは自分がするので相手からは受け取らないようにと、伝えておくのも一つの方法。

予算オーバーでも冷静に

お店の人から渡された会計伝票を見てビックリ。予算をはるかにオーバーしていたとしても、冷静にふるまうこと。現金は多めに用意しておくか、クレジットカードが利用できるかどうかをあらかじめ確認しておこう。反対に、思ったより安かったときも、顔や態度に出さずにさりげなく支払うのがスマート。

ごちそうになるとき　また誘いたくなる〝おごられ上手〟になろう

遠慮しないで注文してかまわない

ごちそうする人にとっては、相手が喜ぶ顔を見るのが何よりうれしいもの。このときとばかりに一番高いものを注文するような遠慮がなさすぎるのも問題だが、安いものばかり頼むなど遠慮をしすぎてもごちそうする人のメンツが立たない。好きなものを注文すればOK。ごちそうしてくれる人に、「おすすめは何ですか」と聞いてみるのもよい。

支払い中はレジの近くに立たない

ごちそうしてもらう人は、支払いをしているときにレジの近くに立たないこと。先にお店を出ても失礼ではなく、むしろそのほうが気がきいているくらい。せめてレジが見えないところで待つように。

お返しは別の機会にする

ごちそうになったら、お礼の言葉をきちんと伝えることはいうまでもない。できれば3回、会計がすんだとき、お別れするとき、さらに翌日メールや手紙（ハガキではなく封書）で。ただし、すぐにお返しの品を送るというのは、どこか型通り。お返しをするならば、できるだけ早い別の機会に、「今日は、私が」と食事に誘うか、相手の誕生日などにさりげなく贈り物をする。

割り勘にする　大人数のときはこれが一番!

精算はその日のうちにする

幹事役が全額を立て替えた場合、精算はその日のうちにすませることが大切。後日に先延ばしにすると、必ず徴収もれが出て、催促するのも面倒。1円単位の端数まできっちり人数割りできないときは、端数分は幹事役が負担するぐらいの余裕を見せてほしいところ。

不公平にならないよう配慮する

ケース・バイ・ケースではあるけれど、遅れて来た人、お酒を飲めない人、食べたり飲んだりする量の少ない女性は、分担額を減らす配慮はあっていいはず。

1行マナー講座 一定レベルのレストランや料理店では、ホストへの気づかいとして、女

ホテル、旅館に泊まる。快適な旅のために

ホテルに飛び込みではチェックインしない

ビジネスホテルなどは飛び込みを認めているところも多いようですが、シティホテルでは、飛び込みでの宿泊は断られることがあります。ラフな身なりだったのを理由に断られたのではないかと語っている人がいましたが、それだけが理由ではないにしても、そういった人がロビーにいたら雰囲気はあまりよくないのはたしかです。

おそらく、突然来られても清掃などの都合ですぐに部屋に案内できないといった事情もあるでしょうし、ホテルとしては電話などで予約をした人を優先するのが当然のことかもしれません。1週間前でも直前でも、予約したことにかわりはありません。ホテルの目の前からでも、電話1本することは、それほど手間ではないはずです。

ゆっくり過ごすことが旅館への気づかいに

旅館がホテルと大きく違うところは、何から何までお世話をしてくれる仲居さんがいること。とくに女性にとっての「上げ膳据え膳」は、旅の大きな魅力ではないでしょうか。

たとえば部屋での食事が終わっても、日ごろのクセで食器を重ねたりしないで、食べ散らかしたのを直す程度に。仲居さんにとっては片付けの段取りもあるでしょうから、気をきかせたつもりでも、かえって逆効果になってしまうこともあります。

旅に出たときぐらい、ゆっくりしませんか。身のまわりのことはすべて仲居さんにお任せしましょう。

また、旅館の場合、浴衣、スリッパで部屋を出て館内を歩いたり、大浴場へ行ってもOKです。とくに湯上がりは、浴衣に着替えたほうがくつろげますからね。ただし、部屋を出る前に、身だしなみを忘れずにチェックしましょう。

わが家のようにくつろいでも気配りは忘れずに

ホテルに泊まる　部屋を一歩出たら、そこは公道

チェックイン、チェックアウトが遅れるときは連絡を

予約のときに伝えた到着予定時刻を２時間過ぎて連絡がないときはキャンセルとみなされることがあるので注意。チェックアウトが遅くなるときも、場合によっては超過料金が発生するので早めにフロントに連絡してどのくらい遅れそうなのかを伝える。

部屋を変更したいときはすぐに申し出る

案内された部屋が気に入らなかったら我慢する必要はなし。クレームでなく、お願いしたいというニュアンスで伝えれば、満室でない限り相手も親身になって対応してくれるもの。

部屋を汚したり壊したらすぐに連絡する

早めに連絡すれば処理できたことも、時間が経ってしまったことで困難になることがよくあるので気をつけて。

食べ終えたルームサービスは廊下に出す

ワゴンのまま食事をして、食べ終わったらナプキンをかけて廊下に出しておく。ワゴンを下げるために客室係を部屋に呼ぶ必要はないが、食事が終わったことは伝えたほうが親切。

浴衣やスリッパで部屋から出ない

ホテルでは、自分が宿泊する部屋以外は公共の道路と同じ。たとえドアを開けてすぐのところにある自動販売機に行くだけでも、浴衣とスリッパ姿は厳禁。他の宿泊客を不快にさせず、ホテルの品格を損ねないふるまいを心がけて。

旅館に泊まる　接客のスペシャリストにすべてお任せする

チェックインは夕食の時間までに

旅館の宿泊料金は、朝夕２食付きが一般的。宿はベストのタイミングで料理を出すように準備しているので、どんなに遅くても午後6時、夕食の時間までに宿にチェックインするのが常識。連絡もせずに夜遅くに着いて、料金に入っているからと夕食を要求するのは、良識ある社会人の態度とはいえない。

お酒類は持ち込まないのが原則

部屋で勝手に宴会を開かれて、ほかのお客様に迷惑がかかると困るということで、お酒類の持ち込みは原則禁止。どうしても好きなお酒を飲みながらゆっくりくつろぎたいときは、事前に宿に了解をとっておくこと。飲んで騒ぐということでなければ、規則を盾に杓子定規な対応をされることはないはず。

床の間やその前に荷物を置かない

和室の床の間は神様の寝床であり、その前が上座になるほど家の中でもっとも神聖な場所。掛け軸、置物、花が飾られ、おもてなしの気持ちを表す場所でもある。そこに荷物を置くことは、神聖な場所を汚し、宿の思いを台無しにするのと同じ。荷物は床の間から離れた、出入りの妨げにならない場所にまとめて置くようにする。

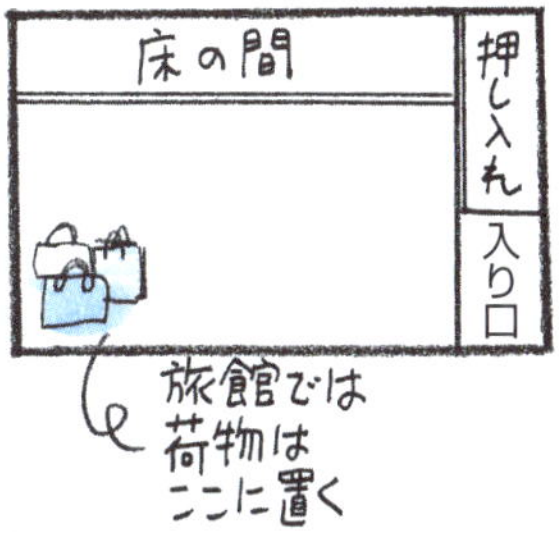

布団の上げ下げまで仲居に任せる

早く床につきたいときは、自分で布団を敷かないで、仲居を呼んで敷いてもらう。翌朝も、シーツや上がけの乱れを軽く整える程度でOK。

1行マナー講座　日本のホテルでは、宿泊料金にサービス料が含まれているのでチップは

ご近所とのトラブル

角の立たない苦情の言い方を心がける

直接解決がむずかしいときは仲裁を頼む

騒音、ゴミ出し、ペット、ベランダの利用と、ご近所トラブルはあとを絶ちません。

当事者どうしが激しい口調で言い合っていたら収拾がつかなくなりますし、ご近所にいつもケンカをしている人がいたら、日々穏やかに暮らすことはできません。

トラブルはお互い様ということがよくあります。たとえば騒音トラブルのときは、「私どもの家の音で、ご迷惑をかけていないでしょうか」とまずわが身のことを尋ねたうえで、「○○の音が響くようですが、少しおさえていただくととても助かります」とやわらかな口調でお願いすれば、感情的にならなくてすみます。

あるいは、マンションでしたら自治会、一軒家は町内会など、第三者に仲介や仲裁を依頼するのは、ことを荒立てない解決につながります。

自治会や地域の行事にはできるだけ参加する

ご近所づきあいが面倒だからなのでしょうか、マンションの自治会や管理組合の総会、地域の行事にあまり関心を示さない人たちが増えています。

「出ようと出まいと、そんなの自由でしょ」と言われてしまえばそれまでですが、見知らぬ人どうしであるためにトラブルになることも、顔見知りであればお互い許し合えることもあると思うのです。

一度でいいですから、面倒がらずに総会や行事に参加してみてください。そのことをきっかけに、それまであいさつすらしなかった人とも急に親しくなることもあります。ご近所とは、できるだけ仲良くしていきたいですからね。

て。とくに排泄物の始末は飼い主として最低限のマナー。

ご近所とトラブルになりそうなときは……

苦情は相手にお願いをする言い方で。

トラブル1 深夜に洗濯をするのをやめてほしい

× 「いったい何時だと思っているんですか。
洗濯、やめてもらえますか」

○ 「こちらの事情で申し訳ありませんが、
深夜の洗濯、控えていただくと助かります」
「洗濯機の音が響くようですので、
お手数ですが確認していただけますか」

どんなときでも相手を一方的に非難するのではなく、自分の事情で何とかしていただけないかというお願いをする言い方を心がける。

トラブル2 近所の子どもがわが家の花びんを壊した

× 「何をやっているの。お母さんに言いつけるわよ!」

○ 「ケガはなかった? 花びん、かわいそうなことになったわね」
(いっしょに遊んでいたわが子に)「よそのお家でこのようなことがあったら、必ずお母さんに伝えてね」

子どもがやったことだからとうやむやにしてしまうのは、その子のためによくない。相手の親が連絡をしてこなかったら、こちらから連絡を。ただし、相手を責めるような表現はしないこと。

トラブル3 宗教の勧誘を断りたい

× 「信者が以前問題を起こしたって聞いていますから」

○ 「信仰している宗教がありますので」「残念ながら無宗教なので」

あくまで自分側の理由であることを強調して、親しい間柄でもきっぱりと断る。

おすそわけは子どもに届けてもらうのも一案

「田舎から送ってきたのですけど、いかがですか」、昔は隣近所との間で、こんなやりとりが盛んに交わされていました。おすそわけは、近所づきあいの潤滑油の役割を果たしていたのです。

しかし、あまり頻繁になると、中にはわずらわしさや負担を感じるという人もいるでしょう。いただいたらすぐにお返しするという、もののやりとりだけになってしまったら、味気ない印象です。

ときには、おすそわけを届けるのを子どもに頼んでみてはいかがですか。あいさつの仕方や言葉づかいが実地で学べますし、相手もそれほど負担に感じないかもしれません。

1行マナー講座 ペットを飼う人は、すべての人が動物好きではないということを理解し

電話とメール

手紙・電話・メールを上手に使い分ける

急用は電話で、大切な用件は手紙で

メールは、リアルタイムで送受信できるというメリットがあり、インターネットの普及とともに利用する人が急増しています。

しかし、受け取る側がパソコンのメールソフトを開かない限り、届いたことは確認できませんから、急ぎの用件は直接電話をするか、ファクスで伝えるほうが確実でしょう。

また、メールはカジュアルですので、何をどんなふうに書いてもかまわないといったような風潮が見受けられます。ついつい軽薄とか型通りという印象をもたれがちですので、あらたまった用件のときには配慮が必要です。大切な用件で、緊急性がない場合は、やはり封書で手紙を送ったほうがよいでしょう。

早い、簡単。メールの特性を活用する

便利だからという理由でメールばかり利用するのは考えものです。手紙も電話も、それぞれにメリットがあります。今は、そこにメールという選択肢が一つ加わったと考えて、相手と目的に合わせて使い分けてはいかがでしょうか。

もし、どなたかの家を訪ねたとして、帰り際に、相手から「家に着いたら必ず電話してね」と言われていたら、どんなに遅い時間でも連絡をするべきでしょう。相手は待っているわけですから、連絡をしないのは心配を助長させるだけです。

しかし、こうしたやりとりをしない限りは、「無事着いた」のひと言を伝えるためだけに、相手をわざわざ電話口に呼び出す必要はありません。こんなときに、メールは便利なツールです。相手が都合のよいときに読んでもらえますし、お礼の気持ちも十分に伝わります。

合は「CC」、受信者が相互にアドレスを知らせたくない場合は「BCC」を使う。

ビジネスメールの書き方・初回訪問のお礼

❶宛先：△△△△様〈△△@zzz.co.jp〉
❷CC：
❸BCC：
❹件名：商品カタログ送付の件

❺江戸川食品株式会社
△△△△様

❻講談商事の音羽太郎でございます。
本日はご多忙のところ、貴重なお時間をいただきまして、
誠にありがとうございました。

ご紹介いたしました弊社商品の特長を
ご理解いただけましたら幸いです。

❼さっそくですが、本日ご紹介した商品を含む
弊社取扱商品のカタログを△△様あて発送いたしました。
❽
簡単ではございますが、取り急ぎ御礼まで。
今後ともよろしくお願いいたします。

==================================
❾株式会社　講談商事　宣伝部 □□担当
音羽太郎
〒112-8001　東京都文京区音羽2-12-21
TEL：03-XXXX-XXXX　FAX：03-XXXX-XXXX
MAIL：taro-otowa@xxx.co.jp
URL：http://www.xxx.co.jp
==================================

❶宛先には、相手のメールアドレスをよく確認して入力。アドレスは、相手の名前に「様」がつくように登録しておく。
❷宛名以外の人にも同じメールを送りたいときは、CC（カーボン・コピー）に送信したい人のアドレスを入力する。
❸CCでは、宛名以外に誰にメールを送ったかが相手にわかってしまうので、それを隠したいときにはBCC（ブラインド・カーボン・コピー）にアドレスを入力する。
❹件名は、内容がひと目でわかるように具体的に書く。
❺受信者がすぐに自分宛と確認できるように、文頭には「〇〇様」と宛名を忘れずに。
❻この場合は、自分の名前と初回訪問のお礼を。2回目以降は、簡単なあいさつと名前を書く。
❼用件は簡潔にわかりやすく。1行は全角で30〜35字、1メール20行が目安。
❽改行して適度な余白をつくる。1行ずつの改行は読みにくいのでNG。
❾最後に必ず署名を入れる。署名のデータを登録しておくと便利。

1行マナー講座 複数人が関わる仕事のときに受信者どうしでアドレスが知られていい場

ビジネス・コミュニケーション

仕事に不可欠「ホウレンソウ」と「ソーセージ」

「仕事6ヵ条」と応対の心得「N・H・K+S」

報告《ホウ》　連絡《レン》　相談《ソウ》　と　早急《ソー》　正確《セー》　時機《ジ》

仕事に欠かせない6ヵ条

1. ミスに気づいたら、隠さずに**報告**する。
2. 関係する部署にはすべて**連絡**する。
3. 自分の手に負えないときは勝手に処理せず、上司に**相談**して指示をあおぐ。
4. よくない報告はなおさらのこと、先延ばしにしないで**早急**に対応する。
5. 憶測や感情を交えずに、事実を**正確**に把握する。
6. **時機**（タイミング）を逸しない。

応対の心得

- **N** ニコニコ　心からの笑顔で相手を立てるムードをつくる。
- **H** ハキハキ　言葉づかいは、はっきりと。
- **K** キビキビ　すばやい動作で、先手を打つ。
- **S** サービス　サービス精神と、親切な応対を心がける。

「ソーセージ」は、「創意工夫」「整理整頓」「時間管理（厳守）」にも通じる。仕事をもっている、いないにかかわらず、一人の人間として周囲とつきあううえで、毎日の暮らしのなかで誰もが心がけたい。

責任感をもって仕事に向かうために

ビジネスに欠かすことのできない6ヵ条というのがあります。略して「ホウレンソウ」と「ソーセージ」。取引先やお客様との応対にあたっては、「ニコニコ・ハキハキ・キビキビ」、略せば「N・H・K」に「S（サービス）」を加えて、仕事の場で実践できれば申し分ありません。

新入社員のときは、マニュアルをこなすことで精一杯でしょうが、仕事の基本6ヵ条に加え、「N・H・K」プラス「S」を心がけて、応対上手を目指してはいかがでしょう。

1行マナー講座　おもてなしの心を得くビジネスの応対マナーは一個人としても学ぶことが多い。

8章

おつきあいのお金

結婚式やお葬式に包む金額は？
冠婚葬祭をはじめとする
「おつきあいのお金」について考えてみましょう。

結婚祝いの金額

贈る側の負担にならない範囲で決める

「相場」はあくまでも目安の一つと考えて

結婚のお祝いは、

①現金だけを贈る。
②品物だけを贈る。
③現金と品物の両方を贈る（親しい間柄）。

の3つのパターンがあります。贈る金額は、新郎新婦との関係、披露宴に出席するかしないか、一人か夫婦連名か、場合によっては贈る側の年齢によっても違ってきます。

何を贈ったらよいのか迷ったら、相手に直接聞いてしまうのが一番です。お祝い金の予算が3万円で、相手が希望した品物が5000円程度だったとしたら、別に現金を2万円包んでもよいのです。

自分の月収の5％なら無理がない

講演会後の質疑応答でよく出るのが、「結婚のお祝い金の相場、今はどのくらいですか」という質問。皆さん、金額をまわりの人と同じにしたいという思いがあるんでしょうね。

私は、昔から、「ご祝儀は月収の5パーセントにしたらいかがですか」と言ってきました。これなら無理なく包めて、とても合理的な金額といえるでしょう。

相場は往々にして高く設定されるもので、バブル期には平均3万円にまではねあがり、つい最近までこの金額が維持されてきました。

3万円は、月収30万円の人にとっては10パーセントの高比率です。とくに若い人は、結婚式が続けば寿ビンボーになり、しばらくは生活費を削ってつつましく暮らすハメにおちいります。

自分の経済状態に応じて精一杯の額を差しあげるのが、身の丈に合った長続きのするおつきあいのしかた。そのために、「月収の5パーセント」にするというのが私の提案です。

の場で用意できるなら受付係に事情を話して、当日のうちに渡しておく。

新郎新婦とのつきあいの深さで決めるのがポイント

平均的な結婚祝いの金額

※（　）内は、夫婦連名の金額

	贈り先との間柄	金額の目安	
		披露宴に出席	披露宴に欠席
親族	兄弟姉妹	3万～10万円（5万～10万円）	
	甥・姪	3万～5万円（5万～10万円）	1万～2万円
	いとこ	3万円（5万円）	1万～2万円
	その他の親類	3万円（5万円）	1万～2万円
友人・仕事関係	友人・知人	2万～3万円	1万円
	友人・知人の家族	2万～3万円	5000～1万円
	勤務先の同僚	2万～3万円	5000～1万円
	勤務先の部下	3万円	1万円
	取引先関係	3万円	5000～1万円
	隣近所	2万～3万円	5000～1万円

●「会費制」のときはご祝儀として現金は包まなくてよい。
●一律でなく、ふだんからのつきあいの深さで決める。
親類、友人など同じ立場の人と一律の金額を贈るのではなく、ふだんからのつきあいの深さと自分の経済力を考えて決める。
●慶事では、祝儀袋に入れるお札は必ず新札を用意して。

Point　相場は目安にする程度で、身の丈に合ったお祝いのしかたを

無理をして、自分が「寿ビンボー」になってしまわないように。結婚式が続くことがわかっていれば、数ヵ月前から〝お祝い貯金〟をするなど備えておくことも大切。

ご祝儀は「月収の5パーセント」のススメ

最近は、大手銀行がご祝儀の相場金額を公表することもなくなり、3万円という相場もとうにくずれています。昔、お祝いに3万円を贈ったから自分にも3万円いただけるものと思い込み、実際には見込み違いだったということが起こっているのも事実です。

そもそもお祝い金は、いただく側があてにするようなものではありませんし、「月収の5パーセント」は、贈る人にとって無理のない目安です。「お祝いは、披露宴の料理の値段を包みなさい」「偶数は割り切れるので〝別れる〟に通じ、4万円は〝死〟を連想させるので慶事に使わない」といった昔からのならわしに惑わされることもなくなるでしょう。

1行マナー講座　祝儀袋へのお金の入れ忘れに注意。渡したあとで気がついたときは、そ

お礼や交通費は挙式前日までに用意する

それぞれにふさわしい表書きをした袋を用意

結婚する側は、お祝いをいただくばかりではありません。仲人への謝礼など用意しなければならないお金があり、用途に応じた祝儀袋が必要になります。

結納から結婚式まで通して仲人をお願いした場合、謝礼は結納金の2割、結婚式だけの場合は1割とされています。最近は、正式に結納を交わさないことが多いので、その場合は20万円ぐらいが相場です。

挙式の2～3日後に仲人宅に伺って届けるものですが、遠方などで無理な場合は挙式の当日に渡してもかまいません。

神父や牧師、神官、僧侶への謝礼金額はケース・バイ・ケースですので、きちんと相手に確認しましょう。

このお礼と仲人への謝礼は、「御礼」と表書きした、金銀の結び切りの祝儀袋に包みます。

交通費としての「御車代」はキリのよい金額で

仲人のほか、来賓や遠方からの招待客には、交通費を用意します。金額は遠方の方へは実費の約1・5倍、近場の方へはタクシー代換算で、約3倍が目安です。のしと赤白の水引が印刷されたのし袋に「御車代」と表書きします。

このほか、挙式や披露宴の手伝いを引き受けてくれた人への謝礼も必要です。司会や受付をしてくれた友人への謝礼は、5000円から2万円で区切りのよい金額が目安。のしと赤白の水引が印刷されたのし袋に「寿」または「御礼」と表書きします。式場の着付け係や介添え係への心付けは、のしと赤白の水引が印刷された小さめののし袋を必要数用意し、「寿」または「御礼」と表書きして渡します。

お礼などの袋の名前は原則として両家の名字に

<table>
<tr><th colspan="2">用途</th><th>金額の目安</th><th>祝儀袋</th><th>表書き</th></tr>
<tr><td colspan="2">仲人への謝礼</td><td>結納金の10～20%、または20万円程度。</td><td>金銀の結び切り</td><td>「御礼」</td></tr>
<tr><td colspan="2">神父、神官、僧侶への謝礼</td><td>規定の金額を確認。</td><td>金銀の結び切り</td><td>「御礼」</td></tr>
<tr><td colspan="2">仲人、来賓、招待客の交通費</td><td>遠方の方へは実費の約1.5倍。近場の方へは自宅から式場までのタクシー代換算で約３倍。いずれもキリのよい金額にする。</td><td>のしと赤白の水引が印刷されたのし袋</td><td>「御車代」</td></tr>
<tr><td rowspan="3">手伝いへの謝礼</td><td>司会、受付</td><td>5000～２万円。</td><td rowspan="3">のしと赤白の水引が印刷されたのし袋</td><td rowspan="3">「寿」
「御礼」</td></tr>
<tr><td>写真撮影</td><td>5000～２万円。材料費などがかかった場合は別途または合算する。</td></tr>
<tr><td>演奏等</td><td>余興としてでなく長い時間演奏した場合は、5000～２万円。</td></tr>
<tr><td rowspan="2">式場関係者への心付け</td><td>新婦の着付け、介添え</td><td>2000～3000円。新婦の名前で渡す。</td><td rowspan="2">のしと赤白の水引が印刷されたのし袋</td><td rowspan="2">「寿」
「御礼」</td></tr>
<tr><td>その他</td><td>2000～3000円。両家の名字で渡す。</td></tr>
</table>

ドライな態度も「心」があれば失礼にならない

誤解されやすいことですが、礼儀作法は、自分が恥をかかないためのものではありません。「私がこのようなことをしたら、相手はどう感じるだろう」といつも心を配って、相手に恥をかかせたり、負担をかけたりしないためにあるものです。

「結婚パーティーに出席していただきたいのです。会費制というわけではありませんが、もしお祝いをいただけるのでしたら１万円ちょうどでお願いします」と部下からハッキリ言われて、とても助かったというある会社の上司。

お祝いを贈る側も贈られる側も面倒や負担をできるだけ少なくするため、若い人のこのようなドライな態度、私は歓迎します。

1行マナー講座 お礼や交通費、心付けは、新札で用意する。銀行などで新札に替えて、

出産祝いの金額

お祝いは産後1カ月くらいまでに

あまり高価なものは贈らないようにする

出産祝いは、現金よりも、品物を贈ることのほうが多いようです。

うちわのお祝いごとですので、あまり高価なものは避けましょう。せいぜい1万円が限度です。表書きは「出産御祝」とします。

出産直後に産婦を見舞うことができるのは、身内か、ごく親しい人に限られます。出産後は、何かと大変なときですから、自宅を訪ねて直接手渡す場合には、できるだけ1ヵ月以上経ってからにします。それも、日中に、短い時間ですませるようにしましょう。第二子以降も、気持ちがあればお祝いを贈ります。

お祝いが遅れても次のタイミングは必ずある

出産祝いを贈るのは、出産の日から7日以上過ぎてから。不幸にも死産などのケースもありますから、あまり早く贈らないことです。タイミングを逃しても、贈り物はできます。出産した人のお誕生日が近い時期だったら、赤ちゃんへのものとお母さんへのプレゼントをいっしょに。海外旅行をしたときに、ベビー服を買ってお祝いを兼ねたおみやげにするのもよいのでは。何か別のタイミングと重なったら、それに合わせると贈りやすいでしょう。

赤ちゃんは成長が早いので、出産から日にちが経ってから衣類を贈るときは、そのときの月齢よりやや大きめのサイズ、時期が春なら秋冬に着られるものを選んだほうがよいでしょう。いずれにしても、お祝いが遅くなったときは、「お生まれになったことを知らずにおり、申し訳ありません」という手紙を添えて贈ります。

ん。母方の実家から贈るのがならわし。

赤ちゃんが生まれてからがお祝いごとのスタート！

生後7日目 お七夜

「名付け祝い」とも呼ばれ、赤ちゃんの名前を決めて、生後7日目の夜にお披露目するのが昔からのならわし。自然分娩ならだいたい産後1週間ほどで退院するので、お七夜は、家族とごく親しい人でお祝いすることが多い。

命名書（略式）例

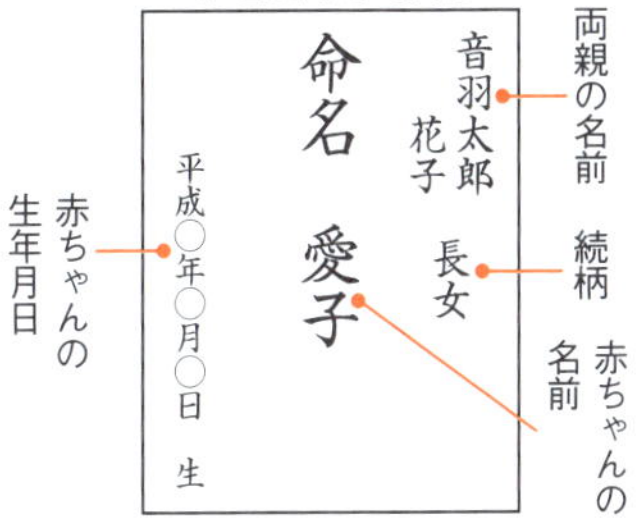

命名書

正式には、奉書を三つ折りにしたものを使うが、最近では、赤ちゃんの名前を書いた半紙を、床の間か赤ちゃんの枕元の近くに貼る略式が主流。

お七夜に招かれた場合に贈るお祝い

金額の目安　5000〜１万円
祝儀袋　のしつき、水引は赤白蝶結び
表書き　「祝御七夜」「御酒肴料」「寿」など
お返しは、お祝いの席に招いてもてなすことでお返しとする。

生後約1カ月 お宮参り

正式には、男子は生後31日目（32日目）、女子は生後32日目（33日目）に、生まれた土地の氏神さまにお参りして、赤ちゃんの幸せと健康を祈る。正式なお参りでは、父方の祖母（赤ちゃんにとって）が赤ちゃんを抱き、両親があとについて参拝する。

お宮参りのお祝いに招かれた場合に贈るお祝い

金額の目安　5000〜１万円
祝儀袋　のしつき、水引は赤白蝶結び
表書き　「御祝」「祝御宮参り」など
※出産祝いを贈っている場合は、お宮参りのお祝い金は不要。

生後約4カ月 お食い初め

「百日の祝い」「箸揃え」「箸初め」などともいわれ、生後100日か120日目の、そろそろ離乳をはじめる時期に赤ちゃんが一生食べ物に困らないように、という願いを込めて行う。赤ちゃんの祖父母、親戚や親しい人を招いてお祝いをする。

お膳の並べ方

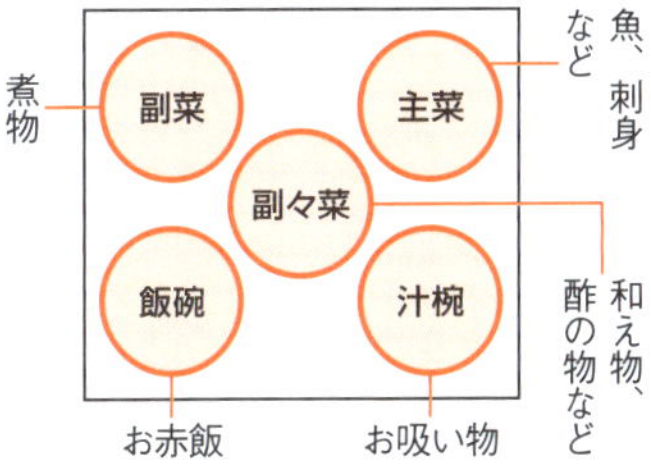

伝統的な祝い膳

男子は朱塗りの膳、女子は内側は朱塗り、外側は黒塗りの膳が正式。最近は、お祝い後も使えるような器を使うことが多い。お食い初めの食べさせ方は、ご飯、汁物、ご飯、魚、ご飯、汁物の順で、赤ちゃんの口に箸を運んで「食べさせるふり」を3度くり返し、箸をおさめる。箸を運ぶ役は近親者のうちで一番高齢の人にお願いする。
この日に、白い産着を色ものに着替えさせる「色直し式」をいっしょに行うことも。

お食い初めに招かれた場合

金額の目安　5000〜１万円　**祝儀袋**　のしつき、水引は赤白蝶結び　**表書き**　「御初膳御祝」「祝御食初」、色直し式もする場合は「祝御色直」
出産祝いを贈っている場合は、お食い初めについてのお祝いは必要ないが、自分の気持ちや、おつきあいの深さによって贈ってもよい。

1行マナー講座　お宮参りのお祝い着は、男子は、のし目の羽二重、女子は友禅ちりめ

原則として身内以外は贈らなくてもよい

身内でない場合は おつきあいに応じて決める

入園・入学・就職のお祝いは、身内は別として、本人との直接の関係より両親や家族とのおつきあいで贈ることがほとんどです。そこで、お祝い金の目安は、贈るほうも贈られるほうも、双方の年齢によって違ってきます。

幼稚園への入園、小・中・高校への入学のお祝いの場合、贈る側が進学する子どもの親より若いときは、5000円から1万円程度。祖父母や親戚、知人など贈る側が子どもの親よりも年配の場合は、おつきあいの深さに応じて1万円を超えることもあるでしょう。

大学への進学、就職祝いの場合は、1万円から2万円程度。目安額を参考にして、現金や商品券、品物でも同額のものを贈ります。

商品券なら 相手が好きなものを選べる

入園・入学のお祝い品として、文房具やカバン（ランドセル）などの学用品を贈ることが多いようですが、学校で指定されていることがあったり、同じ品がダブってしまっては無駄になります。あらかじめ、本人や家族に希望の品を聞くか、現金（商品券、図書カード）を贈るのが無難です。

卒業と入学が重なっている相手の場合は、名目は入学祝いを優先させます。第一子に贈ったら、第二子以降も、相手に負担をかけない範囲で、同じくらいの金額を贈ります。

本来、進学・就職のお祝いは、肉親やふだんから身内同然のおつきあいをしている人がするものです。それ以外の人はあまり高額なお祝いをして、受け取る側に気持ちの負担をかけない配慮も必要です。

お祝いは誰まで？　わが家の「お祝い相関図」をつくる

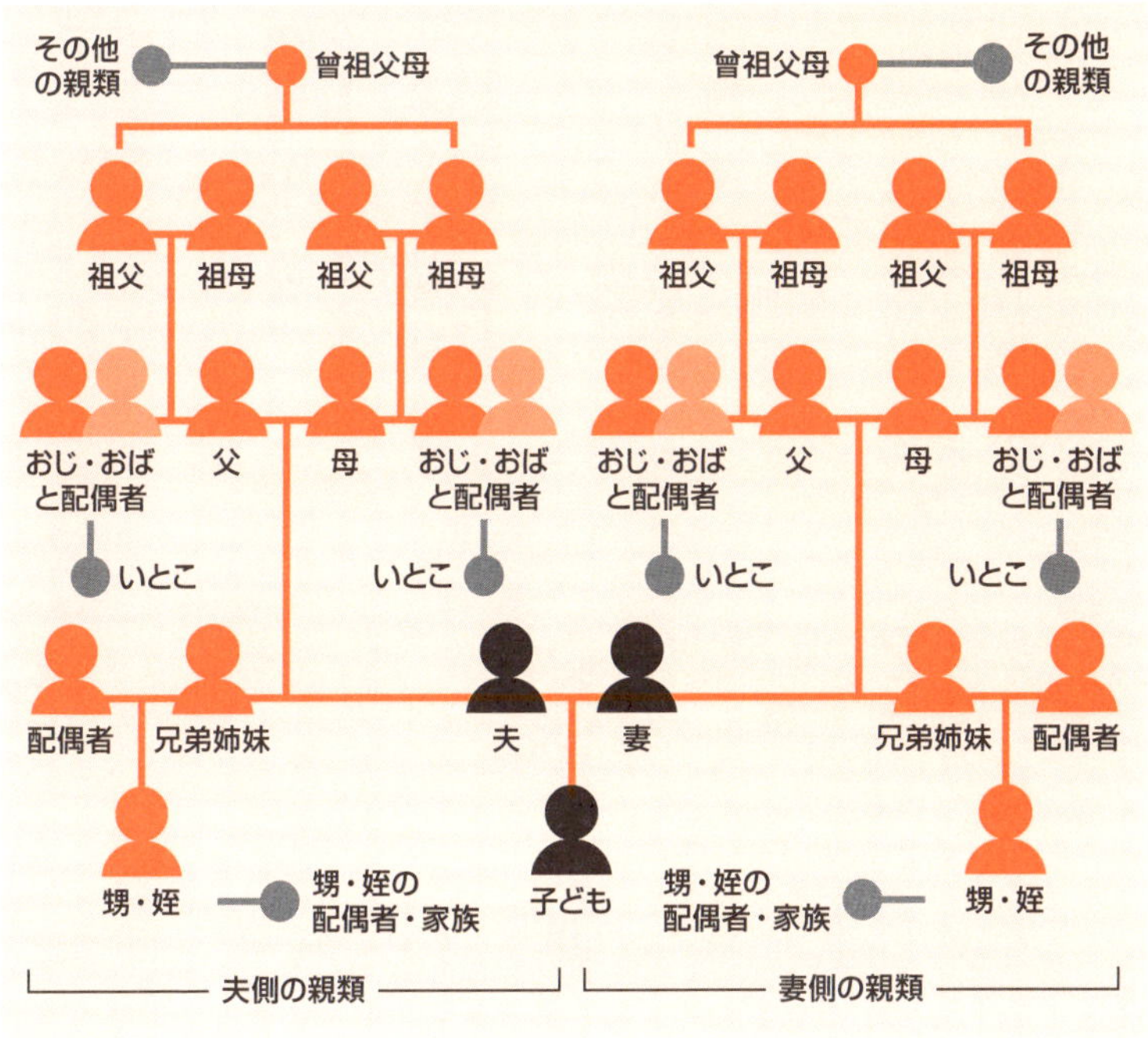

＝三親等以内　＝四親等以上

贈り先リストをつくって検討してみる

身内や親しい人によいことがあれば、祝ってあげたいのは誰でも同じ。しかし、お祝いを贈ることが家計の負担になっては大変。誰に、いつ、どんなお祝いをするか、親類や交友関係の「贈り先リスト」をつくって管理するのも、家計圧迫を避ける一つの方法に。

お祝いを贈るのは三親等以内が一般的

結婚や出産、進学・就職、成人式、賀寿など、人生の節目を迎えたときに、三親等まではお祝いを贈るのが一般的。曾祖父母、祖父母、両親、兄弟姉妹、おじ・おば、甥・姪までが、三親等以内にあたる。あまりに疎遠な場合は、手紙などでお祝いの気持ちを伝えるだけで、金品は贈らなくてもよい。

相手との関わり方に合わせて贈る

四親等以上は、日ごろのつきあいの程度で判断。仕事関係、友人、知人も、身内同様に親しい人や、日ごろからお世話になっている場合は、お祝いを贈ることが好ましい。また、義理があるからと、あまり親しくない人にお祝いをすると、相手にとってはお返しが負担になることもあるので、よく考えてから贈ること。

1行マナー講座　あまり親しくない人でも、進学・就職祝いをいただいたら、相手に同じ

賀寿・結婚記念のお祝い

大切な人の長寿を祝い、長寿にあやかる

本人の趣味や好みに合ったものを贈る

長寿のお祝いとなれば、祝う相手は当然目上の人になりますから、現金を包むということはまずありません。子どもや孫などが集まって食事をしながら歓談し、そのときに記念品を贈る傾向が強いようです。品物を贈るにしても、とくに金額の目安というものはありません。

昔から、還暦《かんれき》には赤いちゃんちゃんこ、古希《こき》以上には紫の座布団を贈るならわしがありますが、毎日の暮らしに役立つもの、本人の趣味に合ったもののほうが喜ばれるでしょう。

表書きは、「寿」や「祝○○」とし、お祝いの手紙を添えれば、よりいっそう祝う気持ちを込めることができます。

両親には〝夫婦の長寿〟のお祝いも

昔からのしきたりではありませんが、結婚してからの経過年数によって「○○婚式」として結婚記念を祝うことがあります。もともとはイギリスなどヨーロッパの風習でしたが、日本では明治天皇が銀婚式をお祝いして以来、一般にも徐々に広まっていったようです。

一組の夫婦の〝長寿〟を祝うという意味で、結婚40年目、50年目を迎えた両親に、子どもから感謝の気持ちを込めてお祝いをするとよいでしょう。

お祝いのしかたにとくに決まりはありませんが、両親への贈り物でしたら、やはり現金より記念になる品物をおすすめします。旅行や食事、たとえ手紙だけでも、何をもらっても親としてはお祝いしてくれる気持ちだけでうれしいもの。あまり気負わずに、自分ができる精一杯のことをして感謝の気持ちを伝えるとよいでしょう。

があり、もらった人は長寿にあやかるといわれている。

人生と結婚の節目を祝う「賀寿」と「結婚記念」

賀寿早見表

数え年（満年齢）	賀寿名称	お祝い色	名称の由来	お祝いの表書き
61歳（満60歳）	還暦《かんれき》	赤	生まれた年の干支に戻るため「暦が還る」という意味で還暦。赤子に戻るという意味もあり、赤い座布団や、赤いちゃんちゃんこを贈る。	祝還暦 賀華甲 還暦御祝
66歳（満65歳）	緑寿《ろくじゅ》	緑	若々しく、新たな社会生活に踏み出す歳となる意味を込めて、2002年に生まれた、新たな賀寿。	祝緑寿 寿緑寿
70歳（満69歳）	古希《こき》	紫 紺	唐（中国）の詩人、杜甫の「人生七十 古来稀也」から。「70歳まで生きる者は古来より稀」の意。	祝古希 古希御祝
77歳（満76歳）	喜寿《きじゅ》	黄 紫	草書体の「喜」が七十七に見えることから。	祝喜寿 賀喜寿
80歳（満79歳）	傘寿《さんじゅ》	橙 紫	傘の略字が八十に見えることから。	祝傘寿 傘寿御祝
81歳（満80歳）	半寿《はんじゅ》		半の字を分解すると「八十一」に見えることから。	祝半寿 半寿御祝
88歳（満87歳）	米寿《べいじゅ》	金茶 金	米の字を分解すると「八十八」に見えることから。末広がりの八が重なることからもおめでたい歳とされる。	祝米寿 賀米寿 米寿御祝
90歳（満89歳）	卒寿《そつじゅ》	紫	卒の略字「卆」が九十に見えることから。長生きのシンボル亀にちなみ「亀寿」とも呼ばれる。	祝卒寿 卒寿御祝
99歳（満98歳）	白寿《はくじゅ》	白	百の字から一をとると「白」となり、1を引くと99になることから。	祝白寿 賀白寿
100歳（満99歳）	上寿《じょうじゅ》	白	百賀（ももが）と言ったり、1世紀にあたることから「紀寿」とも言われる。	祝上寿 上寿御祝

結婚記念早見表

結婚年数	名称	結婚年数	名称	結婚年数	名称
1年目	紙婚式	9年目	陶器婚式	25年目	銀婚式
2年目	綿婚式	10年目	錫・アルミ婚式	30年目	真珠婚式
3年目	革婚式	11年目	鋼鉄婚式	35年目	珊瑚婚式
4年目	花婚式	12年目	絹・麻婚式	40年目	ルビー婚式
5年目	木婚式	13年目	レース婚式	45年目	サファイア婚式
6年目	鉄婚式	14年目	象牙婚式	50年目	金婚式
7年目	銅婚式	15年目	水晶婚式	55年目	エメラルド婚式
8年目	青銅婚式	20年目	磁器婚式	60・70年目	ダイヤモンド婚式

1行マナー講座 長寿のお祝い返しには、記念品として本人のつくった書や絵を配ること

香典・供花・供物の金額

不祝儀のお金は迷ったら少し多めに包む

同じ立場の人と金額を相談しても

香典の金額は、故人との関係、つきあいの深さ、自分の立場などを考慮して決めます。金額の目安は、亡くなったのが両親のどちらかで、自分が喪主ではない場合は3万円から10万円、ほかに兄弟姉妹がいるときは、この範囲で相談して決めましょう。

自分の兄弟姉妹、あるいは配偶者の兄弟姉妹が亡くなった場合は、3万円から5万円、祖父母、その他の親類の場合は、1万円が目安です。

故人が友人や知人、仕事関係の人や隣近所の人の場合は、おつきあいの程度や相手との関係などケース・バイ・ケースで、3000円から1万円の範囲で金額を決めるとよいでしょう。

金額に迷ったときは、多めに包んだほうが後悔しません。同じ立場で参列する人と相談して金額を合わせるのもよいでしょう。悲しみ事は偶数とされていましたが、今は祝儀と同じく奇数にするのが一般的です。

故人や遺族の意思を尊重することが大切

供花や供物は、親族や、故人ととくに親しかった友人などが贈るもので、一般の会葬者は香典だけでかまいません。

花輪や、祭壇に飾る花、果物の盛りかご、缶詰の盛りかごなどを贈るときは、事前に遺族や世話役代表に相談し、意向を尊重します。贈るときは、祭壇の飾り付けに間に合うよう、早めの手配が必要です。

遺族側から「供花・供物は辞退させていただきます」と言われたら、香典だけを贈って、供花・供物は贈らないようにします。

また、「御厚志は辞退させていただきます」とあったら、参列するだけで、香典も供花・供物もいっさい贈りません。

香典・供花・供物・法要　弔事の金額の目安

香典

	故人との間柄	金額の目安
親族	両親	3万〜10万円
	兄弟姉妹	3万〜5万円
	祖父母	1万円
	おじ・おば	1万円
	その他の親類	1万円

	故人との間柄	金額の目安
知人、仕事関係	友人・知人	5000〜1万円
	友人・知人の家族	5000〜1万円
	勤務先の上司	3000〜1万円
	勤務先の同僚	3000〜5000円
	勤務先の部下	3000〜1万円
	勤務先社員の家族	3000〜5000円
	取引先関係	5000〜1万円
	隣近所	3000〜5000円

供花・供物

花輪（1基）	1万円〜
生花（1基）	1万5000円〜
盛りかご（1基）	1万円〜

※供花・供物は原則として身内が贈る。

仏壇へのお参りのしかた

宗派によって多少違うが、一般的なお参りの方法は以下のとおり。

❶仏壇の少し前に正座して、ご本尊（仏壇内の正面）に一礼。数珠があれば左手にかける。
❷進み出て、経机（ろうそくや香炉が置いてある机）の空いているスペースに、表書きの文字を自分が読める方向で「御仏前」を供える（お供えをしないときは❸へ）。
❸ろうそくの火で線香をつけ、手であおいで火を消し、香炉に置く。
❹鈴（りん）を鳴らし（1回、または2回）、合掌する。
❺少し下がって、もう一度一礼する。

不祝儀袋は、表書きを自分が読める方向で供える。

法要の案内状が届いたら

一周忌までは喪服を着用。それ以降の法要は、地味な平服でかまわない。お金を包む際は、1万円未満なら、黒白の水引、1万円以上の場合は、双銀の水引の不祝儀袋を使う。

表書きは、四十九日法要・一周忌法要・三回忌法要・七回忌法要などの場合、「御仏前」または「御供」とする。四十九日法要前までは「御霊前」とするのが一般的だが、宗派によっては四十九日前でも「御仏前」とすることもある。

香典返しや法要に向けて準備をする

香典返しは忌明けのあいさつ状を添えて

香典のお返しである「香典返し」は、葬式の当日に渡す「即日返し」というのもありますが、忌明け（通常は四十九日のあと）に、忌明けのあいさつ状といっしょに贈るのが一般的です。

金額は、香典の半額程度の品物を贈る「半返し」か3分の1が目安です。一家の働き手を亡くしたときなど、家庭の事情で3分の1にしたり、忌明けのあいさつ状に理由を書いたうえで香典返しを省略してもかまいません。

香典返しを受け取った側は、いただいたことは相手に伝えますが、お礼状を出す必要はありません。

葬儀費用は多めに見積もっておいたほうがよい

葬儀費用は、形式や地域によってケース・バイ・ケースですが、寺院などに渡す謝礼の相場はだいたい次のとおりです。

寺院への謝礼は、僧侶の人数や位などで違いますが、中心となる僧侶で5万円以上、その他の僧侶で2万円から3万円が目安です。白無地の袋に包み、表書きは「御布施」「御礼」とします。「御車代」や、火葬後の精進落としに列席しない場合の「御膳料」は別に包みます。

神社への謝礼は、葬儀の規模や斎員の数で違いますので直接尋ねましょう。白無地の袋に「御祭祀料」「御礼」と表書きします。

教会への謝礼は、教会を式場として借りた場合は白無地の袋に「献金」と表書きし、金額は規定に従います。神父や牧師への個別の謝礼は5万円が目安、表書きは「御礼」です。

また、世話役代表への謝礼は1万円前後、ほかの世話役は3000円から5000円の商品券や品物にするのが一般的です。

し、下に施主の名前を書く。

葬儀後のおもな法要

法要（仏式）	死亡した日を含む日数・年数	供養の内容
初七日 しょなのか	死後７日目	死亡した日を含めて７日目に行うのが正式だが、葬儀当日に還骨勤行と併せて行うことが多い。遺族、親類、友人などで供養する。
二七日 ふたなぬか **三七日** みなぬか **四七日** よなぬか **五七日** いつなぬか **六七日** むなぬか	初七日から四十九日までの７日ごと	四十九日までの追善供養。お供えをして身内だけで行うことが多い。五七日を忌明けとする場合もある。
四十九日 しじゅうくにち	死後49日目	近親者を招いて行う忌明けの法要。この日に納骨することがほとんど。僧侶に読経してもらい、会食をするなど手厚く供養する。
百か日 ひゃっかにち	死後100日目	遺族が集まり、会食などして故人をしのぶ。
一周忌	死後満１年目	近親者を招いて、自宅や菩提寺で法要を行う。お墓がない場合は、このときまでに準備して納骨する。精進落としのため、供養後、法要に招いた人たちと会食するのが一般的。
三回忌	死後満2年目	亡くなった年を１年目と数えるため、三回忌は満２年目に行う。家族、親族、故人と縁の深い友人を招待し、法要の後、会食、引き出物を準備する。最近は家族だけで行う傾向に。
七回忌 **十三回忌** **二十三回忌** **二十七回忌**	死後満６年目 満12年目 満22年目 満26年目	七回忌以降は少しずつ供養の規模を縮小し、近親者だけで行う場合が多い。とくに十三回忌以降は、遺族、親族だけで供養するのが一般的。
三十三回忌	死後満32年目	「弔い上げ」として、区切りになる年忌法要。以降、三十七回忌、五十回忌、百回忌があるが、一般的には三十三回忌で終わる場合が多い。

Point

年忌法要のほか、故人の四十九日の法要後、はじめて迎えるお盆は、「新盆」（にいぼん・あらぼん・しんぼん・はつぼん）といい、故人の霊が亡くなってからはじめて家に戻るとされ、ふだんのお盆よりも丁寧にお迎えする。
棚経をあげてもらうため僧侶を迎えたり、親戚や故人の縁者がお参りに来たりということもあるので、新盆のときは、少し早めに準備をしておく必要がある。

1行マナー講座 法要での僧侶への謝礼は、白封筒に薄墨で「御布施」「御礼」と表書き

お金を貸す・立て替える

口約束は禁物。親しき仲にこそ「借用書」

少額でも必ず返してもらう

「小銭の持ち合わせがないので」と言われ、タクシー代を立て替えたり、買い物や食事代の不足した分を貸したりということは、親しい人どうしではよくあることです。

それがどんなに少額でもきちんとけじめをつけることが大切で、遅くとも翌日には必ず返してもらうようにします。時間が過ぎれば過ぎるほど、言い出しづらくなるからです。

「さっきのタクシー代、一人700円でした。よろしくお願いいたします」

「この前は私が立て替えましたので、今日はお願いしてもよいですか」

支払いの催促は、レシートや領収書を見せて相手を責めるのではなく、相手に訴えかけるようにさらりと言えば角が立ちません。

くり返し借金を求める人とは距離をおく

けじめをつけるのが基本といっても、少額の電車賃やジュース代となると、忘れてしまったり、催促しにくいのも事実です。相手が友人でしたら、プレゼントしたくらいの気持ちでいるのがよいかもしれません。

しかし、こちらがうるさく催促しないのをいいことに、くり返し借金を求めたり、立て替えてもらうことに無頓着な人とは、距離をおいたほうが賢明です。

とくに高額のお金は貸さないこと。どんなに頼まれても、お断りをするのが基本です。

「何とかしたいのはやまやまなのですが」と、力になりたい意思を示したうえで、貸すことができない理由をハッキリ伝えて相手の理解を得るようにしましょう。

公的な機関から借り入れする方法をアドバイスしたり、お金を貸す以外に何かできることがあるかを聞くのはよいことです。

親しい仲でもお金を貸したら借用書を作成する

高額の借金はお断りするのが基本

「私のほうも今たいへん厳しいのです」
「私一人では決められないことなので」

高額のお金は、どんなに頼まれても断るのが基本。ただ、断るにも相手を傷つけないように配慮することも大事。何とかして力になりたいという意思を示したうえで、貸すことがむずかしい理由を伝えて、相手の理解を得るようにする。

口約束は禁物 必ず借用書を作成する

断りきれずにお金を貸す場合も、「きちんと返します」という口約束だけで貸さないこと。親しい仲でも、必ず借用メモや借用書を作成する。借用書には、貸した金額はもちろん、いつまでにどのように返済するか、返済期日と返済条件（一括か、分割の場合は何回払いかなど）を明記。2通作成して、それぞれに貸し主・借り主が署名と捺印をし、その2通をずらして重ねて、割り印をする。

金額、返済方法、返済期日などを具体的に書いてもらう。

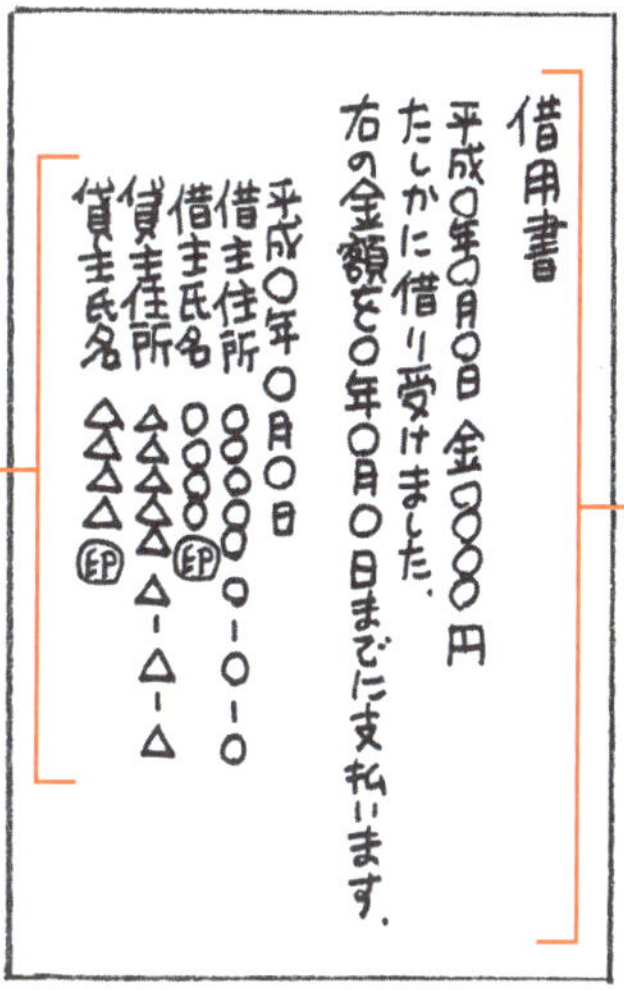
借用書

平成○年○月○日 金○○○○円
たしかに借り受けました。
右の金額を○年○月○日までに支払います。

平成○年○月○日
借主住所 ○○○○○-○-○
借主氏名 ○○○○㊞
貸主住所 △△△△△-△-△
貸主氏名 △△△△㊞

貸し主・借り主の住所、署名と捺印。

借用書は２通つくる。

お金を貸す側のほうが勇気がいる

個人的なお金の貸し借りでつくった借用書は金銭の貸借関係があったことの証拠にはなりますが、返済百パーセントを保証するものではありません。〝無い袖は振れぬ〟ということになれば、借用書があってもなくても、返せないものは返せないということになってしまいます。

つまりは相手次第。信頼しているからこそお金を貸すのですが、借金を申し込む人は、経済的に逼迫《ひっぱく》しているから借りるのです。返したくてもその余裕がないことだってあるでしょう。もしかしたら返ってこないかもしれません。借金のいざこざがもとで、大切な友人を失うことだってあります。お金を貸すということには、それなりの覚悟が必要です。

お金を借りる・立て替えてもらう

金銭トラブルを防ぐために

返済が遅れるときは早めに伝える

知り合いには借金をしないのが基本。「金を貸せば友を失う」という諺があるように、借金が縁の切れ目になることを覚悟しなければなりません。

上司や同僚に借りたお金が期日までに返済できそうになかったり、分割での返済が滞ってしまったというときは、いち早くお詫びをし、事情を正直に説明して今後の返済の見通しを具体的に伝えましょう。

遅れた分を利息として支払うケースもありますが、個人での貸し借りではギフト券やビール券を添えたほうが相手も受け取りやすいでしょう。それが、感謝してもしきれない、貸してくれた人に対する心づかいというものです。

「ちょっとくらい」の甘い考えは捨てる

どんなに親しい仲でも、お金の貸し借りがからんだとたんに関係が壊れてしまうことはよくあります。それが、仕事上でつきあいのある人となれば、なおさらです。

金銭面での公私混同は、社会人としてやってはならないこと。取引先の人と同行した際、タクシー代や食事代を立て替えてもらったら、すぐに返すようにしましょう。

手元不用意で少額を借りた場合、名刺の裏や手帳でもかまいませんので、借りた金額、年月日など記入した借用メモを相手に渡します。

逆にこちらが支払うときは、経費として経理に請求するはず。いかにも身銭をきったようなそぶりをするのは、取引先はもとより同僚や後輩に対してもしてはいけないことです。堅物と言われようが、公私を区別している人は信頼されます。「この人にはお金を預けておいても大丈夫だ」という気持ちになれば、大切な仕事も任せようと思うのです。

ミスはうやむやにしない。お詫び、謝罪・ビジネス編

支払いのことでクレームをつけられた

営業の窓口を担当している取引先から、請求書を出したがまだ支払いがないというクレームの電話。それに対して、

✕「それって、ありえません。直接経理に確認してみてください」

という返事は、とても無責任。「自分はやることをやったので、あとは知りません。悪いのは経理部」と言わんばかりの態度。これでは、相手を怒らせるばかりか、会社の信用さえ失いかねない。

**○「大変申し訳ございません。
すぐに経理部に確認をして、折り返し私からご連絡いたします」**

仕事にミスはつきもので、問題なのはその処理の仕方。自分に落ち度がなくても、会社の大切な取引先なのだから、担当者として最後までフォローするのは当たり前のこと。
誠意を尽くしてお詫びをしてから、事情をきちんと説明して、相手の了解を得ることが先決。それでも相手が納得しないというときは、上司に相談して指示を受ける。隠しごと、報告の遅れ、嘘の報告は、ミスの処理にあってはならない。ミスを上塗りするだけで最悪の結果を招くことになる。

ミスをして取引先の怒りをかった

どんな人だって、多かれ少なかれミスをしてしまうもの。すばやく上司に報告して指示をあおぎ、適切に対処すれば、大事にいたらないですむことも多々ある。
しかし、何とか自分で処理をしようとして、対処を誤れば、傷口は広がるばかり。個人のミスにとどまらず全社的な責任に発展していく可能性は高い。そうなったとき、損害を被った取引先への謝罪は、

✕「すみませんでした」「ごめんなさい」「うっかりしてました」

といった程度ですむものではない。

**○「お詫びの申しあげようもございません」
「私の不手際（不行き届き、不始末、不注意）でした。
大変申し訳ございません」**

といったように、言葉を尽くして、誠心誠意申し訳ないという気持ちを伝える。
もし、取引先に呼び出されてクレームを受けた時も、まずはこのように謝罪すること。その場で対処できないと判断したら、即決は避け、

○「私の一存ではお答えしかねますので、上司とよく相談をしまして、あらためてご連絡いたします」

と時間の猶予をいただくようにお願いする。言葉だけでなく、上体を90度に倒すお辞儀で、心からの深いお詫びの気持ちを表すことも大切。

予算の範囲内で喜んでもらえる品物を

「毎年贈る」と考えて予算を決める

お中元やお歳暮として、どのくらいの金額の品物を、どの程度のおつきあいの人にまで贈ったらよいか悩むところです。

おつきあいの深い人から順にリストアップしておいて、お中元やお歳暮にあてられる予算の範囲内で打ち切るというのも一つの方法です。

1件あたりの金額の目安は、最低3000円から最高は1万円までですが、平均すると1件あたり4000円という統計があります。

日ごろから特別にお世話になっている人に贈る場合は、1万円ぐらい。仲人や勤務先の上司などは5000円前後、親戚や知人などが3000円から4000円というのが目安でしょうか。

家庭教師や習いごとの先生には、月謝と同額か半額程度の品物にするのが目安です。品物を選ぶのに迷ったときは、商品券やギフト券でもかまいません。

お中元もお歳暮も、贈る時期に注意

相手に喜んでいただけるようにと選んだ品物で感謝の気持ちを表すのが、お中元やお歳暮ですから、現金を贈るのはふさわしくありません。何を贈るか迷ったときには、少額でも商品券にするとよいでしょう。

また、贈る側、受け取る側、どちらが喪中であっても、お中元、お歳暮は贈ってかまいません。お葬式直後になるようなら時期をずらして届けますが、喪中のお宅に贈る場合、1月1日から7日までの松の内の期間は避けるようにします。

見栄を張った高価すぎる品物や、反対に前の年より極端に安い品物は贈らないようにします。また、お歳暮はお中元より安くならないように気をつけましょう。

して、都合を確かめておいたほうがよい。

お中元・お歳暮の贈り方

お中元・お歳暮の金額の目安

贈り先	金額の目安
特別お世話になった人	1万円
仲人	5000円前後
勤務先の上司	3000～5000円
取引先	3000～5000円
友人・知人	3000～5000円
親・親戚	3000～4000円

お中元・お歳暮の平均額は4000円。おつきあいの深さによって、3000～5000円の品物を贈るのが一般的。お中元を贈っている人には、お歳暮も贈るのがならわしで、どちらかいっぽうにしたい場合は、お歳暮だけにする。

お中元を贈る時期

お中元は「お盆」までに贈る。関東では６月下旬～7月15日。関西や、月遅れでお盆を行う地域では、７月下旬から８月15日まで。どちらか迷う場合は、相手の習慣に合わせて先方に届くように手配したほうが無難。

贈る時期を逃した場合は、以下のようにのし紙の表書きをかえる。

時期	関東を中心とした一般的な地域	月遅れのお盆の地域
7月16日～立秋（8月8日頃）	「暑中御見舞」、「暑中御伺」（目上の人へ）	8月15日までは「御中元」
立秋後（8月9日頃）～9月上旬	「残暑御見舞」、「残暑御伺」（目上の人へ）	8月16日から9月上旬までは「残暑御見舞」、「残暑御伺」（目上の人へ）

お歳暮を贈る時期

12月上旬から12月20日ころまでに。お正月用の生鮮食品を贈る場合は、12月30日までに先方に届くようにする。この時期を逃した場合は、以下のように時期をずらし、表書きをかえる。

時期	表書き
12月21日頃～年内	「御歳暮」、年内に届くか不明の場合は「献上」に
松の内（1月1日～1月7日）	「御年賀」「新年の御挨拶」 ※喪中のお宅へはこの時期には贈らない
松の内後（1月8日）～立春（2月4日）まで	「寒中御見舞」、「寒中御伺」（目上の人へ）

どんな品物を選ぶ？

少人数のお宅には量より質で、子どものいるお宅には家族そろって楽しめるものをと、相手のことを考えて選ぶのがポイント。毎年同じものを贈って季節のあいさつとするのも印象深い。また、目上の人には、現金や肌着などを贈るのは原則としてタブー。

1行マナー講座　冷蔵・冷凍品、生ものを贈るときは、遠慮せずあらかじめ相手に電話を

新築・新居（引っ越し）祝いの金額

新居購入は人生の一大事。祝う心をかたちに

お祝いは相手が欲しいものを。迷ったら現金に

結婚式の引き出物と同じように、せっかくいただいた新築祝いが、開けてみたら家のつくりや趣味嗜好にまったく合わないもので困ってしまうことがよくあります。相手にそうした思いをさせないためには、事前に欲しいものは何かを聞いてしまうのがよいでしょう。

新居に引っ越ししたときは、家具調度品を新しいものに買い替えたり、新調するものも多くて何かと入り用ですから、お祝いは、現金や商品券、ギフト券も喜ばれます。

お祝いは、新築（新居）披露の当日に持参してもかまいませんが、ほかの人の前では渡さないように配慮します。

新居披露パーティーは日差しの明るい日中に

新築祝いは、いただきっぱなしというわけにはいきません。新しい家での生活が落ち着いたところで新築披露に招くのが一般的です。

招待状は、2週間ぐらい前までに送ります。家を見てもらうことが目的ですから、日中からスタートするようにして、調度品などをいただいた場合は目につくところにきちんと飾っておきます。おもてなしは、アルコールと軽食程度でよいでしょう。

新築披露に来られない人にお返しする場合や、新築披露そのものを行わないときは、いただいたお祝い金の半額から3分の1程度の品物を選び、「新築（新居）内祝」と表書きしてお返しにあてます。

招待された人は、勝手に家の中を見て回ったり、家具調度を品定めしたりするのはNG。建築費用についてや、方位のことをあれこれと話題にすることも控えます。

新居祝いの場合は、新居が完成した15日以内が理想的。

新築・新居・引っ越しのお祝いとあいさつのマナー

新築祝いの金額の目安

贈り先	金額の目安
両親・兄弟姉妹	1万～5万円
親類	1万円
友人・知人	5000円

表書きは、「御新築祝」「祝御新築」「御祝」など。中古マンションを購入した相手には「祝御新居」とする。目上の人には、商品券、ギフト券、カタログギフトなどはよいが、現金はなるべく贈らない。

どんな品物を贈る？

相手に欲しいものを聞くのがベスト。目安の金額の範囲内で、新しい家での生活に役立つものとして、新築・新居祝いには、キッチン用品や、スリッパ、タオルなどの日用品、時計などのインテリア雑貨がよく贈られる。

赤い色のもの、ライターやキャンドル、灰皿など、火にまつわるものは、火事を連想させるので、新築・新居のお祝いには避けるものとされている。

引っ越し先でのあいさつ

一軒家の場合は、自宅の向かい側３軒と左右の２軒の合わせて５軒には必ずあいさつをする。加えて、裏の家と町会長など地域の世話役代表の家にもあいさつするとベター。

マンションの場合、両隣と上下の部屋、管理人へのあいさつは必須。

引っ越しのあいさつ品は500～1000円

あいさつにいくときは手ぶらではなく、品物を持参する。タオルなどの日用品やお菓子など、金額は500～1000円が目安。あいさつの品は「御挨拶」と表書きをしたのし紙で包む。

あいさつのときに伝えることは？

名前、家族構成のほか、ペットを飼うことやピアノを弾くことなどはあらかじめ伝えておく。「わからないことが多々あると思いますが、その節はよろしくお願いいたします」とひと言添えると、ご近所の受けはなおよし。笑顔を忘れずに、よい第一印象を与えることが大切。

ご近所へのあいさつは欠かさずに

昔から、「向こう三軒両隣」といって、自分の家の向かい側３軒と左右の２軒とは、お互いが助け合ってきたよき習慣があったのです。引っ越してきた人が何日も姿を見せないと、近所の人は道ですれ違ってもあいさつもできませんし、いろいろ詮索したり不安に感じたりもします。

引っ越しというと、昔から引っ越しそばを配るならわしがあります。そばが主流になったのは江戸時代末期からで、それまでは「家移りの粥」といって、小豆粥を重箱に入れてふるまっていたそうです。そばは長くて切れないので、「おそばにいて末長く、細く長くおつきあいを」という願いが込められています。もちろん今も、このならわしがなくなったわけではありません。

1行マナー講座　新築や引っ越しのお祝いは、なるべく早く渡すほうがよいとされ、新築・

開店・開業祝いの金額

お祝いには事業の発展を祈る言葉を添えて

すぐに使える日用品、現金も喜ばれる

開店や開業のお祝いでは、相手が目上の人であっても現金を贈ることは差し支えありません。相場は、1万円ぐらい。表書きは、現金も品物も「祝御開店」「祝御開業」「寿」「御祝」などになります。「生花料」や「花輪料」は、花代として現金を贈るときだけに使います。

品物は、お店やオフィスで使う観葉植物、トイレ用タオルやスリッパ、石けん、マガジンラックや傘立てなどの調度品が喜ばれます。開店、開業のお祝いに開運縁起のよい招き猫や七福神の置物を贈るのは、昔からのならわしです。

また、金品を贈るだけでなく、開業をした場合には、取引先を紹介してあげたり、仕事の情報を提供したりして力になってあげたいもの。お店の場合には、開店のときにお手伝いをしたり、友人や知人にお店を宣伝するなど、事業に協力することも立派なお祝いの方法です。

返礼として社名・店名入りの記念品を配る

開店・開業祝いに、お返しは必要ありません。オフィスやお店で披露パーティーを開いて、そこで記念品を配ってお返しの代わりにするのが慣習となっています。

記念品としては、卓上カレンダー、図書カード、花びん、筆記用具などに会社やお店の名前・住所・電話番号を刷り込み、赤白蝶結びの水引が印刷されたのし紙をかけ、「開店（開業）記念」と表書きします。

せっかくの機会ですから、宣伝にもなるように、記念品には、会社やお店にちなんだものを選ぶとよいでしょう。

にも配れるように多めに用意する。

開店・開業祝いのマナー

お祝いの金額の目安は1万円

品物は、できれば相手が希望するものに。一人では負担に感じるような金額のものでも、数人で贈れば、予算内でおさめることができ、相手にも喜んでもらえる。

開店・開業祝いの場合、相手が目上の人であっても、現金を贈ることは失礼にあたらない。開店・開業の際は、予測を上回る出費があるので、とくに身内からの場合は、現金を包むとよい。

水引は「赤白の蝶結び」、表書きは「祝御開店」「祝御発展」など

品物を贈る場合は、のしつき、赤白の蝶結びの水引がついたのし紙をかけるが、酒類の場合は、のしなし、水引のみにする。現金の場合は、のしつき、赤白蝶結びの祝儀袋を使う。

品物、現金ともに、表書きは、開店祝いは「祝御開店」、開業祝いは「祝御開業」。「寿」「御祝」「祝御発展」はどちらにも使える。生花、花輪の代金として現金を贈る場合は、表書きを「生花料」「花輪料」とする。

× 灰皿・ライター・キャンドル・キャンドルスタンド・ストーブなどの暖房器具・真紅のバラなど赤い花や赤いもの

○ 観葉植物・時計・花びん・ポット・来客用の茶器・タオル・スリッパ・石けん・マガジンラック・傘立て・玄関マット・お酒・缶入り飲料など

Point 観葉植物やインテリア雑貨、招き猫などの縁起物を贈るときは、お店やオフィスのセンスや雰囲気を壊さないよう注意が必要。

贈るタイミング

品物を贈るときも、現金を包む場合も、開店・開業の1週間前から当日までに届ける。披露パーティーに招待された場合、大きなもの以外は当日に持参すればOK。生花や酒類を贈る場合は、開店・開業の前日か当日必着で。相手からのリクエストを除き、品物が間に合わない場合は、現金にしたほうが無難。

スピーチは依頼した人の宣伝担当のつもりで

結婚披露宴での好ましくないスピーチの上位は、延々と続く会社の宣伝、仲人の夫婦円満の自慢話。年配の方に多いのは、書物からの引用や知識のひけらかし。スピーチを頼むのは、披露宴なら新郎新婦の招待客それぞれに、「お互い、いい人と結婚してよかったね」と思ってもらうためではないでしょうか。企業のパーティーでもそれは同じ。テレビコマーシャルをつくるように、主催者のすばらしい人柄や業績を売り込むようにしてください。

TPOをわきまえていなかったり、想像力の欠如といわざるを得ない問題スピーチをいろいろ聞いてきましたが、昔に比べたら、今の人はとても自然で上手になったなと感じています。

1行マナー講座 開店・開業の記念品は、お祝いをいただいたがパーティーに欠席した人

お見舞いの金額

病気、災害、イベントのお見舞いの贈り方

品物よりも現金がよい場合も

病気見舞いは、相手の様子がよくわからないというときは、品物ではなくお見舞金を贈ります。花を贈ったはいいけれど、病人は花を愛でるどころの状態ではなく、先方はかえって置き場に困るといったことになる心配もありませんし、家族の経済的な負担を助けることにもつながります。

何人分かの金額をまとめた合計が「4」「9」になったときは、封筒を分けるなどして金額を調整しましょう。全快を願って、赤白の結び切りの水引がついた（印刷された）袋か、赤の帯紙が印刷されたものに現金を入れ、目上の人に贈るときは「御伺」、それ以外は「御見舞」と表書きして手渡します。目上の人に渡すときは、「現金で失礼ですが」とひと言添えるとなおよいでしょう。

ときには労力の提供がよいお見舞いに

知り合いが災害にみまわれたときは、現場にかけつけ、安否や被災の状況を確認したうえで、お手伝いなどの労力を提供することもお見舞いの一つのかたち。遠方で出向くことができなければ、相手の状況を聞いたうえで、生活に必要な物資や、当座に必要な現金を贈って援助します。

金額にとくに相場はなく、できる範囲のことをすればよいのですが、最低でも5000円から1万円ぐらいは贈りたいところです。

表書きは、白い封筒に「御見舞」「災害御見舞」、あるいは被災の状態に応じて「震災御見舞」「火災御見舞」とします。

お見舞いに現金を贈るとき　水引・のし・表書き

病気（入院）→「御見舞」

金額の目安　友人・同僚5000～１万円、親類１万円
表書き　「御見舞」、「御伺」（目上の人へ）
のし・水引　のしなし・赤白結び切り
赤帯が印刷された封筒でもよい。
時期　病状が落ち着いたころ。

のしなし
赤白結び切り

赤帯印刷の
封筒（一重）

名前はフルネームで

災害／地震・火事・水害・台風・洪水・大雪など →「御見舞」「災害御見舞」

金額の目安　5000～１万円
表書き　「御見舞」「災害御見舞」。「火災御見舞」のように「◯◯御見舞」でも。火事に巻き込まれた場合は、「類焼御見舞」とする。
のし・水引　のし、水引ともになし
白封筒でもよい。
時期　被災を知ったらすぐに。

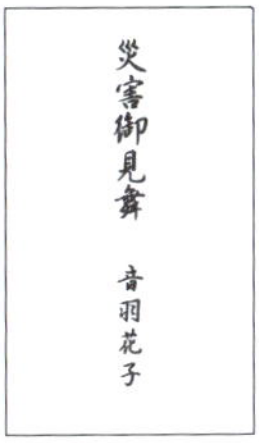

白封筒（一重）

名前はフルネームで

イベント・選挙・スポーツ合宿など →「陣中御見舞」

金額の目安　3000～１万円
表書き　「陣中御見舞」。大会前の合宿などの場合は「祈必勝」
のし・水引　のしつき・赤白蝶結び
時期　イベントなどの２～３日前に。
●選挙の際の陣中見舞いは、現金、品物ともに公職選挙法に抵触する場合があるので、事前に選挙事務所に相談を。

のしつき
赤白蝶結び

名前は名字のみでもよい

発表会・演劇・コンサートなど →「楽屋御見舞」

金額の目安　3000～１万円
表書き　「楽屋御見舞」。目上の人へは「楽屋御伺」「御祝」でもよい
のし・水引　のしつき・赤白蝶結び
時期　発表会、公演の当日に。
●「差し入れ」としてお菓子、お酒などを贈るのが一般的。現金を贈る場合、祝儀袋は受付に預けずに本人に直接手渡すこと。

のしつき
赤白蝶結び

名前は名字のみでもよい

お餞別の金額

異動、離職する人への気づかいが大切

お祝いは辞令後に職場の慣例に従う

人事異動に伴う転勤や退職は、会社にはつきものです。転勤者や退職者に対しては、送別会を開いて労をねぎらい、その場で餞別を贈ることがよくあります。

部署でお金を出しあったり、送別会の会費の一部をあてたりして、職場一同として贈ることが多く、個別に餞別を贈るというのはごく稀です。

金額は、職場の規模にもよりますが、一人あたり3000円から5000円、職場一同の合計で1万円から3万円を目安にするとよいでしょう。目上の人に対しては、現金よりも全国共通の商品券やギフト券にするのが望ましいところ。品物で贈るにしても、先にあげた金額を目安にしてください。

送別会や贈り物より言葉が〝餞別〟になることも

転勤といっても、栄転とは限りません。実際は左遷なのに、表書きを「祝御栄転」や「御祝」にするのはおかしいので、「御餞別」と書きます。

定年退職者へは、会社をやめて寂しい思いをしている方もいますので「定年退職祝」と書かないで、蝶結びの水引がついたのし袋に「御礼」「感謝を込めて」といった表書きをします。

結婚退職者へは、餞別という名目ではなく、職場一同で結婚祝いを贈りましょう。

退職するのは、定年や結婚のためとは限りません。転職、家庭の事情など、理由は人によって違うもの。送別会を開いたり、金品を贈ることが、相手に気持ちの上で負担をかけるような場合は、今までの労をねぎらい、今後の健康と活躍を祈るなど、温かい言葉で送り出してあげることが〝餞別〟になるでしょう。

いものを転居先へ「お餞別」として贈っても。

今までの感謝と「これからもお元気で」の気持ちを込めて

お餞別とは……

転任、転居、旅行などで長期に離別する人に、これまでの感謝と別れに際しての「はなむけ」に贈る金品のこと。昔の旅は道中に苦難を伴うものであったことから、お餞別は、金銭的援助としてだけでなく、贈る人たちが道中安全を願う意味も込められていた。

お餞別の金額の目安

贈る相手	金額の目安
勤務先	3000～1万円
友人・知人	3000～1万円
兄弟姉妹	5000～1万円
親類	1万～5万円
隣近所	2000～5000円

お餞別を現金で贈る場合は、祝儀袋は赤白蝶結びの水引とのしのついたもの、金額が5000円未満のときは、のしと水引が印刷されたものでもよい。

表書き　「御餞別」「おはなむけ」など。定年退職の場合は、「御礼」「感謝を込めて」など。

Point 現金でも品物でも、これまでのつきあい方や、相手の立場、年齢によって、金額はかわってくる。会社関係の場合は、社内の慣例に従ったほうが無難。個人的に贈りたい場合は、勤務時間外に渡すようにする。

相手に対する思いやりを大切に

お餞別には、結婚祝いやお香典のような〝相場〟がなく、こういうものを贈ればよいという決まりもない。感謝や励ましといった相手に対する思いを「かたち」にして贈る、という意味では、贈り物の基本であり、何を贈ればよいのか悩むところでもある。

社内の人事異動の場合

上司や同僚の昇進や栄転を知ったら、まずはお祝いの言葉をかける。ただし、周囲に聞こえるような派手な表現は避け、素直に喜ぶ気持ちをさりげなく伝えるだけで十分。お祝いや送別会は、職場の慣例に従う。

定年退職の場合

目上の人に現金を贈るのは失礼にあたるので、本人の趣味嗜好に合った品物を記念品として贈るのが一般的。金額や送別会の規模などは、本人の意向を加味したうえで、職場の慣例に従って決める。

恥を恥と気づかないことが恥ずかしい

家庭でも職場でも、私達は毎日、人と人とのつながりをもちながら暮らしています。そうしたなかで、何をしてもされても平気な顔で、自分勝手なふるまいをしている人を見かけることはありませんか。

そういう人は、自分自身が恥をかくばかりではありません。家族や友人、社員として行動しているときは職場の上司や同僚にまで恥をかかせてしまい、会社全体のイメージ・ダウンにもつながりかねません。

やっぱり、人と人とのおつきあいは、スムーズで、楽しく、豊かなものであり続けたいものですね。そこに欠かせないのが、思いやりをかたちにして表すこと、マナーなのです。

1行マナー講座 転勤、転居の場合は、新しい環境で役立つものや、転居先で入手しにく

「お返し」はすべて現金ではなく品物にする

お返しをする

結婚祝い ❶

金額の目安　半返し～3分の1程度
表書き　「内祝」夫婦連名
のし・水引　のしつき・赤白結び切り
時期　挙式後1ヵ月以内
●披露宴に招待できなかった人への結婚祝いのお返しは、お祝いの半額程度の品物を挙式後1ヵ月以内に贈る。

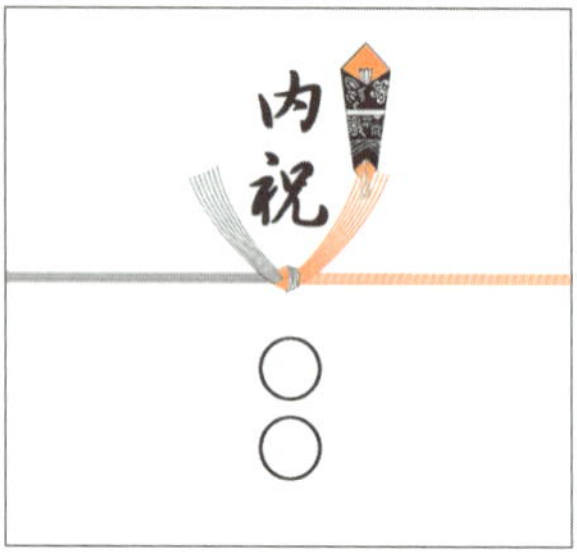

❶のしつき・赤白結び切り

出産祝い ❷

金額の目安　半返し～3分の1程度
表書き　「内祝」　子どもの名前
のし・水引　のしつき・赤白蝶結び
時期　お祝いをいただいてから1ヵ月以内に。

❷のしつき・赤白蝶結び

長寿のお祝い ❷

金額の目安　とくにない。いただいたお祝いの額に関係なく、記念品として一律の額の品物を贈る。
表書き　「内祝」
のし・水引　のしつき・赤白蝶結び
時期　祝宴当日、またはそれ以降。本人の誕生日前後でも。

結婚記念のお祝い ❷

金額の目安　とくにない。記念品をお返しとする。
表書き　「内祝」　夫婦連名
のし・水引　のしつき・赤白蝶結び
時期　祝宴を開くときはその当日。結婚記念日の前後。

新築・新居（引っ越し）祝い ❷

金額の目安　半返し～３分の１程度
表書き　「新築（新居）内祝」
のし・水引　のしつき・赤白蝶結び
時期　新築・新居披露以降なるべく早い時期に。

開店・開業祝い ❷

金額の目安　とくにない。記念品を配る。
表書き　「開店（開業）記念」
のし・水引　のしつき・赤白蝶結び
時期　披露パーティー当日。または、それ以降。

お香典 ❸

金額の目安　半返し～３分の１程度
表書き　「志」
のし・水引　のしなし・黒白または黄白の結び切り
時期　仏式　四十九日法要後／神式 五十日祭後／キリスト教　葬儀の１ヵ月後
●「即日返し」で、代理人に渡してある場合を除き、葬儀には参列せず、お香典だけ届けてくれた人にも、あいさつ状を添えて贈る。

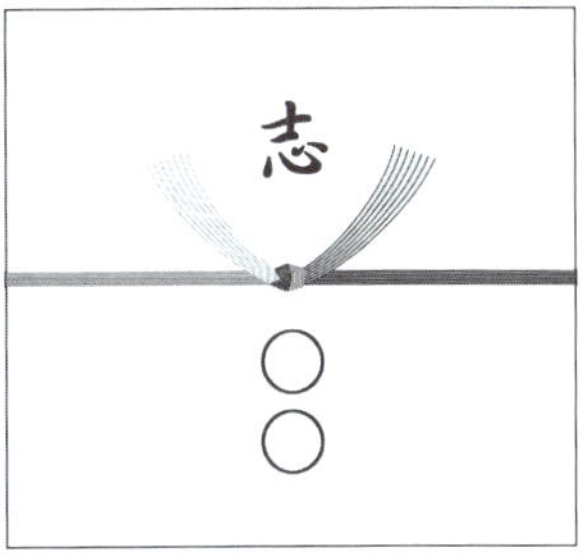

❸のしなし・黒白結び切り

病気見舞い ❶

金額の目安　半返し～３分の１程度
表書き　「快気内祝」
のし・水引　のしつき・赤白結び切り
時期　全快後または退院後１～２週間
●快気内祝いの宴に招待した場合は不要。本人が療養中に死亡した場合はお返しは不要。

お返しはしなくてよい

初節句・七五三

お礼のしかた　お礼状を出す。高額なお祝いには「内祝」として品物を贈る。
金額の目安　半返し～３分の１程度　**表書き**　「内祝」子どもの名前で。　**のし・水引**　のしつき・赤白蝶結び　**時期**　行事から１週間以内が目安。

進学・卒業・就職・成人式

お礼のしかた　お礼状を出す。子ども自身からも電話や手紙でお礼を伝える。

お中元・お歳暮

お礼のしかた　お礼状を出す。どうしてもお返しをしたい場合は、以下のように。
金額の目安　半返し～３分の１程度　**時期**　時期をずらして、お中元なら「暑中御見舞（御伺）」、お歳暮は「御年賀」「寒中御見舞（御伺）」などとして贈る。

災害見舞い

お礼のしかた　生活が落ち着いたら近況報告を兼ねたお礼状を出す。

陣中見舞い

お礼のしかた　お礼状を出す。祝賀会を開く場合は招待する。

楽屋見舞い

お礼のしかた　お礼状を出す。通常はお返しは不要。初舞台や記念公演などの場合は、風呂敷や手ぬぐいなどの記念品を贈ることも。
表書き　「寿」　**のし・水引**　のしつき・赤白蝶結び　**時期**　公演などの当日、またはそれ以降。

お餞別

お礼のしかた　転勤・転居の場合は、移転先の名物などを添えて、お礼状を出す。旅行のときにお餞別をいただいた場合は、おみやげをお返しとする。

岩下宣子（いわした・のりこ）
「現代礼法研究所」主宰。NPO法人マナー教育サポート協会理事長。1945年、東京都に生まれる。共立女子短期大学卒業。30歳からマナーの勉強を始め、全日本作法会の故・内田宗輝氏、小笠原流の故・小笠原清信氏のもとで学ぶ。1985年、現代礼法研究所を設立。マナーデザイナーとして、企業、学校、商工会議所、公共団体などでマナーの指導、研修、講演と執筆活動を行う。著書には『知っておきたいビジネスマナーの基本』（ナツメ社）、『ビジネスマナーまる覚えBOOK』（成美堂出版）、『好感度アップのためのマナーブック』（有楽出版社）、『図解　社会人の基本　敬語・話し方大全』（講談社）などがある。

講談社の実用BOOK
図解《ずかい》 社会人《しゃかいじん》の基本《きほん》 マナー大全《たいぜん》

2014年２月27日　第１刷発行
2022年４月６日　第20刷発行

著者　岩下宣子《いわしたのりこ》

KODANSHA

発行者　鈴木章一
発行所　株式会社 講談社
東京都文京区音羽2-12-21　〒112-8001
電話　編集 03-5395-3560
販売 03-5395-4415
業務 03-5395-3615

カバーイラスト　吉田なおこ
本文イラスト　ニーヤ・アキ
装丁　村沢尚美（NAOMI DESIGN AGENCY）
本文デザイン　片柳綾子、田畑知香（DNPメディア・アート）
印刷所　大日本印刷株式会社
製本所　株式会社国宝社

定価はカバーに表示してあります。ISBN978-4-06-299804-8